Richard Krisch

Sozialräumliche Methodik der Jugendarbeit

Dresdner Studien zur Erziehungswissenschaft und Sozialforschung

Herausgegeben von der
Fakultät Erziehungswissenschaften
der Technischen Universität Dresden

Richard Krisch

Sozialräumliche Methodik der Jugendarbeit

Aktivierende Zugänge und praxisleitende Verfahren

Juventa Verlag Weinheim und München 2009

Der Autor

Richard Krisch, Jg. 1959, Dr. phil., ist Pädagogischer Grundlagenreferent des Vereins Wiener Jugendzentren und Lektor an der Fachhochschule Campus Wien.
Seine Arbeitsschwerpunkte sind Offene Jugendarbeit, Sozialraumorientierung und Methoden der Sozialraumanalyse, Jugend und Übergänge in Arbeit, Bildung und Diversität.

Die vorliegende Veröffentlichung stellt eine überarbeitete Fassung der 2006 unter dem Titel „Sozialraumorientierung als Methodologie der Jugendarbeit“ an der Fakultät für Erziehungswissenschaften der Technischen Universität Dresden angenommenen Dissertation dar.

Bibliografische Information der Deutschen Nationalbibliothek

Die Deutsche Nationalbibliothek verzeichnet diese Publikation in der Deutschen Nationalbibliografie; detaillierte bibliografische Daten sind im Internet über http://dnb.d-nb.de abrufbar.

Umschlaggestaltung: Atelier Warminski, 63654 Büdingen
Umschlagfoto: Wolfgang Schmidt, Ammerbuch
Druck nach Typoskript
Printed in Germany

ISBN 978-3-7799-1321-4

Inhalt

Einleitung

Über die pädagogische Aufschließung des Stadtraumes: sozialräumliche Perspektiven von Jugendarbeit

Der Blickwinkel einer sozialräumlichen Orientierung der Jugendarbeit, in der „Pädagogik des Jugendraums“ von Böhnisch und Münchmeier 1990 grundgelegt, hat das Selbstverständnis, aber auch die pädagogische Ausrichtung der Offenen Jugendarbeit maßgeblich verändert. Offene Jugendarbeit wird in diesem pädagogischen Konzept in ein unmittelbares Verhältnis zum sozialräumlichen Umfeld, dem Stadtteil und den Lebensräumen von Kindern und Jugendlichen gesetzt. Begriffe wie ‚Streifräume', ‚Erlebnisräume', ‚Erfahrungsräume', ‚Freiräume', ‚Bildungsräume' gehören mittlerweile zum selbstverständlichen Sprachgebrauch der Jugendarbeit. Sie sind Ausdruck dafür, dass der Blickwinkel einer sozialräumlichen Orientierung der Jugendarbeit aus pädagogischen Konzepten nicht mehr wegzudenken ist.

Sozialräumliche Orientierung sieht die Aneignungschancen und -möglichkeiten von Kindern und Jugendlichen in ihren sozialen Räumen als zentralen Bezugspunkt der Ausrichtung der Jugendarbeit. Es stehen aber nicht so sehr die ‚objektiven' Strukturen, wie die Form der Bebauung, die Dichte sozialer Institutionen, die Anzahl der Sportplätze etc. im Vordergrund, sondern die lebensweltlichen Interpretationen, Deutungen und Sichtweisen der Kinder und Jugendlichen bezüglich ihrer Lebensräume. Jugendarbeit, als ein zentraler ‚Ort' im Rahmen der sozialräumlichen Zusammenhänge, in denen Kinder und Jugendliche aufwachsen, entwickelt entsprechend der auf das Lebensumfeld bezogenen Bedürfnisse und Interessen der Zielgruppen des Stadtteils adäquate und flexible Angebote. Offene Jugendarbeit versucht aber auch, Kinder und Jugendliche bei der Erschließung und Aneignung öffentlicher Räume im Gemeinwesen zu fördern und zu unterstützen.

Den zentralen theoretischen Bezugspunkt der „Pädagogik des Jugendraumes“ bildet hierbei der Begriff der sozialräumlichen Aneignung, der darauf hinweist, dass Kinder und Jugendliche ihre Fähigkeiten, Kompetenzen und ihr Wissen auch über vielschichtige Prozesse der tätigen Auseinandersetzung mit ihrer räumlichen Umwelt ausbilden. Darüber hinaus führen gesellschaftliche Veränderungen verbunden mit der Pluralisierung und der Biografisierung von Jugend(en) dazu, dass Jugendliche vermehrt auf sozialräumliche Orientierungen angewiesen sind, weil Institutionen nicht mehr die biografische Richtung angeben können. Das heißt aber nicht, dass Jugendliche, verglichen mit früher, vermehrt auf der Straße anzutreffen sind, sondern dass (halb)öffentliche Räume, Treffräume für Jugendliche, Orte der Cliquenbegegnung etc. eine viel größere Bedeutung als Orientierungsraum, Ressource der Lebensbewältigung und Raum für die Entwicklung ihrer Identität bekommen.

Vor diesem Hintergrund wird Jugendarbeit selbst als „Medium" (Böhnisch/ Münchmeier 1990, Deinet 1990, 1992, 1999, 2005) von Aneignungsprozessen verstanden, die aber in einer engen Wechselwirkung zu anderen sozialräumlichen Zusammenhängen des Stadtteils oder der Region stehen, in dem/der Kinder und Jugendliche aufwachsen. Jugendarbeit als „ein Ort unter vielen" ist damit kein isolierter Raum, in dem spezifische Bildungsprozesse durch thematische Angebote für die jeweiligen BesucherInnengruppen angeregt werden. Ihre sozialpädagogische Intention, zur Erweiterung der Handlungsfähigkeit von Jugendlichen beizutragen, beschränkt sich daher nicht auf die Einrichtung, sondern muss ebenso zur Erweiterung der Handlungsräume auch außerhalb des Jugendhauses beitragen.

Räume – dies verweist auf einen weiteren theoretischen Ausgangspunkt der sozialräumlichen Jugendarbeit – werden nicht als architektonische Hülse, sondern als sozial durchwirkte Räume gesehen, in denen sich Gesellschaft abbildet und die entsprechend auf Jugendliche und deren Nutzungsformen wirken. Die zentrale Fragestellung an die Offene Jugendarbeit ist daher nicht nur, welche Qualitäten sie in der Verflechtung sozialräumlicher Zusammenhänge für Heranwachsende entfalten kann, sondern auch, welche Möglichkeiten, Chancen und Barrieren Kinder und Jugendliche – im Sinne ihres offenen Anspruches umfasst dies auch jene, welche die Einrichtung nicht besuchen – im Stadtteil vorfinden.

Um sozialräumlich begründete Konzeptionen der Jugendförderung entwickeln zu können, muss Jugendarbeit demnach den Blickwinkel der Jugendlichen auf ihre Lebensräume im Stadtteil, aber auch Chancen und Barrieren ihrer Entfaltungsmöglichkeiten im Sozialraum zu erkunden versuchen. Um diese „sozialräumliche Kundigkeit" (Böhnisch/Münchmeier 1990:110) zu erlangen, müssen aus der Praxis der Jugendarbeit entsprechende Formen der empirischen Praxisforschung entwickelt werden, die als „sozialräumliche Methoden" den Kern dieser Arbeit bilden. Die Erforschung von sozialräumlichen Zusammenhängen versucht das Wechselspiel zwischen Deutungen und Handlungen von Kindern und Jugendlichen, die sich aus der Aneignungsperspektive ergeben und den gesellschaftlichen Strukturen „als Botschaften, die in den Räumen sind" (Böhnisch 1990:13) zu verstehen und zu ergründen. Die Anwendung der Methoden, als konkrete Auseinandersetzung zwischen JugendarbeiterInnen und Jugendlichen, erwachsenen Bezugsgruppen etc., strukturiert dabei aber gleichzeitig auch die Jugendarbeit selber und charakterisiert den methodologischen Zugang einer sozialräumlichen Jugendarbeit.

Der theoretische Bezugsrahmen: Aneignung und Vergesellschaftung

Die produktive Erschließung der Umwelt stellt eine zentrale Entwicklungsaufgabe von Heranwachsenden dar. Basierend auf dem tätigkeitstheoretischen Ansatz des Aneignungskonzeptes (Leontjew 1973 u.a.) lässt sich empirisch nachweisen, dass sich in der tätigen Auseinandersetzung von Kindern und Jugendlichen mit ihren materiellen und symbolischen Umwelten spezifische Lern- und Entwicklungsperspektiven – neben anderen kognitiven und emotionellen Entwicklungsformen des Kindes- und Jugendalters – eröffnen.[1] Sie erweitern im Prozess der Aneignung ihre motorischen Fähigkeiten, ihre Handlungs- und Verhaltensrepertoires etc. In ihren durchaus eigenwilligen Nutzungsformen von Räumen – die lebensalterstypisch, geschlechtspezifisch, milieuabhängig etc. sind – werden Heranwachsende aber auch mit Funktionszuschreibungen, Regelungen und Verboten konfrontiert.

> „Aneignung bezeichnet also einmal das wechselseitige Spannungsverhältnis von Kind und sozialräumlicher Umwelt, also ein Entwicklungssegment unter anderen, zum anderen verweist der Begriff auf die Perspektive des über die sozialräumliche Umwelt vermittelten sozialen und gesellschaftlichen Lernens mit seinen Chancen, Konflikten und Blockierungen, die wir sozialpädagogisch als zu bewältigende Integrationskonflikte interpretieren." (Böhnisch 1993:138)

Was sich aus dem pädagogischen Blickwinkel (vgl. Baacke 1999, Deinet 1990, 1992, 1999, 2005 u.a.) als differenzierte Lern- und Entwicklungsaufgabe von Kindern und Jugendlichen darstellt, lässt soziologisch den Raum als Medium vielschichtiger Prozesse der Vergesellschaftung erscheinen.

Die Verhaltensweisen und Handlungsformen von Kindern und Jugendlichen als spezifische Vergesellschaftungsformen im Prozess ihrer Aneignung der Umwelt treffen auf Funktionszuschreibungen, welche die Gesellschaft repräsentieren. Dieses Spannungsverhältnis zwischen „gesellschaftlicher Vergegenständlichung und individueller Aneignungsfähigkeit" (Böhnisch 2003:171) kann in der Simmel'schen Begrifflichkeit der Wechselwirkung und der Unterscheidung zwischen Form und Inhalt soziologisch rückgebunden werden.

1 Die grundlegende Darstellung dieser Zusammenhänge findet sich bei Böhnisch/Münchmeier 1990 und Deinet 1990, 1992.

Mit der Betrachtung des Raumes als soziologische Kategorie – „der Raum als Träger und Ausdruck soziologischer Wechselwirkungen“ (Simmel 1992:790), der seine soziale Qualität erst durch die Wechselwirkungen, die in ihm stattfinden, erhält –, entwickelt Simmel eine Empirie räumlicher Vergesellschaftungsprozesse, die auch den komplexen Prozess der sozialräumlichen Aneignung verständlich machen kann.

Betrachtet man den Raum als Projektionsfläche sozialer Formen, so überlagern sich im Prozess der Aneignung die Vergesellschaftungsformen von Jugendlichen, welche bestimmte Definitionen und Sinnzuschreibungen des Raumes hervorbringen, mit „Raumbestimmtheiten“ (Simmel 1992: 775), die Ausdruck der gesellschaftlichen Vergegenständlichungen von Herrschaft (vgl. Nissen 1998:153f.) sind.

In ihrem Aneignungsprozess werden Jugendliche mit „Raumbestimmtheiten“ konfrontiert „und erfahren direkt, welche sozialen Gestaltungsmöglichkeiten ihnen offen stehen bzw. ihnen verweigert werden“ (Böhnisch 2003:199). Die Funktionalisierung öffentlicher Räume, verbunden mit bestimmten Zuweisungen für Kinder und Jugendliche nutzbarer Flächen in Form von zumeist klar begrenzten Reservaten – der Kinderspielplatz, die Skaterramp, bestimmte Flächen in öffentlichen Räumen –, bilden die räumliche Ordnung der Gesellschaft als Ausdruck bestimmter gesellschaftlicher Vergegenständlichungen ab:

> „In der Art, wie der Raum zusammengefasst oder verteilt wird, wie die Raumpunkte sich fixieren oder sich verschieben, gerinnen gleichsam die soziologischen Beziehungsformen der Herrschaft zur anschaulichen Gestaltung.“ (Simmel 1992:779)

Böhnisch macht dies deutlich:

> „Territoriale Räume in den besiedelten Zonen der modernen Industriegesellschaft sind keine toten Räume, in ihnen vergegenständlicht sich vielmehr die Gesellschaft – so wie sie historisch geworden ist – auf besondere Weise. In der Anlage von Gebäuden, Siedlungsstrukturen, den funktionsräumlichen Festlegungen, Verdichtungen, Entgrenzungen und Segregationen ist Gesellschaftliches sozialräumlich lokal vermittelt: gesellschaftliche Arbeitsteilung, soziale Differenzierung und Schichtung, Hierarchisierung der sozialen Bedürfnisse und Interessen, soziale Konflikte und soziale Desintegration.“ (Böhnisch 2003:179)

Kinder und Jugendliche wiederum bringen im Prozess ihrer Aneignung des Raumes – bestimmt durch ihren personellen Entwicklungsstand, ihre Interaktionsweisen und identitätsstiftenden Deutungen, durch Sozialformen, die sich räumlich konstituieren (beispielsweise die Clique) – ebenfalls Inhalte ein, die in Form von Wechselwirkungen eine bestimmte Form erzeugen. Ihre Formen der Vergesellschaftung, von Motiven und Antrieben aus ihrem kinder- und jugendkulturellen Entwicklungsstand getragen, führen zu eigensinnigen Raumbestimmungen, die z.T. „typisch rücksichtslos gegenüber der Rationalität des gesellschaftlich Gewordenen“ (Böhnisch 2003:180) sind.

Die Motive von Kindern und Jugendlichen unterscheiden sich von jenen der Erwachsenen und bringen eigene Formen der Vergesellschaftung hervor. Zu fragen wäre bei ähnlichen Formen der Vergesellschaftung nach den Inhalten (im Simmel'schen Sinne, Antriebe und Motive), zu beobachten wären die Vergesellschaftungen, als auch die Grundqualitäten von Raumformen, die auch bei Kindern und Jugendlichen eine Rolle spielen.

Was als „Umwidmung“, „Umnutzung“ (Deinet 1990), „Umlebung“ (Muchow 1998, Zinnecker 2001), „Umdefinition von Räumen“ (Baacke 1999) – aus dem Blickwinkel der gesellschaftlichen Funktionsbeschreibung – beschrieben wird, ist eigenständige und eigenwillige Raumerfüllung, die sich aus Motiven und Antrieben entfaltet, die dem Entwicklungsstand u.a.m. entsprechen. In diesem Verständnis ist auch „Nicht-Nutzung“ eine Form von Aneignung.

Dementsprechend ist der Prozess der Aneignung als Wechselwirkung zu verstehen, in der sich verschiedene Raumbestimmtheiten – die der Jugendlichen und die der ‚erwachsenen Gesellschaft’ – konstituieren und sozial rückwirken: als Botschaften im Raum, in Form von formellen Regeln oder informellen Verhaltenserwartungen, oder auch in Form von räumlich vermittelten Strukturen.

Dieser Ambivalenz gilt es in der Entwicklung von Methoden zur Erforschung sozialräumlicher Zusammenhänge Rechnung zu tragen, um damit Aneignungsprozesse, die im Aneignungskonzept pädagogisch aus der Entwicklung von Kindern und Jugendlichen erklärt werden, auf ihre Vergesellschaftung im Raum beziehen zu können.

Hier setzt die pädagogische Perspektive des Verstehens ein, die sich aus der empirischen Analyse und der typischen Interaktionsstruktur der Jugendarbeit heraus entwickelt. Indem Jugendarbeit den besonderen Aneignungsformen von Kindern und Jugendlichen entgegenkommen will, ist sie angehalten, die lebensaltertypische Spannung von Aneignung und Vergesellschaftung im Insgesamt des sozialen Raumes aufzuschließen. Sie geht dabei methodologisch von der Trennung von Inhalt und Form aus, wie sie Simmel vorgenommen hat. Er weist darauf hin, dass ähnliche menschliche Motive verschiedene Vergesellschaftungsformen hervorbringen, ebenso wie umgekehrt ähnliche Wechselwirkungen auf verschiedene Antriebe zurückzuführen sind. Dementsprechend unterscheiden sich die Motive von Kindern und Jugendlichen von jenen Erwachsener und bringen eigene Formen der Vergesellschaftung hervor. Sie nehmen einen besonderen „Standort“ (Holzkamp 1973:267) ein. Die Jugendarbeit versteht sich dabei gleichsam als ‚Resonanzboden’ dieser spannungsreichen Aneignungsformen. Von da aus ist der Anspruch gestellt, diese Resonanzen empirisch-methodisch zur Sprache zu bringen und als sozialräumliche Methoden der Jugendarbeit zu strukturieren.

1. Sozialräumliche Aneignung als Entwicklungsperspektive

Während Erwachsene mehr an Positionen und Funktionen gebunden sind und daher öffentliche Räume eher funktional nutzen, stellt die tätige Auseinandersetzung mit der räumlichen Umwelt von – in sich wieder differenzierten – Kinder- und Jugendkulturen eine komplexe Wechselwirkung dar, die mit dem Begriff der sozialräumlichen Aneignung charakterisiert wird.

> „Gerade Kinder und Jugendliche, die sich vor allem sozialräumlich orientieren – im Gegensatz zu der Rollen- und Institutionenorientierung der Erwachsenen – werden mit den in den Gegenständen liegenden Bedeutungen direkt, im Versuch ihres Zugangs und ihrer gebrauchswertorientierten Umwidmung, konfrontiert. In diesem Aneignungsprozess erhebt sich die scheinbar tote sozialräumliche Welt der Gegenstände zu einer je individuellen sozialräumlich-personalen Anregungsstruktur." (Böhnisch 2003:180)

In der aktiven Auseinandersetzung mit der materiellen und immateriellen Umwelt – oft außerhalb ihrer funktionalen Zuschreibungen – finden Kinder und Jugendliche zentrale Lernchancen und Lernbedingungen vor.

Wie von Deinet (1990, 1992, 1999, 2005) – inhaltlich bezogen auf Leontjew, Holzkamp, Baacke, Bronfenbrenner, Böhnisch u.a. (siehe weiter unten) – umfassend begründet und zusammengefasst, stellt die Erschließung und Aneignung der Umwelt, als spezifische Eigentätigkeit, eine zentrale Entwicklungsaufgabe von Heranwachsenden dar:

- „Durch die Erweiterung ihres Handlungsraumes erschließen sie sich Räume und deren Bedeutungen und erweitern damit ihren Horizont;
- durch den tätigen Umgang mit Gegenständen, Material und Werkzeug, durch Einüben und Wiederholen erweitern sie ihre motorischen Fähigkeiten;
- durch die Veränderung von Situationen entwickeln sie eine spezifische Form von Eigentätigkeit." (Deinet 1999:28)

Das Aufwachsen von Kindern und Jugendlichen kann dementsprechend als sukzessive Erweiterung der Handlungsräume beschrieben werden (vgl. Baacke 1999, 2000) und ist mit der Ausbildung neuer Rollen, veränderter Verhaltensweisen, Erweiterung des Handlungsrepertoires etc. verbunden. Dabei bestimmt aber auch die „Qualität" dieser Handlungsräume – im sozialökologischen Sinn – welche Lernchancen sich eröffnen oder verschließen: Sind sie abwechslungsreich, welche Gegenstände und Materialien beinhalten sie, erlauben sie Veränderungen und Betätigungen, Wagnis und Risiko (vgl. Deinet 1999:46f.), zeichnen sie sich durch „variantenreiche Mannigfaltigkeit und nichtrestriktives Erwachsenenverhalten“ (Baacke 1999:116) u.v.m. aus.

Die Entwicklung der motorischen Fähigkeiten und des Verhaltensrepertoires, die Veränderung von Räumen und Situationen durch das Medium des Spiels sowie die Herausbildung anderer Handlungsformen und Verhaltensweisen vollziehen sich aber auch immer im Kontext sozialer Interaktionen zwischen Gleichaltrigen, zwischen Kindern, Jugendlichen und Erwachsenen – sozialräumlich eingelagert – und beinhalten somit auch immer den Erwerb von sozialen Kompetenzen.

Wenn Bildung nicht nur als Wissenserwerb, sondern als Subjektbildung (vgl. Scherr 1997) und Entfaltung individueller Fähigkeiten verstanden wird, stellen die Prozesse der sozialräumlichen Aneignung einen wichtigen Aspekt der Bildung dar.

Denn gerade die verschiedenen Dimensionen der von Scherr (2002:95) benannten Subjektbildung, wie die „Entwicklung von Sprach-, Handlungs- und Reflexionsfähigkeit, Erfahrung von Selbstwirksamkeit, Erweiterung der Spielräume selbstbestimmten Handelns“ als Ausdruck der „Subjekt-Werdung“, die „Entwicklung des Selbst(wert-)gefühls und grundlegender Selbstkonzepte durch Erfahrungen sozialer Anerkennung bzw. Missachtung“ als Herausbildung von „Selbstachtung“, die „Entwicklung des Wissens über eigene Fähigkeiten, Bedürfnisse und Interessen sowie eines rational begründeten Selbstverständnisses (individuelle und soziale „Identitäten“)“ in Form des Aufbaus von „Selbstbewusstsein“ und vor allem die „Auseinandersetzung mit gesellschaftlichen Möglichkeiten und Zwängen“ zur „Entwicklung von Potentialen zu einer eigensinnigen und eigenverantwortlichen Lebensgestaltung“ als Ausdruck der „Selbstbestimmung“ (ebd.) lassen sich in der Interaktion von Kindern und Jugendlichen mit der räumlichen Umwelt (vgl. Böhnisch 1996:156) wiederfinden.

Die Chancen der sozialräumlichen Aneignung von Kindern und Jugendlichen stehen aber in einem unmittelbaren Zusammenhang zu den „räumlichen Ordnungen der Gesellschaft“ (Simmel 1992b:687), die in ihrer Beschaffenheit und Zugänglichkeiten sowie in ihren Begrenzungen und in Nutzungsdefinitionen gesellschaftliche Bedingungen abbilden:

> „Das Sozialräumliche meint somit gesellschaftliche Vergegenständlichung als auch individuelle Aneignungsfähigkeit im Raum. In dieser Ambivalenz und Spannung tritt der Raum uns gegenüber.“ (Böhnisch 2003:171)

Die sozialräumliche Dimension der Aneignung deutet darauf hin, dass Räume nicht als architektonische Hülsen verstanden werden können, sondern in ihnen auch gesellschaftliche Definitionen eingelagert sind, die auf Kinder und Jugendliche und deren subjektive Raumbestimmungen wirken.

Betrachtet man somit den Raum „als Träger und Ausdruck soziologischer Wechselwirkungen“ (Simmel 1992:790) so treffen im Prozess der Aneignung, die Vergesellschaftungsformen von Jugendlichen, welche bestimmte Nutzungsformen des Raumes hervorbringen, auf sehr funktionale „Raumbestimmtheiten“, die Ausdruck der gesellschaftlichen Vergegenständlichungen von ‚erwachsener' Herrschaft sind.

Böhnisch hebt bei der Darstellung der sozialisatorischen Bedeutung sozialräumlicher Aneignungsprozesse bei Kindern und Jugendlichen hervor, dass „Aneignung und damit soziale Entwicklung gestört wird, wenn die sozialräumliche Umwelt einseitig funktionalisiert, verbaut, für Kinder versperrt ist“ (Böhnisch 1993:220). Die zunehmende Funktionalisierung städtischer Räume, verbunden mit der Verregelung und Verbauung, der Zuweisung von Kindern und Jugendlichen zu bestimmten legitimen Aufenthaltsorten (z.B. Kinderspielplätzen, Skaterramps oder festgelegte Grünflächen), aber auch die abnehmende Akzeptanz der Anwesenheit von Kindern und Jugendlichen in öffentlichen Räumen, prägen und beschränken deren Aneignungsmöglichkeiten (vgl. Deinet 1992, 1999, 2005, Krisch 2005, Nissen 1998, Reutlinger 2003). Auf diese Weise kann die Persönlichkeitsentwicklung von Jugendlichen behindert bzw. ein gestörtes Verhältnis zu ihrer sozialen Umwelt hervorgerufen werden.

Trotz der zunehmenden Einschränkung und Normierung der Handlungsräume von Heranwachsenden lassen sich aber eigensinnige und faszinierende Formen der Umwidmung von Räumen und der Aneignung durch Heranwachsende beobachten. Dies lässt sich beispielsweise bei Inline-Skatern, Scootern oder Skateboardern erkennen, bei denen betonierte Stufen, Barrieren, Hindernisse, Blumentröge u.a.m. zu Schanzen und Bühnen umgewidmet bzw. mit komplexen Bewegungsanforderungen verbunden werden. Ähnliches gilt für die Bewegungsform ‚Parkour', bei der die ‚freerunner' urbane Räume auf dem kürzesten Weg durchlaufen und dabei Hindernisse wie Zäune, Mauern, Stiegenhäuser etc. akrobatisch überwinden und diese vom funktionalen Zusammenhang zum kreativen Bewegungselement machen. Auch Graffitis sind Ausdruck der Umdeutung von städtischen Umwelten. In all diesen Beispielen eignen sich Jugendliche durchaus versöhnlich ihre asphaltierte und verregelte Umwelt an und bilden – immer in Verbindung mit bestimmten Orten – ihre eigene Jugendkultur mit eigensinnigem Entwicklungspotenzial aus.

Die angeführten Beispiele zeigen, dass sozialräumliche Aneignung, verbunden mit der ‚Umnutzung' von zumeist öffentlichen Räumen, der funktionalen Nutzungsdefinition der Erwachsenen entgegensteht oder dieser widerspricht. Aus den hier entstehenden Konflikten gehen Kinder und Jugendliche meist als Verlierer hervor; sie werden von diesen Orten vertrieben oder aber ‚Reservaten' – z.B. der Skaterramp am Stadtrand, dem Ballspiel-Käfig am Rande der Siedlung – zugewiesen, die keinen sozialräumlichen Bezug zu ihren Wohnorten und Lebens- und „Streifräumen" (Muchow 1998) haben. Diese Beschränkungen bilden sich demnach nicht nur in den Ausformungen der infrastrukturellen und architektonischen Gestaltung ab, sondern auch in der fehlenden Akzeptanz der spezifischen Vergesellschaftungsformen von Kindern und Jugendlichen.

Der Versuch der Beschreibung von Chancen und Barrieren von Kindern und Jugendlichen im Prozess der sozialräumlichen Aneignung muss daher zum einen von einer Vielzahl von Wechselwirkungen zwischen gesellschaftlichen und von Jugendlichen erzeugten Raumbestimmungen ausgehen. Diesem komplexen Geflecht von soziologischen Wechselwirkungen trägt die Verwendung des Eigenschaftswortes ‚sozialräumlich' Rechnung, währenddessen die Beschreibung von ‚Sozialräumen' einen viel einfacheren Zugang versinnbildlicht: Der Raum wird als wertfrei und gegeben vorausgesetzt und entsprechend dieses funktionalistischen Verständnisses, das Verhalten von Kindern und Jugendlichen bewertet bzw. auch deren Bedarfe – mitunter sehr vereinfachend –, bestimmt: Skatende Jugendliche brauchen offensichtlich einen Skaterplatz, Cliquen im öffentlichen Raum einen Jugendtreff, bestimmte Wiesenflächen werden als Sportstätten definiert und Graffitikünstlern werden abwaschbare Stellwände angeboten etc.

1.1 Die Entwicklung des Aneignungskonzeptes

Der Prozess der Aneignung als spezifische Lern- und Entwicklungsperspektive geht von Kindern und Jugendlichen als „produktiv realitätsverarbeitenden Subjekten" (Hurrelmann 1990:67) aus. Aneignung, als tätige Auseinandersetzung des Subjekts mit der Umwelt, führt entsprechend des tätigkeitstheoretischen Ansatzes Leontjews und Holzkamps zu vielschichtigen Lernprozessen, aber auch zur Übernahme von gesellschaftlichen Werten und Orientierungen, die sich – entsprechend des dialektisch-materialistischen Theorieansatzes – in der Umwelt vergegenständlichen. Über die Herausbildung immer neuer „dominanter Tätigkeiten" (Leontjew 1973), als zentrale Entwicklungsform von Heranwachsenden, erschließen sich dabei Kinder und Jugendliche, ausgehend von den Erfahrungen vorangegangener Lernschritte aktiv „den Sinn in den Gegenständen und Erscheinungen ihrer Umwelt" (Leontjew 1973:420). Diese Wechselwirkung zwischen Heranwachsenden und der Umwelt ist, so Deinet, „eingebettet in den ‚Raum' unserer Gesellschaft, in die konkreten durch die Strukturen der Gesellschaft geschaffenen, räumlichen Gegebenheiten" (Deinet 1990:57).

Baacke (1976, 1980, 1999, 1999a, 2000) weist nach, dass diese Entwicklung dominanter Tätigkeiten von Kindern und Jugendlichen mit der Erweiterung ihrer Handlungsräume einhergeht und entwickelt eine Systematik der kontinuierlich wachsenden Handlungszonen, denen er entsprechende

„räumlich-sozialisatorische Potentiale“ (Baacke 1980:499) zuschreibt. Ausgehend vom ökologischen Zentrum, dem „Zuhause“ als alltäglichsten und unmittelbarsten „Umraum“, eignen sich Kinder und Jugendliche in verschiedenen alters- und jugendkulturell bestimmten Formen weitere „Nahräume“, „Ausschnitte“ und Orte an der „Peripherie“ an und erwerben dadurch – wie Deinet (1990, 1999, 2005) und Böhnisch (1990, 2002, 2003) weiter ausführen – spezifische Fähigkeiten und Wissensbestände, bilden alternative Verhaltensweisen aus und erweitern ihre Handlungsfähigkeiten.

In der Beschreibung der Erweiterung der Handlungsräume als Aneignungstätigkeit eröffnet Baacke aber auch den Blick auf spezifische ‚Raumqualitäten’ (vgl. Baacke 1999:170), welche die Formen der Aneignung strukturieren, Lernchancen im Sinne der Erweiterung der Handlungskompetenzen eröffnen oder verhindern und die Erfahrungs- und Erlebnismöglichkeiten Heranwachsender bestimmen (vgl. Deinet 1990, 1992, 1999).

Mit der Frage des Zusammenhangs zwischen Aneignungsverhalten und der Qualität von Räumen erweitert Baacke seinen pädagogischen Zugang, indem er den sozialisationstheoretischen Ansatz Bronfenbrenners (1981) aufgreift und dessen sozialökologische Systematik – in der er Mikro-, Meso-, Exo-, und Makrosysteme unterscheidet – in sein Modell der Handlungszonen integriert.

Bronfenbrenner weist auf die komplexen (sozialräumlich vermittelten) Wechselbeziehungen hin, welche im Prozess der Erweiterung der Handlungsräume von Heranwachsenden und der damit verbundenen „aktiven Auseinandersetzung mit der stofflich-dinglichen und sozialen Umwelt und mit sich selbst“ (Böhnisch 2003:177) eingelagert sind. Dieses ökologische Sozialisationsmodell beschreibt das, was wir soziologisch als das ‚sozialräumliche’ – das komplexe Spannungsfeld zwischen Aneignung und Vergesellschaftung – bezeichnen, entwicklungspsychologisch: Über den Prozess der Aneignung nehmen Kinder und Jugendliche tätig ihre Umwelt wahr, entwickeln Handlungsfähigkeiten und Bedürfnisse mit denen sie ihrerseits aktiv, als handelnde Subjekte auf die Umwelt Einfluss nehmen, sie verändern und „mehr oder weniger Wirkung“ (Baacke 1999a:110) entfalten; gleichzeitig wirken – hier als ökologischer Bezugsrahmen bezeichnet – materielle und kulturelle Faktoren der sozialräumlicher Umwelt wie beispielsweise Familie, Schule, Gleichaltrige, Wohnumgebung, Lebensmilieus, Wertvorstellungen (Fölling/Albers in Böhnisch 2001:132) etc. auf die Heranwachsenden und bestimmen deren Entwicklung.

1.1.1 Das Aneignungskonzept Leontjews

Die Entwicklung des Aneignungskonzeptes wird vor allem mit Leontjew, einem Vertreter der kulturhistorische Schule[2] der sowjetischen Psychologie, und seiner Arbeit über den Prozess der Aneignung verbunden. Der zentrale Zugang dieses Ansatzes besteht darin, „die Entwicklung des Menschen als tätige Auseinandersetzung mit seiner Umwelt, als Aneignung der gegenständlichen und symbolischen Kultur zu verstehen“ (Deinet 2005:27).

Ausgangspunkt ist ein dialektisch-materialistische Zugang, der von der „historischen Bestimmtheit der Gesellschaftsstruktur“ ausgeht, die sich „durch auf menschliche Arbeit beruhende Vergegenständlichungen vermittelt“ (Holzkamp/Schurig 1973:34). Dem gesellschaftlich historischen Prozess der Vergegenständlichung menschlicher Fähigkeiten und Arbeit steht dabei der komplementäre Prozess der Aneignung gegenüber, in dem „die historisch gebildeten menschlichen Eigenschaften, Fähigkeiten und Verhaltensweisen vom Individuum reproduziert“ (Leontjew 1973:451) werden.

Im Aneignungsprozess geht es für die Heranwachsenden darum, „einen Gegenstand aus seiner Gewordenheit” (Holzkamp/Schurig 1973:25) zu begreifen und sich die in den Gegenständen verkörperten menschlichen Eigenschaften und Fähigkeiten anzueignen.

> „Selbst die einfachsten Werkzeuge und Gegenstände des täglichen Bedarfs, denen das Kind begegnet, müssen von ihm in ihrer spezifischen Qualität erschlossen werden. Mit anderen Worten: Das Kind muss an diesen Dingen eine praktische und kognitive Tätigkeit vollziehen, die der in ihnen verkörperten menschlichen Tätigkeit adäquat (obwohl natürlich nicht mit ihr identisch) ist.“ (Leontjew 1973:281)

Im Aneignungsvorgang als komplexem Entwicklungs- und Sozialisationsprozess[3] geht es aber nicht nur darum, bestimmte Funktionen zu erfassen sondern auch deren Sinnbedeutungen und gesellschaftlichen Bezüge zu erkennen. Kinder eignen sich die Gegenstände ihrer Umwelt vorerst sehr gebrauchswertorientiert an (vgl. Böhnisch 1992:139), um sich in weiterer Folge deren „Gegenstandsbedeutung“[4] (Holzkamp[5] 1973:142) zu erschlie-

---

2 Deren theoretischen Grundlage wurden von Wygotski (vgl. dazu Deinet 1992:27, Reutlinger 2003:42) Anfang der 1920er Jahre erarbeitet.

3 vgl. dazu ausführlich: Deinet 1992:26ff

4 vgl. dazu ausführlich: Reutlinger 2003:44ff

5 Die Leistung Holzkamps, der die Forschungsergebnisse Leontjews weiterentwickelt, fasst Deinet folgendermaßen zusammen: „Als tätigkeitstheoretischer Ansatz wurde das Aneignungskonzept besonders von Klaus Holzkamp weiter entwickelt und auf die heutigen gesellschaftlichen Bedingungen übertragen. In der Individualentwicklung geht es unter diesem Blickwinkel u.a. um zwei Dimensionen, die biographisch nie abschließbar sind: die Fähigkeiten der ‚Bedeutungsverallgemeinerung' und der ‚Unmittelbarkeitsüberschreitung"' (vgl. Holzkamp 1983, Kapitel 8)... Der Leontjewsche Begriff der Gegenstandsbedeutung (als Vergegenständlichung gesellschaftlicher Erfahrung, die im Aneignungsprozess erschlossen werden muss) wird von Holzkamp

ßen und deren Bedeutung im Kontext bereits gewonnener Erfahrungen zu verallgemeinern.

Die Formen der Auseinandersetzung mit der gesellschaftlichen Umwelt, die uns bezogen auf deren sozialräumliche Dimensionen besonders interessieren, werden durch die Ausbildung immer weiterer dominierender Tätigkeiten bei Kindern und Jugendlichen bestimmt.

> „In den ‚dominanten Tätigkeiten' sieht Leontjew die für bestimmte Entwicklungsabschnitte adäquate Aneignungsform des Kindes, die dann bei Erreichen der für diesen Abschnitt typischen geistigen Leistungen durch eine andere dominante Tätigkeit abgelöst wird." (Deinet 1992:37)

Die Abfolge dieser „leitenden Tätigkeiten" (Leontjew 1973:403) wird zum einen über die eigenen Motive der Kinder bestimmt, welche die Entwicklung des Bewusstseins ausdrücken:

> „Früher wirkende Beweggründe verlieren ihre anregende Kraft; es entstehen neue Motive, unter denen das Kind seine Handlungen erwägt … Eine neue beginnt zu dominieren, und mit ihr hebt ein neues Entwicklungsstadium an." (Leontjew 1973:420)

Diese schrittweise Entwicklung der Heranwachsenden wird aber auch durch gesellschaftliche Rahmenbedingungen – die sich auch in pädagogischen Arrangements widerspiegeln – geprägt, die als „gesellschaftlich historischen Bedingungen (darüber) … entscheiden, welche Tätigkeit in einer bestimmten Entwicklungsperiode dominierend sind" (ebd.).

Die Wechselwirkung zwischen handelndem Subjekt und gesellschaftlichen Bedingungen charakterisiert den Aneignungsprozess und führt zur stufenförmigen Entwicklung von Fähigkeiten und Bedürfnissen, die bei Leontjew auch institutionell gefasst werden:

> „Zunächst muss sich das Kind die gegenständliche Welt aneignen, die es unmittelbar umgibt; danach lernt es im Spiel einen größeren Bereich von Erscheinungen und zwischenmenschlichen Beziehungen beherrschen; es folgt das systematische Lernen in der Schule, dem sich weitere Spezialausbildungen oder die Arbeit anschließen: In dieser Reihenfolge stellen sich uns die dominierenden Tätigkeiten und Beziehungen dar."[6] (Leontjew 1973:403)

---

abstrahiert bis auf die gesellschaftliche Ebene komplexer sozialer Beziehungen, die in der individuellen Entwicklung ebenfalls von einfachen (gegenständlichen) Formen bis zu hochkomplexen Zusammenhängen verallgemeinert werden müssen." (Deinet 2005:28)

6 Diese Entwicklung von Kindern und Jugendlichen – als Wechselspiel zwischen kindlichen Interessen und gesellschaftlichen Bedingungen und Erwartungen – läuft aber nicht ohne Konflikte ab: „Hier ergibt sich die Frage nach dem Verhältnis zwischen der leitenden Tätigkeit und der realen Stellung, die das Kind im System der gesell-

Kinder und Jugendliche erweitern über spezifische Tätigkeiten, mit denen sie sich neue Fähigkeiten und Kompetenzen erschließen, ihre Handlungsfähigkeiten und entwickeln aus dem Aneignungsprozess weitergehende Bedürfnisse. Als handelnde Subjekte sind sie aber nicht nur Situationen ausgesetzt sondern nutzen Umwelt, suchen sie zu verändern und kreativ zu gestalten und sich damit auch sozial zu entwickeln (vgl. Böhnisch 1992:138, Monzel 1995:26, Hurrelmann 2004:57).

Besonders beim Spiel wird deutlich, dass dies ein aktiver und gestaltender Prozess ist, der sich auch sozialräumlich vermittelt. (vgl. Deinet 1999:52f.) Als besondere Aneignungstätigkeit von Kindern kommt dem Spiel als „Tätigkeit die nach ‚außen', in die Umwelt hinein gerichtet ist" (Leontjew 1973:398) eine besonderer Stellenwert zu. In der altersspezifischen tätigen und sinnlichen Auseinandersetzung, in der andauernden Verknüpfung von realen und Phantasiewelten (vgl. Deinet 1992:138) erarbeiten sich Kinder ihre motorischen, kognitiven und sozialen Fähigkeiten und setzen sich eigenständig mit der Welt der Erwachsenen in Beziehung.

> „Vor allem in seinem Spiel, das jetzt über den engen Rahmen des Hantierens mit den Dingen und des Umgangs mit den Menschen in seiner allernächsten Umgebung hinausgeht, dringt es in immer größere Lebensbereiche ein und eignet sich die Welt in handelnder Form an." (Leontjew 1973:398)

Über den Zugang der „dominierenden Tätigkeiten" lässt sich der Bezug zwischen Entwicklung und Raum herstellen. Deinet hält fest:

> „Der Aneignungsprozess ist für Kinder und Jugendliche quasi eingebettet in den ‚Raum' unserer Gesellschaft, in die konkreten durch die Strukturen der Gesellschaft geschaffenen räumlichen Gegebenheiten. Gegenstandsbedeutungen finden ihre konkreten Zuweisungen in der Einbettung in Räume; die Kategorie des Raumes spiegelt mit seinen Strukturen auch die Strukturen der Gesellschaft wider. Gegenstandsbedeutung und Raumbezug haben gerade in der Altersstufe der Kinder und jüngeren Jugendlichen direkten Verweisungscharakter." (Deinet 2005:37)

Dementsprechend weist er darauf hin, dass sich die Kinder und Jugendlichen diese Räume und die in ihnen enthaltenen Bedeutungen genauso aneignen, wie Gegenstände und Werkzeuge der unmittelbaren Umgebung. „Die Straße, der Hof, die Gesellschaft älterer Jungen und Mädchen erscheinen immer verlockender" merkt Leontjew (1973:404) an und interpretiert

---

schaftlichen Beziehungen einnimmt … die allgemeine Antwort darauf lautet: Das Kind ist zu einem gewissen Zeitpunkt mit der Stellung, die es unter den Mitmenschen einnimmt, nicht mehr zufrieden; es wird sich bewusst, dass sie seinen Möglichkeiten nicht mehr entspricht, und es versucht sie zu verändern." (Leontjew 1973:404) Und an anderer Stelle: „Damit kommt es zum offenen Widerspruch zwischen der Lebensweise des Kindes und seinen Möglichkeiten, die dieser Lebensweise bereits vorausgeeilt sind." (ebd.)

dies – sehr kritisch[7] – als „Streben sich selbst zu behaupten". Dieser Zusammenhang wird von Baacke aufgegriffen, der die Erweiterung von Handlungsräumen als bedeutende dominierende Tätigkeit und zentrale Entwicklungsaufgabe von Jugendlichen beschreibt.

1.2 Aneignung als sozialökologische Erweiterungen

Die räumliche Aneignungsperspektive als Entwicklungszusammenhang von Kindern und Jugendlichen arbeitet grundlegend Baacke (1980, 1984) heraus, welche in weiterer Folge (1999, 1999a, 2003) in seinem ökologischen Ansatz präzisiert wird. Seine Analyse der Lebenswelt Jugendlicher geht von deren „konkreten Handlungs- und Erfahrungszusammenhängen" aus und eröffnet den Zugang zur Sozialökologie, die „nach den Wechselbeziehungen zwischen sozialer Umwelt und sozialem Handeln des Menschen in konkreten Gesellschaften" (Baacke 1980:504, 1999:162) fragt.

Der Kern seines Zugangs besteht darin, das Aufwachsen von Kindern und Jugendlichen als eine sukzessive Erweiterung der Handlungsräume, die er als ökologische Zonen („Umwelten") strukturiert, zu beschreiben. Ausgehend vom ökologischen Zentrum der Familie, in der grundlegende Prozesse primärer Sozialisation stattfinden, werden als dominierende Tätigkeiten – im Leontjew'schen Sinn – immer weitere Orte ‚betreten' und eigenständig neue ‚Erlebnisfelder' geschaffen. Mit dieser sukzessiven Erweiterung des Handlungsraumes – die ihrerseits bestimmte ‚Qualitäten', im sozialökologischen Sinn, beinhaltet, die auf Jugendliche wirken – sind grundlegende Erfahrungen und Lernprozesse verbunden, die zur Ausbildung neuer Rollen, veränderter Verhaltensweisen, Erweiterung des Handlungsrepertoires etc. führen.

Baacke unterscheidet in Hinsicht auf die Lebenswelten von Heranwachsenden vier unterschiedliche ökologische Zonen (vgl. Baacke 1980:499, 1999:163, 1999a:113), die von Kindern und Jugendlichen in unterschiedlichen Weisen „durchlaufen" (Baacke 1999:163) werden, die aber nur analytisch voneinander zu trennen sind.

Als erste Zone nennt Baacke den „alltäglichen und unmittelbarsten Umraum, in den jemand hineingeboren wird: das „ökologische Zentrum" (Baacke 1999:163). Das „Zuhause", meist der Ort der Familie, zeichnet sich durch „face to face"-Kommunikation aus und stellt eine Entwicklungsper-

---

7 „Die Straße, der Hof, die Gesellschaft älterer Jungen und Mädchen erscheinen immer verlockender. Das Streben, sich selbst zu behaupten, nimmt die Form von Disziplinverstößen an." (Leontjew, 1973:404) Ohne das Motive der Erweiterung des Handlungsraumes von Kindern als Ausdruck weiterer Entwicklungsschritte entschlüsseln zu können, definiert Leontjew dieses Verhalten als gesellschaftlich unerwünscht und abweichend. Der hier formulierte Widerspruch zwischen den Motiven der Heranwachsenden und dem gesellschaftlichen erwünschten Verhalten vermittelt sich aber auch schon in diesem Beispiel räumlich.

spektive dar, die zur Ausbildung motorischer Fähigkeiten, kognitiver Kompetenzen und emotioneller Bindungen führt[8]. Von Bedeutung ist die „Ausstattung“ des Zentrums, welches verschiedene Erfahrungen und Einstellungen bewirken kann (vgl. Baacke 2003:80f.). So kann beispielsweise das Vorhandensein oder Fehlen von Rückzugsmöglichkeiten in Form eines eigenen Zimmers (vgl. Deinet/Krisch 2000:90), der Zugang zu spezifischen Spielmaterialien, oder für jüngere Jugendliche der Internetzugang etc. das Aneignungsverhalten bestimmen.

Der „ökologischer Nahraum“ als zweite Zone stellt die Umgebung dar und umfasst die Wohngegend, den Stadtteil, „die Nachbarschaft“. Während Kinder hier ihre ersten Kontakte und Beziehungen außerhalb der Familie aufnehmen, wird dies für die „Adoleszenten zu einem (mehr oder weniger ausgestatteten) Revier voller Treffpunkte und Aktionsmöglichkeiten (je nach Ausstattung des Stadtteils angereichert und eingeschränkt)“ (Baacke 1999:164). Böhnisch spricht bezogen auf diese Altersgruppe vom „Erlebnis des Raumes als sozialem Mikrokosmos“ (Böhnisch 1999:82f.). Ob die Parkbank, bestimmte Hauseingänge, die Eck-Kneipe, eine nahe Diskothek, der Innenhof eines größeren Wohnhauses, das nahegelegene Strandbad, die Schulmauer usf.: die Treffpunkte im Nahraum weisen keine Definition der „Raumnutzung“ (Baacke 1999:164) auf[9] und beeinflussen in ihrer spezifischen Quantität und Qualität die Entwicklungsmöglichkeiten der Heranwachsenden.

Die Zone der „ökologischen Ausschnitte“ definiert sich über ihre „*funktions*-bestimmten Beziehungen“ (ebd.), die in Form bestimmter Rollenerwartungen und Anforderungen auf Kinder und Jugendliche wirken. Sie werden dementsprechend mit funktionalen Differenzierungen, die „konstitutiv für das Funktionieren unserer fortgeschrittenen Industriegesellschaft“ (ebd.) sind, konfrontiert. Die Schule hat in diesem Kontext ebenso bestimmte Funktionszuweisungen wie beispielsweise die Bank, die Kirche, das Schwimmbad oder auch das Kaufhaus und wird zu einem bestimmten Zweck aufgesucht. Baacke weist darauf hin, dass sich an „den Rändern dieser ökologischen Ausschnitte“ die Peer-Beziehungen beispielsweise durch die Freundschaften mit Klassenkameraden, Lehrlingen etc. entwickeln.

---

8 „… in den Prozessen primärer Sozialisation erwirbt das Kind die Fähigkeit zu laufen und sich zu bewegen (Motorik), Beziehungen zu anderen Menschen aufzunehmen (Emotionalität), zu sprechen, sich zu orientieren und die Umwelt gliedernd zu erfassen (Kognition), und es macht Erfahrungen in den Chancen, Wünsche durchzusetzen und Versagungen zu erleiden (Dimension des Willens).“ (Baacke 1999:162)

9 Diese Präzisierung, „ein Hauseingang kann zum Sich-Unterstellen bei Regen, zum ‚Quatschen‘, zum Warten auf die Freundin/den Freund, zum Klingeln ... benutzt werden“ (Baacke 1999:164), findet sich erst in der Überarbeitung 1999 und erlaubt die klare Unterscheidung zu den „ökologischen Ausschnitten“ und ihren funktionsdifferenzierten Settings. Durch spezifische Formen der Aneignung („Aneignung“…, „Teil-Aneignung“…, „Umdefinition von Räumen“ [vgl. Baacke 1999:170ff]) können diese dann zu „ökologischen Nahräumen“ transformiert werden.

Die vierte Zone, die „ökologische Peripherie", ist die der „gelegentlichen Kontakte, zusätzlicher, ungeplanter Begegnungen, jenseits der Routinisierung, die die anderen drei Zonen ermöglichen, ja sogar fordern" (Baacke 2003:114). Bezogen auf das Alltagshandeln sind ferner gelegene Freizeitorte, wie das Kino im Stadtzentrum, das zentral gelegene Kaufhaus, der alte Fabrikschuppen, aber auch der Bauernhof oder Urlaubsorte etc. nur „zuweilen zur Verfügung stehender Handlungsraum" (Baacke 1999:164), mitunter unvertraute Orte, die aber besonders eindrücklich sind.

In dieser Außenzone werden Jugendliche mit ganz neuen Situationen und Erlebnisebenen konfrontiert:

> „Je vielfältiger und reichhaltiger die ökologische Peripherie desto offener und erfahrener wird ein Heranwachsender, denn er erweitert nicht nur seinen Handlungsraum, sondern erwirbt auch mehr Ausweichmöglichkeiten und Alternativen zu seiner unmittelbaren Umwelt." (Baacke 1980:499)

Baacke weist darauf hin, dass dieses Modell – besonders bei Jugendlichen – nicht als statische Abfolge der Erweiterung von „Zonen" zu sehen ist[10], sondern dies geleitet von „pädagogischem Interesse" (Baacke 1999a:112), als Systematisierung der Handlungsräume Jugendlicher dient.

Während bei Kindern die Ordnung der ersten drei Zonen noch der Ordnung des räumlichen Aufwachsens entspricht (vgl. Baacke 1999a:115), lässt sich bei Jugendlichen die „Psychodynamik der Zonen, die das kausalgenetische-lineare Ausgangsverhältnis konterkariert" (ebd.), erkennen: Die Zonen verfügen über große Durchlässigkeit, überlappen sich zum Teil. „Nahraum", „Ausschnitte" oder „Peripherie" haben für verschiedene Jugendkulturen differenzierte Bedeutungen:

> „Auf der Suche nach dem Eigenen schafft sich der Jugendliche neue ökologische Nahräume." (ebd.).

Welche Orte die Peripherie bilden, wie sich die Übergänge und Zusammenhänge zwischen ökologischem Nahraum, den Ausschnitten oder der Peripherie gestalten, ist sowohl entwicklungsbedingt als auch jugendkulturell bestimmt. Eine dominierende Aneignungstätigkeit jüngerer Jugendlicher – auch um sich von Kindern abzugrenzen – besteht u.a. darin, sukzessive, auf der Suche nach „eigenen außerfamilialen Sozialräumen" (Böhnisch 2001:129f.) ihren Nahraum auszuweiten und die Peripherie zu erkunden (vgl. Deinet 1987, 1992, 1999, 2005, von Spiegel 1988, Kromer/Tebbich 1998, Zinnecker 2001). Deinet spricht bei dieser Zwischenaltersstufe von einem „aus dem Alltag herausgehobenen Erfahrungsbereich", in dem neue

10 Möglicherweise verstärkt aber genau die von Baacke (siehe Grafiken: 1999:163, 2003:82) gewählte Form der schematischen Darstellung seines Zonenmodells in Form konzentrischer Kreise, verbunden mit einem nach außen gerichteten Pfeil, diesen Eindruck.

Verhaltensweisen ausprobiert und das Verhaltensrepertoire wesentlich erweitert wird. Später bewegen sich Jugendliche dann in einem – nunmehr erschlossenen – Netzwerk jugendkulturell ausdifferenzierter Handlungsräume, die sehr verschiedenartig sein können.

Die Struktur des ökologischen Nahraumes wird beispielsweise von Skatern, die sehr mobil zwischen verschiedenen Skaterramps pendeln, gänzlich anders geartet sein, wie bei eher stadteilorientierten Jugendkulturen, Mädchen wiederum erschließen sich andere Handlungsräume wie männliche Jugendliche (vgl. Flade/Kustor 1996, Nissen 1998, Schön 1999, 2004, Rose 2002, Larcher 2006). Aber auch die weitergelegene Schule kann vom „ökologischen Ausschnitt“ zum „ökologischen Nahraum“ werden, weil sie als Treff für Jugendkulturen, wie am Beispiel des Skatertreffs im Eingangsbereich einer Schule beschrieben, Bedeutung bekommt und durch die spezifische Form der Aneignung eine Umdefinition des Raumes erfährt (vgl. Baacke 1999:170f.).

Die Dynamik seines Modells der Handlungszonen, welche den sozialräumlichen Blickwinkel bereits impliziert, wird bei Baackes Beschreibung der ‚Verortung’ von Freizeit deutlich:

> „Ökologisch gesehen ist die Freizeit ein Bereich, dessen Angebote über die verschiedenen Zonen streuen … Sport, Geselligkeit, Konsum, Reisen, Intimität, Medienkonsum. All dies sind Freizeittätigkeiten, die teilweise an gar keine bestimmte Zone gebunden sind, auf jeden Fall nicht in der gleichen Zone stattfinden. Die Rede vom ‚Freizeitsektor’ meint also eine Abstraktion, denn es handelt sich nicht um einen räumlich geschlossenen Ort.“ (Baacke 1976:38)

Weitergehende Konkretisierungen resp. Untersuchungen darüber, wie diese Orte angeordnet sind, miteinander in Verbindung stehen oder im großstädtischen Lebensraum von Kindern und Jugendlichen gelegen sind, kommen u.a. (Zinnecker 1990:155f., Baacke 1999a, Zeiher 1983, Zeiher/Zeiher 1998) zur Beschreibung eines Inselmodells (vgl. dazu Deinet 1992, 1999, Böhnisch 2001, Reutlinger 2001).

> „Der Lebensraum ist nicht ein Segment der realen räumlichen Welt, sondern besteht aus einzelnen separaten Stücken, die wie Inseln verstreut in einem größer gewordenen Gesamtraum liegen, der als Ganzer unbekannt oder zumindest bedeutungslos ist.“ (Zeiher 1983:187)

Die Kinder bewegen sich von „Erlebnisinsel zu Erlebnisinsel“ – „zwischen denen die Wüste unbetretbaren Landes liegt“ (Baacke 1999a:133) –, wobei sie diese nicht mehr als zusammenhängend und übergänglich erleben, „sondern als ‚Erfahrungsinseln’, die nicht mehr geschlossene lebensweltliche Areale zur Verfügung halten“ (ebd.: 136).

Das ökologische Zentrum kann, so Zeiher, als Wohninsel gelten, der Kindergarten, die Schule, die Wohnung der Freundin in einem anderen Stadtteil sind verstreute Inseln, die mitunter nur mit Hilfe des Autos oder öffentlicher Verkehrsmittel erreicht werden. Bezeichnenderweise „verschwindet der Raum zwischen den Inseln und wird von den Kindern nicht wahrgenommen" (Deinet 1999:45) und hat in diesem Sinne keine Qualität als Erfahrungs- oder Erlebnisraum.

„Im Extrem versinkt der ‚Zwischenraum' sogar, nämlich in Großstädten mit U-Bahnen, wo er zur Röhre wird, durch die man befördert wird, um anschließend auf einer anderen Insel wieder aufzutauchen" (Rollf 1985:152 in Deinet 1999:45). Die Erweiterung des Handlungsraumes kann dementsprechend als „Aneignung der Rauminseln … unabhängig von der realen Lage der Inseln im Gesamtraum und unabhängig von ihrer Entfernung" (Zeiher 1983:187) beschrieben werden.

Für die Entwicklung des Aneignungskonzeptes und seines sozialräumlichen Bezugs erscheinen zwei Betrachtungsweisen Baackes von grundlegender Bedeutung. Die Erweiterung des Handlungsraumes wird zum einen als bedeutende Entwicklungsaufgabe (Aneignungstätigkeit) und „dominierende Tätigkeit" von Heranwachsenden bestimmt.

> „Trotz vieler Einschränkungen ist die Erweiterung ihres Handlungsraumes eine dominante Tätigkeit im Aneignungsprozess von Kindern und Jugendlichen; sie machen sich fremde Orte zu eigen, erschließen sich deren Bedeutung und die Möglichkeiten, die in Räumen liegen und vergrößern damit ihren Horizont im Sinne einer Verbreiterung ihres Verhaltensrepertoires." (Deinet 1999:42)

Während sich Kinder sukzessive – in der Ablösung von der Familie – ihren Nahraum erschließen, lassen sich bei Jugendlichen – Baacke spricht bezeichnenderweise von der „Jugend als Zeit des Aufbruchs" (Baacke 1999) – vielschichtige Aneignungsprozesse zwischen funktional bestimmten Räumen und Orten, in denen sie nicht bestimmten Handlungserwartungen ausgesetzt sind, beobachten.

In diesem aktiven und selbsttätigen Prozess kommt es nicht nur in vielfältigen Lernprozessen zur Ausbildung persönlicher Individualität, auch der Aspekt der gesellschaftlichen Integration (Vergesellschaftung), der dem Aneignungsprozess immanent ist (vgl. Leontjew 1973), wird räumlich – Baacke strukturiert dies in Handlungszonen – vermittelt.

> „Kommunikation und Handeln und räumliche Strukturen sind also derart miteinander verbunden, dass die immobile Umwelt sowie in ihr instituti-

onalisierte Regeln den Nutzer lenken, wobei dieser aber mehr oder weniger auch Einwirkungsmöglichkeiten hat."[11] (Baacke 1999a:110)

Dies zeigt sich besonders beim Übergang in die Zone der „ökologischen Ausschnitte", die Heranwachsende „zum ersten Male mit einer funktionalen Differenzierung konfrontiert, die bestimmte Rollen zuweist und konstitutiv für das Funktionieren unserer fortgeschrittenen Industriegesellschaft ist" (Baacke 2003:81).

Der sozialökologische Zugang Baackes weist demnach zum anderen darauf hin, dass der Handlungsraum, den sich Kinder und Jugendliche aktiv erschließen, in sich sehr unterschiedliche Erfahrungs- und Erlebnisebenen bietet und damit die Entwicklung von Heranwachsenden bestimmt.

> „Die Umwelt hält die Gegenstände, Ereignisse, Prozesse und Personen bereit, die das Kind wahrnimmt und mit denen es im Aufwachsen seine eigene Welt aufbaut und konstituiert – durch übernehmendes Lernen von etwas und widerständiges Ansichzwingen. Durch wahrnehmenden und handelnden Umgang mit der sozialen Umwelt erfährt die Entwicklung des Kindes entscheidende Formen der Beeinflussung: durch Behinderung oder Förderung." (Baacke 1999a:109)

Was Baacke als spezifische Form der Entwicklung von Kindern, als räumlich vermittelten Prozess beschreibt, gilt in ähnlicher Form auch für Jugendliche. Der Handlungsraum, den sie sich erschließen können, bestimmt durch seine Struktur und die Erfahrungs- und Erlebnismöglichkeiten unterschiedliche (neue) Aneignungsbereiche und Qualitäten. Die Erweiterung der Handlungskompetenzen wird sowohl wechselseitig durch die Ausdehnung des Raumes, als zentrale Aneignungstätigkeit von Heranwachsenden, wie aber auch durch dessen Qualität bestimmt. Diese beeinflusst, inwieweit Jugendliche ihre Handlungszonen erweitern können, welche Lernchancen sich eröffnen oder verschließen: Sind sie abwechslungsreich, erlauben sie Veränderungen und Betätigungen, Wagnis und Risiko (vgl. Deinet 1999:46f.), zeichnen sie sich durch „variantenreiche Mannigfaltigkeit und nichtrestrik-

---

11 Die Verbindung zwischen Handeln und Räumen werden wir später soziologisch mit Simmel erklären. Der gesellschaftlich verfasste Raum wirkt auf Jugendliche in Form von Verhaltenserwartungen, Zwängen und steht in Wechselwirkung zu jugendlichen Verhaltensweisen und deren eigenwilligen Raumdefinitionen, die „mehr oder weniger" Durchsetzung entfalten können. Soziologisch betrachtet bildet sich beispielsweise in der Schule (vgl. dazu Baackes ‚pädagogischen Zugang' 1999a: 9) eine bestimmte gesellschaftliche Verfasstheit von Erziehung, als Disziplinierung, Ort der direktiven Wissensvermitlung, etc. – auch räumlich vermittelt – ab. Kinder und Jugendliche eignen sich diesen Ort in ihrer lebensalter- und jugendkulturell bestimmten Form an und werden mit den Normen, die „das Handeln der in ihr weilenden Personen beeinflussen, ja strukturieren" (ebd.) konfrontiert. Sie passen sich an, lassen sich aber auch in Konflikte ein oder aber schaffen sich Räume in der Schule (Raucherzimmer) oder in der Peripherie „ums Eck", die sie entsprechend definieren und als Cliquentreff, Orte der Lebensbewältigung etc. nützen.

tives Erwachsenenverhalten“ (Baacke 1999a:116), u.v.m.[12] aus. Um beim Beispiel zu bleiben, werden sie von der Schulmauer am Nachmittag verjagt, werden sie in Hauseingängen geduldet etc.?

Aus dem pädagogischen Blickwinkel lässt sich das Verhältnis zwischen jugendlichen Aneignungsformen und deren Möglichkeiten der Umsetzung, als bedeutend für die Persönlichkeitsentwicklung zusammenfassen:

„Die ökologische Potenz eines Jugendlichen ist umso größer, je mehr Kommunikations- und Handlungschancen er hat, je mehr Erfahrungen er also sammeln konnte.“ (Baacke 1976:37) Und dementsprechend: „Je größer der Anregungsgehalt der vier Zonen und je vielfältiger die in ihnen enthaltenen Herausforderungen für die tägliche Lebensbewältigung, desto ökologisch wertvoller sind die Lebenszonen für einen Jugendlichen.“ (Hurrelmann 2004:57) Dieser Zusammenhang findet sich daher auch in der Sozialpädagogik einer sozialräumlichen Jugendarbeit wieder, die ja versucht Räume zu schaffen, thematisch auszugestalten (vgl. Böhnisch/Münchmeier 1990:64f.) oder zu sichern, die Veränderung ermöglichen bzw. verschiedenartige Erfahrungs- und Erlebnisebenen eröffnen.

Diesen Blick auf die „Qualität“ bzw. die Potenz von Räumen erschließt Baacke durch die Ausformulierung des sozialökologischen Blickwinkels. Er greift die ökologisch orientierten Entwicklungsforschung Bronfenbrenners (1981) auf, welche die Entwicklung von Kindern und Jugendlichen als komplexe Wechselbeziehung zwischen sozialer Umwelt – als „konkreten Raum jugendlichen Erlebens“ – und sozialem Handeln beschreibt:

> „Die Ökologie der menschlichen Entwicklung befasst sich mit der fortschreitenden gegenseitigen Anpassung zwischen dem aktiven, sich entwickelnden Menschen und den wechselnden Eigenschaften seiner unmittelbaren Lebensbereiche. Dieser Prozess wird fortlaufend von den Beziehungen dieser Lebensbereiche untereinander und von den größeren Kontexten beeinflusst, in die sie eingebettet sind.“ (Bronfenbrenner 1981:37)

Bronfenbrenner geht davon aus, dass die für den Entwicklungsprozess relevanten Umwelten verschiedene Lebensbereiche, deren Verbindungen, aber auch äußere Einflüsse einer weiteren Umwelt umfassen. Diese fasst er in

12 „Über die quantitative Ausdehnung des ‚Streifraums' der Kinder hinaus, misst auch Muchow der qualitativen Struktur dieses Raumes aus der Sicht der Kinder eine sehr große Bedeutung zu. Sie untersucht zum Beispiel die Bedeutung von Freiflächen, bestimmten Orten, wie den Schrebergärten, den ‚Löschplatz' usw. und kommt zu dem Ergebnis, dass solche Orte in der Lebenswelt von Kindern eine größere Bedeutung haben als die offiziellen Spielplätze“ (Deinet 1999:33). Anzumerken wäre, dass sich die Aneignungsformen „modernisiert“ haben, in der Struktur aber gleichgeblieben sind: Der Schrebergarten und Löschplatz sind heute die Spielkonsole des Mediamarktes, die U-Bahn-Unterführung oder „unsichtbare Orte und sozialräumliche Verbindungen“ der „unsichtbaren Bewältigungskarten Jugendlicher“ (vgl. Reutlinger 2003).

seiner Systematik als „ineinandergeschachtelte Anordnung konzentrischer, jeweils von der nächsten umschlossenen Struktur“ (ebd.) zusammen und bezeichnet diese als Mikro-, Meso-, Exo- und Makrosysteme.

> „Ein Mikrosystem ist ein Muster von Tätigkeiten und Aktivitäten, Rollen und zwischenmenschlichen Beziehungen, die die in Entwicklung begriffene Person in einem gegebenen Lebensbereich mit den ihm eigentümlichen physischen und materiellen Merkmalen erlebt.“ (Bronfenbrenner 1981:38)

> „Ein Mesosystem umfasst die Wechselbeziehungen zwischen den Lebensbereichen, an denen die sich entwickelnde Person aktiv beteiligt ist (für ein Kind etwa die Beziehungen zwischen Elternhaus, Schule und Kindergartengruppe in der Nachbarschaft; für einen Erwachsenen die zwischen Familie, Arbeit und Bekanntenkreis).“ (ebd.: 41)

> „Unter Exosystem verstehen wir einen Lebensbereich oder mehrere Lebensbereiche, an denen die sich entwickelnde Person nicht selbst beteiligt ist, in denen aber Ereignisse stattfinden, die beeinflussen, was in ihrem Lebensbereich geschieht, oder die davon beeinflusst werden.“ (ebd.: 42)

> „Der Begriff des Makrosystems bezieht sich auf die grundsätzliche formale und inhaltliche Ähnlichkeit der Systeme niedrigerer Ordnung (Mikro-, Meso- und Exo-), die in der Subkultur oder der ganzen Kultur bestehen oder bestehen könnten, einschließlich der ihnen zugrunde liegenden Weltanschauungen und Ideologien.“ (ebd.)

Baacke greift dieses Modell der miteinander in Beziehung stehenden ökologischen Systeme (vgl. Böhnisch 2003:178) auf und integriert es in sein Zonenmodell (vgl. Baacke 1999:113), welches dadurch zu einem dynamischen Zusammenhang verschiedenster Einflüsse wird:

Das Mikrosystem entspricht, so Baacke (vgl. 1999:165[13], 2003:90f.), dem ökologischen Zentrum und dem Nahraum und charakterisiert sich durch „direkte Umweltwahrnehmung“ und Möglichkeiten direkt auf diese Umwelten zu wirken.

---

13 „Urie Bronfenbrenner hat in seine sozialökologische Systematik nicht nur die hier dargestellten unmittelbaren Handlungsräume aufgenommen, in denen face-to-face-Erfahrungen dominieren (dies nennt er Mikro-System), sondern hinzu kommen ein Mesosystem, das die Wechselbeziehungen zwischen den Lebensbereichen umfasst, an denen sich die entwickelnde Person beteiligt (hier sind das Verhältnis von Zentrum und Nahraum, Nahraum und Ausschnitten interessant), ein Exosystem, an denen ein Jugendlicher nicht selbst beteiligt ist, obwohl dort Ereignisse oder Entscheidungen stattfinden, die seinen Lebensbereich beeinflussen ..., und schließlich, das Makrosystem, das umfassende Ganze, mit ‚allen Weltanschauungen und Ideologien', die das Miteinander, aber auch Gegeneinander von Zentrum, Nahraum, Ausschnitten und Peripherie beeinflussen könnten (Bronfenbrenner 1981:38f.).“ (Baacke 1999:165)

Abb. 1: Schematische Zuordnung der vier ökologischen Zonen zu *Bronfenbrenners* Systemkategorien

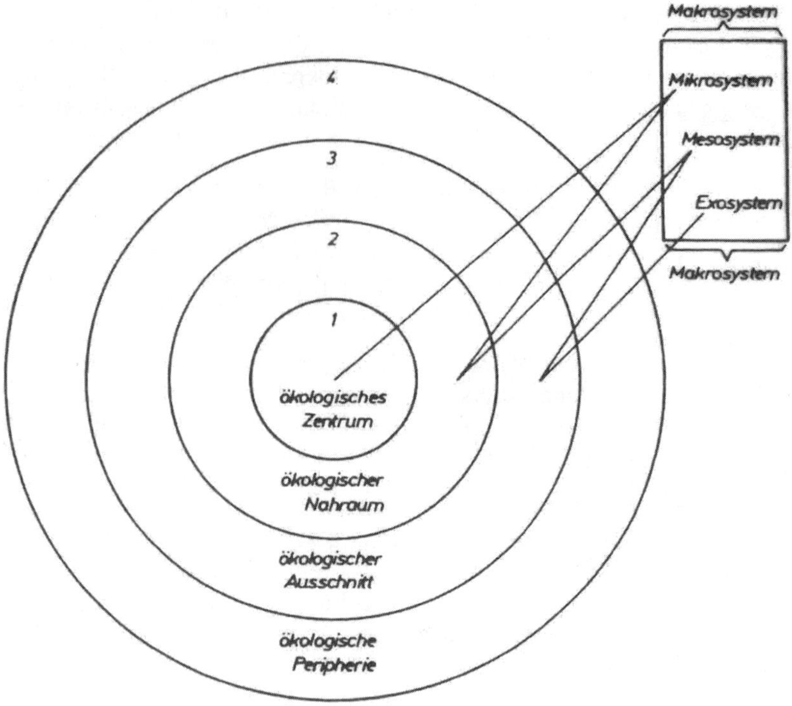

Das Mesosystem verbindet Nahraum und Ausschnitte und „stellt ein System von Mikrosystemen dar“ (ebd.), welches unterschiedliche Lebensbereiche und deren Wechselwirkungen umfasst und „sich insgesamt zu einem sozialen Netzwerk zusammenschließt“ (ebd.). Familie, Schule, Bekanntenkreis, Sportverein, Diskothek, Peer Group, stellen zwar gesonderte Lebensbereiche dar, wirken aber aufeinander und konstituieren die Lebenswelt aber noch „direkt erfahrbar“.

Anders das Exosystem, einem Ausschnitt, dessen Zugänglichkeit für Jugendliche nicht gegeben ist, aber „indirekt“ auf die Lebenswelt des Jugendlichen einwirkt. Ob Erfahrungen der Eltern am Arbeitsplatz, die dann Erziehungsstile beeinflussen, kommunalpolitische Maßnahmen, welche den Aufenthalt von Jugendlichen an öffentlichen Orten regeln, Klassifizierungen der Medien, die das Image von Jugendlichen beschreiben oder Stadtentwicklungsstrategien, die Streifräume von Jugendlichen durch Verbauungen reduzieren, „Umwelterfahrungen im ökologischen Nahraum“ (Baacke 2003:91) werden durch Exosysteme beeinflusst.

Letztlich beeinflusst das „Makrosystem, das umfassende Ganze mit allen ‚Weltanschauungen und Ideologien' (Bronfenbrenner 1981:38f.), das Miteinander, aber auch Gegeneinander von Zentrum, Nahraum, Ausschnitten und Peripherie" (Baacke 1999:165) und prägt „die für Heranwachsende typische Umwelt mit verbindlichen, wiedererkennbaren Mustern" (Baacke 2003:91).

Gesellschaftliche Machtverhältnisse und Strukturen, als „gesellschaftliche Verfasstheit, in der Kinder und Jugendliche aufwachsen" (Baacke 1985:92), wirken auf die Struktur und Beschaffenheit von „Umwelten" und definieren die Qualität von Räumen. Die Einbeziehung dieser sozialökologische Dimensionen (vgl. Böhnisch 2003:177f.) zeichnet ein Bild von Handlungsräumen, in der sich räumliche Anordnungen von realen Objekten[14], „zwischenmenschliche Beziehungen, aber auch symbolische Strukturen (Ideologien, Deutungsmustern)" (Baacke 2003:91) zu einem „Netzwerk sehr unterschiedlicher Teil-Umwelten" (ebd.) verdichten, die im Prozess der Erweiterung von Handlungsräumen auf Jugendliche wirken. Neben zumeist „sichtbaren", „strukturbezogenen Dimensionen" (vgl. Deinet 1999, Deinet/Krisch 2000) – wie infrastrukturellen Bedingungen, gewidmeten Kinder- und Jugendräumen etc. – bestimmen Funktionsbeschreibungen und Einflüsse der politisch institutionellen Öffentlichkeiten – nach Bronfenbrenner Funktionen des Exo- und Makrosystems – in Form von Regeln, Verboten und Verhaltenserwartungen oder öffentlichen Meinungen über Kinder und Jugendliche die Qualität von Räumen. Sie spielen eine bedeutende Rolle in der Definition der Chancen, Möglichkeiten oder Barrieren der Erweiterung von Erlebnisräumen.

Die sozialökologische Perspektive fließt bei Baacke in seine Beschreibung der „Qualität" von Räumen und Handlungszonen – und der damit verbundenen Identitätsentwicklung von Heranwachsenden – ein. Sie weist aber auch auf die dynamische – und komplexe – Wechselwirkung zwischen jugendlichen Aneignungstätigkeiten und gesellschaftlicher Umwelt – als gesellschaftliche Integrationsperspektive – hin, die sich „einer allzu engen empirischen Definition" (Baacke 1980:501) entzieht.[15] Dies erscheint grundlegend für die sozialräumliche Aneignungstheorie, in der sich so theoretisch begründen lässt, dass „die Faktoren sozialräumlicher Umwelt nicht nur Einfluss auf die Entwicklung von Kindern nehmen, sondern dass die

14 Baacke (1980:501) spricht schon 1980 von der „räumlichen Anordnung von physischen Objekten" wobei „Macht und Herrschaftsverhältnisse" die Konstruktion und Zulassung immobiler und mobiler (natürlicher bzw. von Menschen geschaffener) physischer Objekte bestimmen.

15 Der soziologische Zugang, der darauf hinweist, dass sich in Räumen Gesellschaft abbildet und auf Jugendliche wirkt, präzisiert diesen Zusammenhang.

Kinder selbst ihre Umwelt verändern und sich in diesem Verhalten sozial entwickeln[16]" (Böhnisch 1992:138).

Das ökologische Sozialisationstheorem betont dabei, ähnlich wie bei Leontjew, die aktive Rolle der sich entwickelnden Person, die zwar von der Umwelt beeinflusst wird, aber selbst auch „als wachsende dynamische Einheit das Milieu, in dem sie lebt, fortschreitend in Besitz nimmt und umformt" (Bronfenbrenner 1981:38). Dieser „Prozess der gegenseitigen Anpassung"[17] (ebd.) zwischen dem Menschen und seiner Umwelt wird als „Gegenseitigkeitsbeziehung" (Hurrelmann in Böhnisch 2003:177) verstanden, welches die Entwicklung von Heranwachsenden als komplexe „Mensch-Umwelt-Dynamik" (Böhnisch 2003:177) beschreibt. „Umwelt definiert Verhalten und beeinflusst Handeln. Verhalten und Handeln definieren die Umwelt", fasst Baacke (1999a:109) zusammen und verweist auf die Reziprozität[18] (Bronfenbrenner 1981:37) der Interaktion zwischen Personen und Umwelt.

Über verschiedene Aneignungsprozesse, die sich aus lebens- und alltagsweltlich begründeten und entwicklungsbedingten Bedürfnissen, Fähigkeiten und Handlungen von Kindern und Jugendlichen entwickeln, wird die Umwelt genutzt, vorgegebene Situationen und Räume verändert und umgestaltet. Gleichzeitig werden die „Aneignungsprozesse als schöpferische Leistung, als Eigentätigkeit durch die realen Anforderungsstrukturen bestimmt und gerichtet" (Deinet 1992:55). Die Struktur der städtischen Lebenswelt von Kindern und Jugendlichen, die Funktionalisierung der heutigen Stadtumwelten, wie auch andere (ökologische) Faktoren (s.o.) schränken die Aneignungsmöglichkeiten von Kindern und Jugendlichen in unterschiedlicher Weise ein.

Diese Wechselwirkung zwischen Individuum und räumlicher Umwelt, bei Bronfenbrenner und Baacke vor allem aus einem entwicklungspsychologischen bzw. pädagogischen Zusammenhang entfaltet, wird in weiterer Folge soziologisch – im Mittelpunkt steht die gesellschaftliche Struktur und Qualität des anzueignenden Raumes (vgl. Böhnisch 2003:179f.), die auf die Heranwachsenden wirken – bestimmt.

---

16 „Aneignung bezeichnet also einmal das wechselseitige Spannungsverhältnis von Kind und sozialräumlicher Umwelt, also ein Entwicklungssegment unter anderen, zum anderen verweist der Begriff auf die Perspektive des über die sozialräumliche Umwelt vermittelten sozialen und gesellschaftlichen Lernens mit seinen Chancen, Konflikten und Blockierungen, die wir sozialpädagogisch als zu bewältigende Integrationskonflikte interpretieren." (Böhnisch 1992:138)

17 Was entwicklungspsychologisch als Entwicklungsprozess beschrieben wird – „der als Interaktion zwischen Person und Umwelt in beide Richtungen wirkt" (Bronfenbrenner 1981:38) – findet seine Analogie in der Soziologie Simmels, als Wechselwirkung zwischen Aneignung und vergesellschafteter Umwelt.

18 „Da aber auch die Umwelt Einflüsse ausübt und so ein Prozess „gegenseitiger Anpassung" nötig wird, muss – zweitens – beachtet werden, dass die Interaktion zwischen Person und Umwelt in beide Richtungen wirkt, dass sie durch *Reziprozität* charakterisiert ist." (Bronfenbrenner 1981:38)

2. Aneignung als spezifische Wechselwirkung zwischen Jugend und Raum

Wurde zuvor der Aneignungskontext in seinen wechselseitigen Spannungselementen und seiner Vermittlung über den Raum lediglich beschrieben, so soll im Folgenden daher auf die strukturelle Logik des Aneignungsprozesses und ihre Ambivalenz analytisch eingegangen werden. Diese Analyse ist insofern wichtig, als verständlich gemacht werden soll, wie Kinder und Jugendliche eine Beziehung zu sich und der Gesellschaft über den Raum herstellen können und wie es erklärbar ist, dass lebensaltertypisch unterschiedliche Inhalte in der ‚gleichen' Raumform enthalten sind.

Den analytischen Zugang finden wir bei Simmel in seiner zentralen Kategorie der Wechselwirkung als Strukturprinzip des Gesellschaftlichen, das sich in räumlichen Aneignungsprozessen vermittelt und der Unterscheidung zwischen Form und Inhalt der räumlichen Vergesellschaftung. Es sind Kategorien, die bis heute in den raumsoziologischen Diskursen als gültig erachtet werden (vgl. Löw 2001, Löw/Sturm 2005, Böhnisch 2002, Böhnisch/ Schröer 2005, Dangschat/Frey 2005 u.a.).

Die besondere Betrachtungsweise Simmels basiert auf der Vorstellung von Gesellschaft als „System sozialer Wechselwirkungen" (Amann 1996:179), sie „existiert da, wo mehrere Individuen in Wechselwirkung treten" (Simmel 1992:17). Wechselwirkungen, basierend auf bestimmten Trieben, Interessen oder Zwecken der Menschen bewirken,

> „dass der Mensch in ein Zusammensein, ein Füreinander-, Miteinander-, Gegeneinander-Handeln, in eine Korrelation der Zustände mit andern tritt, d.h. Wirkungen auf sie ausübt und Wirkungen von ihnen empfängt." (ebd.)

Die Gesellschaft ist dabei für Simmel „sowohl die Realisierung von Wechselwirkungsprozessen als auch die Summe aller Wechselwirkungsformen" (Ziemann 2000:57). Der spezifische Zugang der Soziologie, im Verständnis Simmels, konstituiert sich in der Untersuchung dieser Formen der Wechselwirkungen – auf verschiedensten gesellschaftlich differenzierten Ebenen und Formen[19] – „in denen sich die menschlichen Lebensprozesse vollziehen" (Heckmann/ Kröll 1984:57).

Simmel unterscheidet dabei in seinem methodologischen Ansatz analytisch zwischen Form und Inhalt der Gesellschaft, gleichwohl in jeder sozialen Erscheinung Inhalt und gesellschaftliche Form eine einheitliche Realität bilden. Als Inhalt bezeichnet Simmel

19 Ziemann (2000:59) differenziert zwischen Beschreibungen der Wechselwirkungen auf den Ebenen „mikrologischer", „mesologischer" und „makrologischer" Sozialformen und spricht dementsprechend von Vergesellschaftungsprozessen, -gebilden und -welten als Untersuchungsgegenstände der Simmel'schen Soziologie.

„all das, was in den Individuen, den unmittelbar konkreten Orten aller historischen Wirklichkeit, als Trieb, Interesse, Zweck, Neigung, psychische Zuständlichkeit und Bewegung derart vorhanden ist, dass daraus oder daran die Wirkung auf andrere und das Empfangen ihrer Wirkung entsteht.“ (Simmel 1992:18)

So sind beispielsweise weder Hunger noch Liebe, weder Arbeit noch Religiosität, wie Simmel ausführt, bereits „soziale Wesen“. Sie sind gleichsam

„die Materie der Vergesellschaftung ... sie bilden diese erst, indem sie das isolierte Nebeneinander der Individuen zu bestimmten Formen des Miteinander und Füreinander gestalten, die unter den allgemeinen Begriff der Wechselwirkung gehören“ (ebd.:19): „es entsteht als Formung der Inhalte eine Form des Sozialen.“ (Ziemann 2000:53)

Gesellschaft konstituiert sich durch diese Formen der Wechselwirkung[20], die „unmittelbar oder auch durch ein Drittes vermittelt“ (Simmel 1992:19) – was eben auch der Raum sein kann – sich gegenseitig beeinflussen:

„... erst, wenn die Lebendigkeit dieser Inhalte die Form der gegenseitigen Beeinflussung gewinnt, wenn eine Wirkung von einem auf das andere – unmittelbar oder durch ein Drittes vermittelt – stattfindet, ist aus dem bloß räumlichen Nebeneinander oder auch zeitlichen Nacheinander der Menschen eine Gesellschaft geworden.“ (ebd.)

Dementsprechend ist die „Vergesellschaftung also die, in unzähligen verschiedenen Arten sich verwirklichende Form, in der die Individuen“ – aufgrund verschiedenartigster inhaltlicher Antriebe – „zu einer Einheit zusammenwachsen und innerhalb deren diese Interessen sich verwirklichen“ (ebd.).

Für die Analyse von Vergesellschaftungsprozessen ist demnach bedeutend, dass gleiche Interessen und Motive verschiedene Formen hervorbringen, wie sich umgekehrt auch unterschiedliche Motive in scheinbar gleichen Formen vergesellschaften. Gleiche „formale“ Verhaltensweisen können aber in verschiedenen „kleinen Gruppen wie auch in sozialen Aggregaten“ (Dahme/Rammstedt in Simmel 1992a:25) erkannt werden: Exemplarisch führt Simmel Über- und Unterordnung, Konkurrenz, Nachahmung, Arbeitsteilung, Parteibildung, Vertretung, Gleichzeitigkeit des Zusammenschlusses nach innen und des Abschlusses nach außen an, die, wie er beschreibt, in ähnlichen Ausformungen sowohl in einer staatlichen Gemeinschaft, in einer Religionsgemeinde, in einer Wirtschaftsgenossenschaft aber auch in einer Familie (vgl. Simmel 1992:21) als Art der Wechselwirkung zwischen Individuen bestehen.

20 „Sie ist einmal der Komplex vergesellschafteter Individuen, das gesellschaftlich geformte Menschenmaterial, wie es die ganze historische Wirklichkeit ausmacht. Dann aber ist Gesellschaft auch die Summe jener Beziehungsformen, vermöge deren aus den Individuen eben die Gesellschaft im ersten Sinne wird.“ (Simmel 1992:23)

Andererseits können sich gleiche inhaltliche Interessen in „sehr verschiedenartig geformten Vergesellschaftungen darstellen": Beispielsweise merkt Simmel an, dass die Bedürfnisse und Interessen, die Geschlechterbeziehungen determinieren, sich in mannigfaltigen Familienformen äußern; ebenso kann ein pädagogisches Interesse zu einer liberalen Verhältnisform der Lehrer zu den Schülern, „bald zu individualistischen Wechselwirkungen" zwischen einzelnen Schülern und Lehrern oder aber zu „kollektivistischen zwischen jenem und der Gesamtheit der Schüler führen" (ebd.:21). Oder, wie sich am Beispiel der eigenwilligen Handlungsformen von Jugendlichen zeigen lässt: Das Motiv der Selbstbestätigung kann sich als herausragende Prüfungsleistung in der Schule genauso abbilden, wie in der Gestaltung eines schönen „pieces" an einer Wand im öffentlichen Raum oder aber einer Inszenierung eines gewalttätigen Konfliktes, durch den man Aufmerksamkeit erregt.

Wechselwirkung als zentraler soziologischer Grundbegriff Simmels und seiner Phänomenologie sowie die Unterscheidung zwischen Inhalt, also Motiven, Interessen, Bedarfen etc. als „Materie"[21] der Vergesellschaftung und der Form der Vergesellschaftung ist für die Betrachtung des Spannungsfeldes zwischen Aneignung und Vergesellschaftung von zentralem Wert. Sie eröffnet den soziologischen Zugang, die ‚eigenwilligen', alters-, geschlechts-, lebenslagenspezifisch differenzierten Motive Jugendlicher im Prozess ihrer Erschließung der Umwelt – im Aneignungskonzept eingangs beschrieben – und ihre spezifischen Formen der Vergesellschaftung, im gesellschaftlich bereits bestimmten Raum zu betrachten und entsprechend differenziert zu untersuchen.

Für unsere Analyse von Bedeutung ist auch, dass es bei der Beschreibung von Aneignungsprozessen – als Wechselwirkung zwischen Jugendlichen und gesellschaftlich verfassten Räumen – nicht um die Darstellung feststehender oder immer wiederkehrender Vergesellschaftungsformen geht. Wie Amann anmerkt, geht es auch Simmel[22] „nicht um das Erkennen von (zeit-

---

21 Simmel übersetzt, wie Ziemann festhält, die Form/Materie-Differenz der kantischen Philosophie in die Unterscheidung zwischen Form und Inhalt (vgl. Ziemann 2000:53).

22 Simmel geht es in seinem phänomenologischen Zugang eben nicht um die Beschreibung oder das Herauslösen von allgemeingültigen Gesetzlichkeiten. Er hält eine „annähernde Gleichheit der Formen bei Verschiedenartigkeit der Inhalte für prinzipiell möglich" (Simmel 1992:27), schränkt aber ein, dass die Bestimmung soziologischer Formen meist nur für einen „relativ geringen Umkreis von Erscheinungen" gelten wird. So führt Simmel an, dass Über- und Unterordnung zwar in fast jeder menschlichen Vergesellschaftung zu finden sein wird. „Es bedarf aber vielmehr des Eingehens auf die einzelnen Arten der Über- und Unterordnung, auf die spezielleren Formen ihrer Verwirklichung, die nun in dem Maße ihrer Bestimmtheit natürlich an Umfang ihrer Gültigkeit verliert." (Simmel 1992:26) Wie aus dieser Ausführung bzw. seinen „Untersuchungen der Formen der Vergesellschaftung" hervorgeht, lässt sich menschliches Handeln kaum verallgemeinern, die soziologische Interpretation kann nur als Versuch der Annäherung verstanden werden: „Vollständigkeit kann der

losen) Gesetzmäßigkeiten, sondern um das Herausarbeiten von Konfigurationen menschlicher Wechselwirkungen und Vergesellschaftungsformen" (Amann 1996:180).

Die soziologische Kategorie der Wechselwirkung beschreibt aber auch die Dynamik zwischen Subjekten und Raum, den Simmel als Projektionsfläche von Vergesellschaftungen einführt. Erst über die gesellschaftlichen Tätigkeiten des Menschen wird er zum Sozialraum (vgl. Böhnisch 2003:171f.).

> „Durch praktisches Handeln in Form eines intervenierenden Prozesses zwischen den Gegebenheiten einer gesellschaftlich konstituierten Raumstruktur und den auf den Raum gerichteten Interessen wird das geschaffen, was wir Sozialraum nennen." (Becker/May 1991:36)

Die so entstandene Raumbestimmtheit (Simmel) wirkt sozial zurück: als „Botschaften, die in dem Raum sind" (Böhnisch 1990:13) in Form von formellen Regeln oder informellen Verhaltenserwartungen, oder auch von räumlich vermittelten Strukturen, welche die Handlungen „der in ihnen weilenden Personen" beeinflussen und strukturieren (vgl. Baacke 1999a: 109).

Diese Fragen des Zusammenhanges zwischen Raum, Raumformen, Raumbestimmtheiten, räumlichen Ordnungen und menschlichen Wechselwirkungen finden bei Simmel eine umfassende Bestimmung und werden an dieser Stelle zusammengefasst bzw. in weiterer Folge auf das Aneignungskonzept bezogen.

Wie in der Einleitung von Dahme/Rammstedt (Simmel 1992a:30) angemerkt, entspricht die grundlegende Untersuchung „Der Raum und die räumlichen Ordnungen der Gesellschaft" (Simmel 1992:687f.) im Wesentlichen dem 1903 erschienenen Artikel „Über räumliche Projektionen sozialer Formen" wobei Simmel diese Untersuchung unter seine vielschichtigen Analysen der Bedeutung formaler Bedingungen für Vergesellschaftungsprozesse einreiht. Die ursprüngliche Überschrift deutet bereits an, dass sich bestimmte Formen der Vergesellschaftung in bestimmten „Raumformen" abbilden. Wie sich aus beiden Bestimmungen herauslesen lässt, stellt der Raum aber keine Ursache für Formen der Vergesellschaftung dar. Wie sich der „Raum als Träger und Ausdruck soziologischer Wechselwirkungen enthüllt" (Simmel 1992:790), soll kurz beschrieben werden.

Einleitend weist Simmel darauf hin, dass der Raum oder die Zeit sehr oft als Ursache für Wechselwirkungen verkannt werden. Zwar finden Formen der Vergesellschaftung natürlich unter zeitlichen Bedingungen statt, die „wirklichen Gründe", die ein soziales Aggregat formen, werden aber durch die Festsetzung scheinbar kausaler Bedingungen wie Zeit, aber auch Raum

---

Einzelne hier nur in dem subjektiven Sinne erreichen, dass er alles mitteilt, was ihm zu sehen gelungen ist." (ebd.)

ausgeblendet. Ebenso ist der Raum zwar die „conditio sine qua non“ jeder Gestaltung von Dingen oder Verhältnisse, aber er macht weder „ihr spezielles Wesen noch ihren erzeugenden Faktor aus“ (Simmel 1992:687).

Vielmehr ist der Raum zuerst einmal nichts. Aber durch die Wechselwirkungen, die in ihm stattfinden, wird „der vorher leere und nichtige zu etwas für uns, sie erfüllt ihn, indem er sie ermöglicht“[23] (Simmel 1992: 690).

Ein Staat wäre ohne Territorium nicht möglich – aber erst durch die Festlegung bestimmter Flächen als Staat, wird der vorher „nichtige“ Raum zur Bezugsgröße, die erst jetzt Wirkungen ausüben kann: Raum wird zur Projektionswand sozialer Formen, die nun umgekehrt als räumliche Ordnung der Gesellschaft Wirkung ausübt. Dieser Wechselwirkungsprozess ist zwar auf einer politischen Ebene am offensichtlichsten auszumachen, findet aber in kleineren gesellschaftlichen Aggregaten und zwischen einzelnen Menschen auf abstrakteren Raumebenen genauso statt, wie am Beispiel von jugendlichen Cliquen und deren Raumbezug in ihrer geschlechtsbezogenen Unterschiedlichkeit deutlich wird:

> „Fasst man Raum ... auch als Konfiguration von Menschen, so erscheint nicht länger das Handeln der Jungen raumkompetenter als das der Mädchen, sondern die Geschlechter eignen sich unterschiedliche Aspekte der Konstitution an. Die Mädchen werden Fachfrauen für die Einbeziehung von Menschen in die Raumkonstruktion, die Jungen Fachmänner für an sozialen Gütern orientierte Räume.“ (Löw 2001:253)

Als grundlegende Festlegung Simmels erhält Raum erst durch die Wechselwirkungen seine spezifische Form, seine Abgrenzung u.a.m. und wirkt dann als Raumerleben, „als Raumerfüllung“ (Simmel 1992:689) auf die Verhältnisse der Menschen wieder, bzw. wirkt durch seine nunmehr räumliche Ordnung bestimmend auf die Wechselwirkungen der Menschen:

> „Immer fassen wir den Raum, den eine gesellschaftliche Gruppe in irgendeinem Sinne erfüllt, als eine Einheit auf, die die Einheit jener Gruppe ebenso ausdrückt und trägt, wie sie von ihr getragen wird.“ (Simmel 1992:694)

Dieser Zusammenhang zwischen Raum und menschlichem Handeln wird eben im Prozess der Aneignung von Räumen durch Jugendliche besonders deutlich:

> „Die entwicklungsimmanente Gleichaltrigenorientierung sucht sich ihren Raum und formt sich über ihn zur ‚Clique‘ oder ‚Szene‘ mit den nun sozialräumlichen Orientierungen der Zugehörigkeit und Abgrenzung, die

---

23 „Kant definiert den Raum einmal als ‚die Möglichkeit des Beisammenseins‘ – das ist er auch soziologisch, die Wechselwirkungen machen den vorher leeren und nichtigen zu etwas *für uns,* sie erfüllt ihn, indem er sie ermöglicht.“ (Simmel 1992:689)

sich vor allem auch symbolisch ausdrücken (Böhnisch/Münchmeier 1993).“ (Böhnisch 2003:172f.)

Orte – beispielsweise weitestgehend undefiniert, wie Grünflächen, Parkbänke, ‚Gstetten’, etc. oder klar definierte Räume, wie U-Bahn-Stationen, Bushaltestellen, Parks u.a.m. – werden besetzt, jugendkulturell umgedeutet und werden so zu ‚Jugendräumen’, die durch ganz bestimmte Formen von Wechselwirkungen charakterisiert sind und „die Inszenierung der gesuchten Erlebnisqualität“ (Baacke 1999:170f.) erst ermöglichen.

Diese Funktionsräume erhalten eine jugendkulturell genutzte und damit definierte Raumform, eine Raumbestimmtheit, die nun als Ausdruck und Träger bestimmter Gesellungsformen – einer bestimmten Vergesellschaftung – wirkt. Diese „Dialektik von Räumlichkeit und sozialem Sinn“, als „Wechselwirkung und Verschmelzung von territorialem und geistig sinnlichem Raum“ (Böhnisch 2003:172) charakterisiert besonders die Lebenszusammenhänge Jugendlicher in ihren sozialräumlichen Ausformungen.

Für das Verständnis von Vergesellschaftungsprozessen und deren Raumbezug ist die räumliche Grenze in den Ausführungen Simmels von elementarer – nämlich soziologischer – Bedeutung. Die Grenze stellt dabei ein besonderes Verhältnis, eine „ganz eigenartige Wechselwirkung“ zwischen Menschen dar und ist bei Simmel eine soziologische Kategorie, die „nur die Kristallisierung oder Verräumlichung der allein wirklichen seelischen Begrenzungsprozesse“ (Simmel 1992:697) ermöglicht. Die „sozialen Begrenzungsprozesse“ erhalten erst durch ihre „Verräumlichung“ ihre „Festigkeit und Anschaulichkeit“ und sind auf der makrosoziologischen Ebene, beispielsweise des Staates, genauso anzutreffen wie bei Gruppen oder Cliquen, die sich auch immer räumlich konstituieren und voneinander abgrenzen.

> „Jede Grenze ist ein seelisches, näher: ein soziologisches Geschehen; aber durch dessen Investierung in einer Linie im Raum gewinnt das Gegenseitigkeitsverhältnis nach seiner positiven und negativen Seiten eine Klarheit und Sicherheit – freilich oft auch eine Erstarrung, die ihm versagt zu bleiben pflegt, solange das Sich-treffen und Sich-scheiden der Kräfte und Rechte noch nicht in eine sinnliche Gestaltung projiziert ist und deshalb immer sozusagen im Status nascens verharrt.“ (Simmel 1992:699)

Die Grenze, die einen „Existenzraum“ umfasst, beschreibt die innere Zusammengehörigkeit der in ihr lebenden Menschen, bestimmte Normen und Wertvorstellungen finden über die Grenze ihre Verstärkung und wirken zurück:

> „… der Rahmen verkündet, dass sich innerhalb seiner eine nur eigenen Normen untertänige Welt befindet, die in die Bestimmtheiten und Bewegungen der umgebenden nicht hineingezogen ist; … er verstärkt zugleich von sich aus deren Wirklichkeit und Eindruck.“ (Simmel 1992:694)

Die Grenze stellt sich nicht „natürlich“ her, sondern erfüllt immer eine soziologische Funktion:

> „Die Grenze ist nicht eine räumliche Tatsache mit soziologischen Wirkungen, sondern eine soziologische Tatsache, die sich räumlich formt.“ (Simmel 1992:697)

In ihr verschmilzt, wie Böhnisch (2003:173) festhält, „territorialer, stofflich fassbarer und begehbarer und geistig sinnlicher (Vorstellungs-)Raum“ in Form von Wechselwirkungen, die nun die Handlungen der Beteiligten bestimmen. Baacke bringt diese soziologische Dimension am Beispiel der räumlichen Konstituierung der Unterscheidung und Zugehörigkeit von jugendlichen Cliquen und deren Wahrnehmungen augenscheinlich zum Ausdruck: „Unsichtbar über dem Straßennetz verteilen sich die Grenzen von Gruppen gehaltener Territorien, die zu betreten von jemandem, der nicht dazu gehört, äußersten Mut verlangt.“ (Baacke 1999a:127) Zinnecker spricht von der „magischen Qualität jugendlichen Straßenhandelns“, und umschreibt damit das Phänomen der Grenzsetzungen von jugendlichen Gangs, die für Außenstehende kaum erkennbar sind, aber die das Handeln der Jugendlichen bestimmen (vgl. Zinnecker 2001:92).

Im abschließenden Zitat Simmels wird die Bedeutung der Raumbedingungen für Vergesellschaftungsprozesse nochmals hervorgehoben (vgl. dazu auch Ziemann 2000:59f.) und anschließend ein Erkenntnisinteresse definiert, welches für die Beschreibung der räumlichen Seite des Prozesses der Aneignung nutzbar gemacht werden kann.

> „Die Vergesellschaftung hat, in den verschiedenen Arten der Wechselwirkungen der Individuen, andere Möglichkeiten des Beisammenseins – im geistigen Sinne – zustande gebracht; manche derselben aber verwirklichen sich so, dass die Raumform, in der dies wie bei allen überhaupt geschieht, für unsere Erkenntniszwecke besondere Betonung rechtfertigt. So fragen wir im Interesse der Ergründung der Vergesellchaftungsformen nach der Bedeutung, welche die Raumbedingungen einer Vergesellschaftung für ihre sonstige Bestimmtheit und Entwicklung in soziologischer Hinsicht hat.“ (Simmel 1992:690)

2.1 Zur pädagogischen Transformation der These von der Wechselwirkung

Diese Dimension des spezifischen Bedeutungsgehaltes von Räumen wurde zuvor in der pädagogischen und sozialisatorischen Darstellung des Aneignungskonzeptes hervorgehoben. Dabei weist bereits der sozialökologische Ansatz auf die vielschichtigen Wechselbeziehungen zwischen Räumen und Jugendlichen – in ihren unterschiedlichen Aneignungsqualitäten – hin. Baacke skizziert – noch auf der Ebene eines pädagogischen Zuganges – bereits den Zusammenhang zwischen Handeln, Handlungsmöglichkeiten und

Raum und deren gegenseitige Beeinflussung (vgl. Baacke 1999a:109f.). Er spricht von „räumlichen Qualitäten“ und „ökologischen Potenzen“ welche die Entwicklung von Jugendlichen fördern oder behindern; die Umwelt als „räumliche Struktur“ (ebd.) erlaubt die aktive Erweiterung der Handlungsräume, ermöglicht Eigentätigkeit oder beschränkt diese. Wie er am Beispiel der Schule beschreibt, beeinflussen räumliche Konstitutionen das Verhalten von Jugendlichen.

> „Vor allem öffentliche Orte (etwa die Schule) sind historisch gewachsene, in ihren Zwecken funktional gemachte Einrichtungen, die jedoch nicht notwendig den Bedürfnissen der aktiv Handelnden jeweils entsprechen. Sie beeinflussen, ja strukturieren jedoch die Handlungen der in ihnen weilenden Personen. Diese haben freilich auch die Möglichkeit, bestimmte Verhaltensstile abzuändern, sich anders zu verhalten, als das jeweilige behavioral setting vorschreibt.“ (Baacke 1999a:109)

Baacke weist darauf hin, dass räumlich vermittelt Verhaltenserwartungen entstehen, denen Jugendliche ent- oder widersprechen und skizziert damit bereits den soziologischen Prozess der Wechselwirkung, ohne sich aber der Frage des Zusammenhanges zwischen Aneignung und Räumen in weiterer Folge systematisch zuzuwenden.[24]

Simmels These der Wechselwirkung eröffnet uns hier den Zugang zur Beschreibung der sozialen Qualität des Raumes. Er beschreibt Raum als soziales Produkt. Durch bestimmte Wechselwirkungen wird er zum Sozialraum, und erhält eben seine besondere Qualität, die wieder – beispielsweise in Form von Verhaltenserwartungen, Handlungsanforderungen etc. – zurückwirkt. Im Raum finden sich daher genauso Abbildungen der Formen jugendlicher Aneignung wie auch gesellschaftliche Strukturen.

Dementsprechend ist das Verhältnis von Jugend und Raum dadurch gekennzeichnet, dass sich hier die Vergesellschaftung von Jugendlichen in einem dialektischen Prozess ausdrückt: widerständig und eigensinnig – aus „ihrem Entwicklungsstatus und ihrer Entwicklungsdynamik her, … typisch rücksichtslos gegenüber der Rationalität des gesellschaftlich Gewordenen – oft außerhalb dieser funktionellen Rationalität“ (Böhnisch 2003:180) – aber gleichzeitig in Wechselwirkung und Auseinandersetzung mit diesen gesellschaftlichen Normen und „vorgegebener räumlicher Funktionsrationalität“ (ebd.).

Dies bezeichnet den komplexen Aneignungsprozess (die Aneignungstheorie), der sich soziologisch mit der Simmel'schen Begrifflichkeit der Wech-

---

24 Baacke beschreibt dabei auch den Widerspruch zwischen jugendlichen Anforderungen und gesellschaftlicher Verfasstheit von Raumbedingungen. „Die ökologische Valenz der Lebenszone, also der Reizreichtum für Jugendliche, entspricht nicht deren ökologischer Potenz, zumindest in der Einschätzung vieler Heranwachsender.“ (Baacke 1983:52)

selwirkung und mit der Unterscheidung zwischen Formen und Inhalten der Vergesellschaftung rückbinden und beschreiben lässt.

Aneignung stellt dementsprechend eine spezifische Form von Wechselwirkungen dar: Die verschiedenen Motive der Jugendlichen (altersspezifisch, geschlechtsbezogen, Formen der Lebensbewältigung, ...) im Aneignungskonzept beschrieben, bringen bestimmte Wechselwirkungen im Raum hervor, die zu bestimmten Formen der Vergesellschaftung führen.

> „Das lebensaltertypische Wollen und Handeln der Kinder und Jugendlichen erhält also seine eigene soziologische Qualität erst über die impliziten Möglichkeiten des Raums." (Böhnisch 2003:172f.)

Diese spezifische Eigenart von Aneignungsprozessen Heranwachsender beschreibt schon Simmel als fehlendes Verständnis von Kindern über räumliche Ordnungen der Gesellschaft:

> „... der naive Egoismus des Kindes ... will alles Begehrte – und er begehrt fast alles, was ihm sinnlich nahe kommt – ohne weiteres sich aneignen und erstreckt so die Sphäre des Ich praktisch ebenso über die Dinge, wie es theoretisch durch den Subjektivismus des Denkens und die Unkenntnis objektiver Gesetzlichkeiten geschieht." (Simmel 1908:718)

Ihr Handeln wird von Motiven und Antrieben ihres kinder- und jugendkulturellen Entwicklungsstandes getragen und führt zu eigensinnigen Raumbestimmungen, wie diese Beobachtungen aus durchgeführten Stadtteilbegehungen zeigen:[25]

- *Die Stufen des Eingangsbereiches einer Schule werden zum Skatertreffpunkt,*
- *der Kinderspielplatz mutiert zum Jugendtreffpunkt,*
- *zusammengeschobene Parkbänke markieren den Cliquentreff,*
- *die umgestürzten Einkaufswagen in der Wiese bezeichnen die Tore und begrenzen das Spielfeld,*
- *der Mistkübelraum wird zum Versteckspielort der Kinder,*
- *das Kellerabteil wird zum Cliquenraum,*
- *die Klopfstange zum ‚Ausguck' der jüngeren Mädchen,*
- *die Spielkonsolen des Mediamarktes werden zum „virtuellen" Spielplatz,*
- *die als Sportwiese gewidmete Grünfläche hat weniger Attraktivität, wie der als ‚Abstandsgrün' geplante Zierstreifen,*
- *der für Jugendliche geplante Unterstand ‚funpoint' wird zur Erlebnisrutsche für Teenies,*
- *oder der großzügige Skaterpark wird, weil an der Peripherie der Siedlung gelegen, nicht angenommen.*

---

25 Die im Folgenden kursiv gesetzten Textblöcke verdeutlichen verschriftlichte Beobachtungen aus meiner praktischen Arbeit.

Diese Vergesellschaftungsformen der Jugendlichen treffen nun – wie an den Beispielen sichtbar – auf die sozialräumlich vermittelte Dynamik des „Vergegenständlichen von Gesellschaft im Lokal-Räumlichen“ (Böhnisch 2003:179). Die Wechselwirkung zwischen jugendlichen Raumbestimmtheiten und gesellschaftlichen Raumzuschreibungen charakterisiert das spezifische Spannungsfeld jugendlicher Aneignungsprozesse.

> „Der Aneignungsprozess ist für Kinder und Jugendliche quasi eingebettet in den ‚Raum' unserer Gesellschaft, in die durch die Strukturen der Gesellschaft geschaffenen konkreten räumlichen Gegebenheiten.“ (Deinet 1999:30)

In der Anordnung von Infrastruktur, den Wohnformen, der baulicher Dichte, der Gestaltung öffentlichen Plätze, der Anlage von Straßenzügen, der Ausformungen von Spielplätzen etc. bilden sich gesellschaftliche Strukturen ab (vgl. Nissen 1998:153f.). In diesen „baulich-räumlichen Verhältnissen“, in der Qualität und Quantität der Verteilung von Räumen, hält Herlyn (1990:12) fest, bilden sich spezifische gesellschaftliche Interessen und Machtverhältnisse ab:

> „Die Funktionalisierung des Raumes für Kapitalverwertungsinteressen begegnet uns angefangen von der Industrieansiedlung über die verkehrsmäßige Erschließung von lokal bedeutsamen Ressourcen, betrieblich organisierter Infrastrukturen bis hin zu ökonomisch begründeten Quartiersgrößen und Wohnungsgrundrissen; erst nachrangig werden dazu in der Regel die Interessen der Bewohner berücksichtigt. Grob gesagt rangieren in der Regel bei der Verteilung, der Vergabe und Organisation des Raumes Produktionsinteressen vor den Reproduktionsanforderungen der Bevölkerung.“ (Herlyn 1990:12)

In der lokalen Anordnung von „Gebäuden, Siedlungsstrukturen, den funktionsräumlichen Festlegungen, Verdichtungen, Entgrenzungen und Segregationen“ sind aber, wie Böhnisch, darlegt auch „gesellschaftliche Arbeitsteilung, soziale Differenzierung und Schichtung, Hierarchisierung der sozialen Bedürfnisse und Interessen, soziale Konflikte und soziale Desintegration“ (Böhnisch 2003:179) sozialräumlich vermittelt. In diesen räumlich vermittelten, gesellschaftlichen Abbildungen spiegelt sich natürlich auch die soziale Bedeutung, der Status und die – formell und informell zugestandenen – Möglichkeiten der Teilhabe von Kindern und Jugendlichen an der Gesellschaft wider, denn, so merkt Simmel an, „nicht nur die allgemeine Tatsache der Herrschaft, sondern auch ihre speziellen Formungen münden in einen räumlichen Ausdruck“ (Simmel 1992:779).

Betrachtet man beispielsweise nur die architektonischen und raumplanerischen Ausformungen der gegenwärtigen Stadtentwicklungen, dann charakterisieren sich diese geradezu durch Strukturen, die nur beschränkte Aneignungsformen und ein geringes Maß an Eigentätigkeit und Veränderungsmöglichkeiten von Kindern und Jugendlichen zulassen.

> „Die Durchgängigkeit, mit der die Räume inzwischen funktionalisiert sind – aus Hofeinfahrten sind Garageneinfahrten geworden, Gehsteige werden kommerziell genutzt und öffentliche Plätze sind repräsentativ festgelegt –, lässt nur monofunktionale Nutzungen zu, die eher den Erwachsenen zukommen. Offene Spielplätze sind nicht offen, sondern sind Reservate." (Böhnisch 2003:179)

Während die Errichtung von Spielplätzen für Kinder teilweise noch gesetzlich festgelegt ist, kennen Bauordnungen, Bebauungspläne oder Baunutzungsverordnungen keine expliziten Jugend-Räume (vgl. Schmidt-Eichstaedt 1998:189) in Form von geeigneten Aufenthaltsorten oder der infrastrukturellen Förderung von Jugendlichen und deren Aneignungsformen im öffentlichen Raum. In Form von Verbotstafeln, die zumeist nahezu alle präferierten Aneignungstätigkeiten Heranwachsender umfassen, und fehlenden Freiflächen bildet sich die „funktionale Vergesellschaftung des Raumes"[26] ab, die Kindern und Jugendlichen im Prozess ihrer Aneignung entgegentritt. Dies aber nicht nur in Form ‚objektiver' räumlicher Verschränkungen gegenüber Heranwachsenden, sondern damit einhergehend auch – wie wir von Simmel wissen – durch Wechselwirkungen in Form von „Botschaften, die in dem Raum sind" welche die schon räumlich vermittelte Ausgrenzung von Kindern und Jugendlichen verstärken oder bewirken.[27] Sozialraum ist eben nicht nur räumliche Struktur, sondern bezeichnet auch die „räumlichen Bestimmtheiten" (Simmel 1992), durch die Jugendliche „direkt erfahren, welche sozialen Gestaltungsmöglichkeiten ihnen offen stehen bzw. ihnen verweigert werden" (Böhnisch 2003:199).

Die folgende Darstellung der sozialräumlichen Zusammenhänge in der weiter hinten ausführlich beschriebenen Siedlung Mitterhofergasse kann diese Wechselwirkung zwischen räumlicher Bestimmung und jugendlichem Verhalten versinnbildlichen:

Mitten im Zentrum eines Wiener Gemeindebaues[28] in der Mitterhofergasse liegt eine sehr große Wiese, die den Namen ‚Rosengarten' trägt. Nichts – weder Rosen noch Garten – verweist auf diesen Begriff. In der Mitte der

---

26 Diese Funktionalität „wird von den Erwachsenen, die sich vornehmlich über gesellschaftliche Rollen, Funktionen und Statuspositionen sozial definieren, auf der Bewusstseins- und Erfahrungsebene der Rationalität verstanden" (Böhnisch 2003:180) und führt nicht nur zu einer entsprechenden Nutzung des Raumes. Entsprechendes Verhalten wird auch von den Kindern und Jugendlichen erwartet, eingefordert und zumeist auch durchgesetzt.

27 „In der Art wie Räume einseitig funktionalisiert und dehumanisiert sind, wohnt ihnen Gewalt inne, die man nicht sieht, deren Ausgrenzungsdruck Kinder und Jugendliche aber spüren." (Böhnisch 2003:199)

28 gemeinnützige Wohnform, die über billige Mieten den Zugang zu Wohnraum erleichtert.

Wiese befinden sich miteinander verbundene Betonquader, etwa 30 cm hoch, die wie ein Labyrinth angelegt scheinen. Selten sitzen hier Jugendliche, es fällt auch auf, dass alle Parkbänke abgeschraubt sind und jeweils nur noch die Betonfundamente in der Wiese stehen.

Bei einer Stadtteilerkundung mit einem Bewohner, der schon lange in der Siedlung wohnt, bleiben wir am ‚Rosengarten' stehen und ich frage ihn nach der mir rätselhaften Bedeutung dieses Ortes. Er erzählt mir, dass die Betonquader die Basis von Betonplatten waren, die senkrecht aufgestellt, wie ein Labyrinth angeordnet waren und mit Rosen bepflanzt wurden. Dieser ‚Rosengarten' bildete das Zentrum des Gemeindebaues und war als Blickfang für die BewohnerInnen gedacht. ‚Leider' eigneten sich Kinder und Jugendliche diesen Ort als Versteck- und Ballspielplatz an. Hier war es möglich, jene Ballspiele zu veranstalten, bei denen der Ball gegen die Mauer geworfen wird und der abprallende Ball – in verschiedenen Varianten – wieder gefangen werden muss. Dies führte zu einer großen Lärmbelästigung, weil der Hall bei den 14-stöckigen Plattenbauten enorme Verstärkungen erfuhr. Nachdem es nicht gelang, die Kinder zu ‚vertreiben', ‚sägte' man kurzerhand die Mauern ab und ließ nur die Basis stehen. Dasselbe Konzept gegen ‚lärmende Jugendliche' wurde mit der Entfernung aller Parkbänke in der Siedlung verfolgt. So konnte verhindert werden, dass sich Jugendliche der Siedlung am Abend bei diesen trafen und Lärm erzeugten.

Die Geschichte des ‚Rosengartens' ist den jüngeren Jugendlichen kaum bekannt. Sie halten sich aber kaum in der großen Wiese auf und treffen sich abends an den Rändern der Siedlung. Sie klagen aber alle darüber, dass sie an keinem Ort der Siedlung akzeptiert werden. Kinder- und Jugendfeindlichkeit bestimmt informell die Siedlung und wird auch so wahrgenommen.

Hier stehen der ‚Rosengarten' und die abgeschraubten Parkbänke sowohl als räumlicher Ausdruck der Verhinderung von Aneignungsprozessen als auch als verräumlichte Abbildung des Verhältnisses zwischen Erwachsenen und Jugendlichen. Die – auf den ersten Blick ‚nicht sichtbaren' – historisch gewachsenen Raumbestimmtheiten, als Ausdruck vergangener Vergesellschaftungsprozesse, wirken auf Jugendliche und bestimmen deren Verhalten. Dieses Phänomen lässt sich oft bei großen Wiesenflächen in Großwohnanlagen beobachten. Obwohl mitunter nur ein kleines Verbotsschild das Betreten reglementiert, versucht niemand die Wiese zu betreten. Zu sehr wirken gesellschaftliche Raumzuschreibungen.

Wie an diesem Beispiel aber sichtbar, muss der Versuch der Beschreibung von Chancen und Barrieren von Kindern und Jugendlichen im Prozess der sozialräumlichen Aneignung von einer Vielzahl von Wechselwirkungen zwischen gesellschaftlichen und von Jugendlichen erzeugten Raumbestimmungen ausgehen, die erst über die spezifische Analyse dieser komplexen Vergesellschaftungen verstanden werden kann.

2.1.1 Raumformen als Gesellungsformen

Über die von Simmel vorgenommene analytische Trennung zwischen Inhalt und Form von Vergesellschaftungen lassen sich diese raumbezogenen Vergesellschaftungsprozesse erschließen: bilden sich doch bestimmte Motive ganz spezifisch räumlich ab bzw. umgekehrt sind gewisse Raumformen für bestimmte Gesellungsformen typisch.

So unterscheiden sich die Motive von Kindern und Jugendlichen von denen Erwachsener und bringen eigene Formen der Vergesellschaftung hervor. Was als Umwidmungen, „Umleben" – wie es Muchow (1998:150, Zinnecker 2001:91) bezeichnete – aus jugendsoziologischer Sicht beschrieben wird und damit als eigenständige und eigenwillige Raumerfüllung[29], die sich aus Antrieben und Motiven entfaltet, die dem Entwicklungsstand der Jugendlichen entsprechen, ist in der funktionalistischen Nutzungslogik von Erwachsenen mitunter unverständlich, widerspricht dieser und wird oft als abweichend etikettiert.

Die Unterscheidung zwischen Inhalt und Form eröffnet dabei einen zentralen Betrachtungswinkel: Ähnliche oder scheinbar gleiche Verhaltensweisen von Jugendlichen sind nicht deckungsgleich mit jenen von Erwachsenen, weil sie von anderen Motiven – die sich aus der Aneignungsperspektive ergeben – getragen werden.

Und umgekehrt, bringen ähnliche Motive ganz verschiedene Verhaltensweisen oder Gesellungsformen hervor, was anhand von zwei Beispielen deutlich gemacht werden soll:

Die bei Jugendlichen beliebte Art, auf der Lehne von Bänken zu sitzen, wird von Erwachsenen oft als Provokation empfunden.

Jugendliche, die auf der Lehne einer Parkbank sitzen – und damit für Erwachsene oft auffälliges Verhalten vermitteln –, tun dies möglicherweise gerade nicht um zu provozieren. Sie haben das gleiche Motiv wie beispielweise die gegenübersitzenden alten Damen – nämlich gemütlich beisammen zusitzen und zu plaudern. Sie sitzen aber auf der Lehne, weil sie so höher sitzen, Stehenden in die Augen schauen können; sie sind mobiler, weil es leichter ist, herunterspringen als sich aufzusetzen, und die – geringe – Chance doch rückwärts von der Lehne zu fallen, symbolisiert zumindest ansatzweise Wagnis und Coolness.

Jugendliche, die irgendwo sitzen und ‚nichts tun', werden von Erwachsenen oft als faul – „die haben offensichtlich nichts zu tun" – mitunter als bedroh-

---

29 Auf diese Eigenwilligkeit der kindlichen Raumaneignung weist schon Muchow in der Zusammenfassung ihrer Beobachtungen hin: „Sie zeigen, wie sich der Lebensraum des Großstadtkindes nicht neben dem der Großstadterwachsenen aufbaut (denn manche Inhalte der Erwachsenwelt werden auch von den Kindern gelebt!), sondern ihn überlagert, besser gesagt, ihn durchwächst." (Muchow 1998:150; vgl. dazu auch Deinet 1999:32, Zinnecker 2001)

lich erlebt. Dies verkennt die sehr gegenwartsorientierten Motive der Jugendlichen:

Aus der Dynamik der Clique ist das „Herumhängen“ (vgl. dazu auch Keppler 1990:172, Baacke 1999:173, Deinet/Krisch 2000, Schäfer 2001:1812) eine bedeutende „Aktivität“: Als „Verharren in Gelegenheitsstrukturen“ (Böhnisch 1990:12) wird eine typische Vergesellschaftungsform von Jugendliche bezeichnet, die ihre unbedingte Gegenwartsorientierung spiegelt: Die Dynamik eines belebten Ortes, die nicht von Jugendliche erzeugt, im Gegenteil, von ihnen beobachtet wird, beinhaltet vielfältige Gelegenheiten, eines Flirts, genauso wie eines ‚Wickels’[30], einer besonderen Begegnung oder Ereignisses. Die Situation kann bei Bedarf auch radikalisiert werden. In den andauernden Aushandlungsprozessen werden aber auch zukünftige Aktivitäten geplant:

> „An warmen Tagen ist der Treff auch Startplatz für Unternehmungen nach außerhalb. Was Außenstehende als typische Unentschlossenheit wahrnehmen – die wissen nichts mit sich anzufangen –, ist in Wirklichkeit eine Phase intensiven Aushandelns, wer mit wem zu welchem Ziel losziehen kann.“ (Lecke in Baacke 1999:171)

Zielt ein Blickwinkel der Beobachtungen auf die verschieden Motive Jugendlicher und deren unterschiedlichen Vergesellschaftungsformen ab, so ist der andere Zugang auf bestimmte räumliche Bedingungen gerichtet, welche – in Form von Wechselwirkungen – Bedeutungen für die Vergesellschaftung, für bestimmtes Verhalten, bestimmte Handlungen entfalten. Immer mit der Einschränkung zulässiger Verallgemeinerungen weist Simmel (1992:690) auf „Grundqualitäten von Raumformen“ hin, die darauf abzielen,

> „dass manche soziologische Gegebenheit ihre soziologische Eigenart und Signifikanz erst durch ihren Raumbezug erhalten. Das Räumliche schafft zwar nicht das Soziale, aber es konstituiert es in seiner soziologischen Besonderheit.“ (Böhnisch 2003:172)

Bei Kindern und Jugendlichen lässt sich beobachten, wie sich bestimmte Formen der Vergesellschaftungen immer auch – in ähnlichen Ausprägungen – räumlich abbilden.

Dies soll an Hand einiger Beispiele exemplarisch dargestellt werden.

Beispielsweise ist die besondere Gesellungsform Jugendlicher – die Clique – nahezu immer durch einen räumlichen Bezug gekennzeichnet, der für die Clique und deren Selbstverständnis als Gruppe, für ihre Aktivitäten, für ihre Abgrenzung gegenüber anderen – wie weiter hinten genauer dargestellt

30 Typisch wienerischer Ausdruck für einen Konflikt (vgl. dazu Deinet/Krisch 2002: 10)

wird – eine zentrale Bedeutung hat. Diese besondere Wechselwirkung lässt sich mit Simmel beschreiben:

> „Immer fassen wir den Raum, den eine gesellschaftliche Gruppe in irgend einem Sinne erfüllt, als eine Einheit auf, die die Einheit jener Gruppe ebenso ausdrückt und trägt, wie sie von ihr getragen wird." (Simmel 1992:694)

Über die Anwesenheit der Clique erhält der Raum nicht nur seine soziale Gestalt, die „Zugehörigkeit zu einem qualitativ festgelegten Raumpunkt dokumentiert auch", wie Simmel schreibt, „eine Unverwechselbarkeit und Personalität des Daseins nach seiner räumlichen Seite hin" (Simmel 1992:711). Erst die Verbindung mit einem bestimmten Ort definiert das Gegenseitigkeitsverhältnis zwischen mehreren Jugendlichen – auch für andere wahrnehmbar – als besonderen Cliquenzusammenhang.

Gerade bei Cliquen stellt die Verräumlichung ihrer Gegenseitigkeit, ihre Definition über – auch räumlich vermittelte – Grenzen eine Notwendigkeit dar, weil sie erst ihre Konstitution ermöglicht. Die Clique definiert sich ja nicht über Arbeit, Rollen oder Institutionen und braucht daher eine andere Form der Abbildung ihrer Gemeinsamkeit, die sie zwar auch über gemeinsame Tätigkeiten, ähnliche Outfits und Interessen etc. schafft, die sich aber räumlich am deutlichsten vermittelt.

> „Erst durch das Hinzukommen anderer Jugendlicher seiner Clique stellt sich in der Vernetzung ihrer raumbezogenen Interessensorientierungen, im Prozess des ‚etwas los Machens' Vertrautheit in all ihren Dimensionen ein: Betonrampen laden zu Kunststücken mit Moped und Crossrad ein, Blumenkübel werden zu Balanceobjekten, die Bank zum wie für sie geschaffenen Mittelpunkt der Selbstinszenierung – Sozialraum entsteht." (Becker/May 1991:41)

Diese Wechselwirkung löst sich mit der Zeit von der konkreten Interaktion ab und wird zur nur für die Jugendlichen sichtbaren (vgl. Baacke 1999a: 129), auch anderen zugänglichen – oder eben verwehrten – Institution.

> „Hier werden zum Beispiel öffentliche Plätze als Treffpunkte durch ihre regelmäßige Benutzung zu einer Art informeller Institution dieses Milieus. Sie bestehen unabhängig davon, ob sich einzelne Jugendliche dort verabreden, sind aber umgekehrt nur für solche Jugendliche offen, die häufiger dort anwesend sind. Über diese Treffpunkte läuft dann auch die soziale Vernetzung des Milieus, wobei kommunikative Aspekte der Nutzung im Vordergrund stehen und Interaktionen in konkret erfahrbare Erlebnismodi eingebunden werden." (Becker/May 1991:41)

Das Zusammenspiel zwischen Raumaneignung und Lebensstilen, welches sich über diverse charakteristische Treffpunkte – oft nicht für Jugendliche „vorgesehene" Orte – und spezifische Verhaltensweisen bemerkbar macht, charakterisiert die jugendliche Subkultur. Wie Baacke (1999:170f.) am Beispiel verschiedener Inszenierungs- und Aneignungsformen „jugendkultureller Szenen" (ebd.) beschreibt, lassen sich dabei ganz verschiedene „Ensembles von Verhältnissen und materiell dinglichen Rahmenbedingungen" (ebd.) beobachten.

Beispielweise können bestimmte räumliche Qualitäten derart spezifisch sein, dass ein sehr hoher Grad der Verwiesenheit auf diesen Raum besteht. Simmel spricht von der „Ausschließlichkeit des Raumes" und verweist darauf, dass „jeder Raumteil eine Art von Einzigkeit, für die es kaum eine Analogie gibt" (Simmel 1992:690), hat:

„Bei der Besichtigung einer Schule in Mitten einer Stadtrandsiedlung, beklagt der Schulwart, dass in den Nachmittags- und Abendstunden der Eingangsbereich von Skatern aus dem Stadtteil bevölkert wird und es auch schon zu Schäden kam, weil Jugendliche zu schnell gefahren sind und die Glastüre beschädigt wurde. Er fragt sich, warum die Jugendlichen sich nicht in irgendwelchen Skaterparks aufhalten, sondern unbedingt vor seiner Türe fahren müssen. Bei genauerem Hinsehen lässt sich feststellen, dass der Architekt in der Ausgestaltung des Eingangsbereiches ungeplant Gegebenheiten geschaffen hat, die für NutzerInnen von Skateboards ideal sind. Die langgezogene Behindertenrampe ermöglicht die Auffahrt auf das Stufenpodium, die Stufen selbst sind sehr flach und erlauben es sehr leicht, darüber zu ‚grinden'. Für Skater als sehr ansprechend erweist sich ein langgezogener Betonquader, der langsam an Höhe verliert und dazwischen unterbrochen ist, d.h. Abstände aufweist. Für Skater ist es jetzt möglich, auf diesem Betonquader entlang zu rutschen, über die kurzen Einbrüche zu springen und wieder auf dem nächsten Quader zu landen. Hier hat der Architekt, der ein künstlerisches Element schaffen wollte, den Eingangsbereich der Schule zum absolut interessanten Skatergelände gemacht – was sich der funktionalistischen Wahrnehmung des Schulwartes, bisher verschloss. Jugendliche widmen diesen Bereich um und lassen sich nicht vertreiben" (Deinet/Krisch 2000:97), zumal der Türbereich auch noch überdacht und windgeschützt ist.

Die hier beschriebene Jugendszene ließ sich trotz mannigfaltiger Interventionen nicht von diesem Ort verdrängen. Zu groß war die besondere materiell-sozialräumliche Qualität dieser Stiegenkonstruktion und es gab im Stadtteil auch keinen, auch nur ansatzweise, ähnlich attraktiven Ort für die noch nicht so mobile junge Skaterszene.

Bestimmte Cliquen sind sehr stark an einen Raum gebunden, was sich oft auch in der Alltagssprache bemerkbar macht, in der sie sich über bestimmte Stadtteile oder Straßenzüge definieren. Während dies oft auch Ausdruck fehlender Mobilität – wie im oben beschriebenen Beispiel – oder geringer räumlicher Aneignungskompetenz ist, haben andere Cliquen, im Gegensatz dazu, oft mehrere Treffpunkte, die aber ganz bestimmte Raumqualitäten

(Baacke) haben. Das Verhältnis zu Räumen sagt, wie Simmel zeigt, viel über die Gruppe aus:

> „So ist die Nähe oder die Entfernung, die Ausschließlichkeit oder die Vielfachheit, die das Verhältnis der Gruppe zu ihrem Grund und Boden aufweist, vielfach die Wurzel und das Symbol ihrer Struktur." (Simmel 1992:693)

So ist zu beobachten, dass jugendliche Skaterkulturen oft viele Orte aufsuchen, nicht so sehr auf einzelne Plätze verwiesen sind und sich daher oft auch leichter – bei Konflikten oder Anrainerproblemen – von Orten lösen. Der Rucksack, den die Jugendlichen bezeichnenderweise zumeist tragen, macht die sozialräumliche Dimension dieser „Szene" deutlich: Neben dem praktischen Nutzen und der damit gewonnenen Mobilität, hat der Rucksack auch andere Bedeutung: Mit diesem kann man den Raum markieren, diesen abstecken und ihn symbolisch besetzen. Mit Hilfe des Rucksacks schafft man kurzfristig eine eigene ‚Heimat' und definiert sich gleichzeitig als ortsungebunden und mobil.

Andere Jugendliche wiederum suchen den festen Ort. Die häufigste Antwort von Jugendlichen auf die Frage, was sie gerne in der Siedlung hätten, ist: *„ein Jugendzentrum"*. Dies ist aber bei genauerem Nachfragen meist nicht mit einer ‚Offenen' Jugendeinrichtung mit einer breiten Streuung der Zielgruppen verbunden. Im Gegenteil, meist ist ein fixer, nur für sie bestimmter Ort gemeint, an dem man unter sich sein kann. Diese Bedeutung des Raumes für die Konstitution und Identität als Gruppe findet bei Simmel große Beachtung:

> „Um sich zu einer sozialen Einheit zusammenzuschließen (Vergemeinsamung) … ist offenbar das Haus … die unumgängliche Verkörperung, diese Art der Klassenbildung kann überhaupt nicht stattfinden, wenn sie nicht an einem gemeinsamen Hause, ihren Anhalt, ihren Kristallisationspunkt und sichtbaren Ausdruck gewinnt." (Simmel 1992:780)

Dies zeigt sich dann auch oft, wenn Jugendliche Räume finden oder zugesprochen bekommen – beispielsweise in einem Jugendzentrum – und dann beginnen, darüber sukzessive Identität als Gruppe auszubilden. Dies ist dann meist mit einer strikten Ausgrenzung anderer Cliquen verbunden und führt u.U. zu den bekannten Schließungsmechanismen und Verdrängungsprozessen zwischen Jugendkulturen. Dies stellt ja in der Offenen Jugendarbeit – mit ihrem Anspruch für viele Zielgruppen offen zu sein – ein bekanntes Problem dar, welchem offensichtlich ein sozialräumliches Phänomen zu Grunde liegt.

Die Wechselwirkung von Cliquen und Räumen erzeugt zuweilen auch eine symbolische Dynamik, die spezifische Zugehörigkeiten hervorbringt. Dies kann am Beispiel des Fansektors im Stadion illustriert werden.

Im leeren Stadion lässt sich eine ‚Fankurve' kaum ausmachen. Der Fansektor ist architektonisch nicht von anderen Sektoren unterscheidbar. Erst durch bestimmte Wechselwirkungen der Jugendlichen bekommt er seine räumliche Bestimmung als Fansektor. Schon ein Transparent oder die Club-Fahne definiert einen Teil des Ovals (hinter dem Tor) als Fankurve und bezeichnet dies für Außenstehende genauso wie für BesucherInnen: „Die Bedeutsamkeit des Raumes für die sozialen Gestaltungen liegt in der Fixierung, die er seinen Inhalten ermöglicht." (Simmel 1992:705) Der Raum wird bestimmt und wirkt zurück. Durch den Aufenthalt in den Grenzen und durch die Übernahme bestimmter Orientierungen wird man – räumlich vermittelt – zum Fan. Jeder der sich im Sektor aufhält, weiß über die erwarteten und legitimen Handlungsformen Bescheid – ohne sich mit jemandem darüber verständigen zu müssen. Normale Umgangsformen sind teilweise außer Kraft gesetzt. Gleichzeitig – ohne jemanden zu kennen – kann man davon ausgehen, im Sektor keinen Schlägereien ausgesetzt zu sein, so fern man nicht für die gegnerische Mannschaft eintritt. (Dies ist auch der Grund, warum Polizisten im Sektor anwesend sind: um danach als ‚Teil des Raumes' wieder erkannt und akzeptiert zu werden.) Umgekehrt wirkt die Grenze nach Außen. Kein Fan einer anderen Mannschaft würde auch nur auf die Idee kommen – außer als besondere Mutprobe – ihn zu betreten.

In dieser Dynamik der Wechselwirkungen werden Aufforderungen zur Aneignung freigesetzt, die nur Kinder und Jugendliche verstehen und erleben können und die von den Funktionserwartungen der Erwachsenen abweichen und sich gegen sie durchsetzen.

In einer Stadtrandsiedlung Wiens wurde mitten in der Wiese der ‚funpoint', eine mit einer Plane überdachte Stahlkonstruktion aufgebaut. Sie wurde röhrenförmig angelegt, im Inneren des ca. 10 Meter langen und ca. 5 Meter hohen Baues waren ebenfalls Tische und Sitzgelegenheiten aus Stahl aufgestellt. Auf der Plane stand in großer Schrift „funpoint – ein Treff für die Jugendlichen des Muhrhoferwegs" und sollte damit die Nutzung dieses Baues – aus der Sicht der PlanerInnen und GeldgeberInnen – klar und eindeutig definieren.

Der ‚funpoint' war auf Grund eines Wettbewerbes entstanden, bei dem ein Jahr zuvor Jugendliche aus der Siedlung Muhrhoferweg mit der Idee eines Unterstandes für regnerische und kalte Tage gewonnen hatten. Der Plan der Clique hatte eine kleinere, gemütlichere und nicht so einsichtige Konstruktion aus Holz vorgesehen, die PlanerInnen hatten ihn dann ‚moderner und cooler' – eben aus Stahl entworfen. Bei der Eröffnung des Jugendtreffs, waren die anwesenden PreisträgerInnen zum Teil enttäuscht darüber, dass ihr Plan nicht verwirklicht wurde. Zum anderen erklärten sie, dass sie sich eben nicht mehr in der Siedlung aufhalten; vor einem Jahr hätten sie den Unterstand – auch in dieser Form – vielleicht genützt.

Nach der Eröffnung stand nun der ‚funpoint' in der Wiese – und wurde von keinem einzigen Jugendlichen – trotz der Aufschrift „für die Jugendlichen der Siedlung" genutzt. Nur einige Frauen verwendeten den Unterstand als überdachte Hundewiese, einige erwachsene Männer tranken im Regen Bier. Nach etwa einer Woche tauchten Kinder im Alter von 10 bis 13 Jahren auf, kletterten an der Bespannung der Kunststoffplane hinauf und rutschten an den steilen Längsseiten des Bauwerkes hinunter. Nach einem weiteren Tag trugen sie den Torf, der um den ‚funpoint' aufgelegt war, zusammen und federten so den Aufsprungbereich am Ende des Rutschvorganges ab. Nach einem weiteren Tag war der ‚funpoint' zur ‚Erlebnisrutsche' der Siedlung geworden. Die spezifische Nutzungsform der Kinder bestimmte die Qualität dieses Ortes und führte zu einem großen Ansturm der Kinder der Siedlung an ihrem neuen Treff. Dieser musste dann kurz darauf abgetragen werden, weil die Planen dem Druck der vielen Kinder nicht standhielten und zu reißen drohten.

Die funktionale Orientierung der Erwachsenen spiegelt sich auch in der entsprechenden Art wider, Orte zu definieren: Mit einer Aufschrift (vgl. auch die gerne verwendeten Verbotstafeln, die jugendliche Betätigungen regeln sollen) wird die Nutzung des Raumes – für Erwachsene – festgelegt und diese wird auch von Erwachsenen normativ so verstanden. Kinder und Jugendliche nehmen im Prozess ihrer Aneignung zwar diese Beschreibung zur Kenntnis, „nutzen" den Raum dann aber entsprechend ihrer Bedarfe und Interessen in Form bestimmter Wechselwirkungen „um". Dies zeigt das oben dargelegte Beispiel deutlich. Nachdem sich dort weder Jugendliche aufhielten noch die Kinder des Ortes verwiesen wurden, konnten sie ihre Motive – Wagnis, Spannung, Geselligkeit – in bestimmten Formen – Rutschen – ‚vergesellschaften', die nun ihrerseits als Nutzungsdefinition (Actionrutsche) den Raum – auch für andere Kinder – wahrnehmbar beschrieb.

Die bisher entwickelte Phänomenologie von Aneignung und Vergesellschaftung und von der Wechselwirkung von Jugend und Raum hat in ihrer Dynamik und Dichte gezeigt, dass sozialräumliche Kontexte nicht nur besondere Handlungskontexte für Kinder und Jugendliche sind. Darüber hinaus konstituieren sie zentrale Elemente des Jugendalters selbst. Dies soll im Folgenden an den Dimensionen Entwicklungstypik, Gleichaltrigenkultur und Freisetzung aufgezeigt werden. Jugendliche sind in diesem Sinne auf den Raum ‚verwiesen'.

3. Das Jugendalter in seiner Verwiesenheit auf den Raum

Die besondere Bedeutung räumlicher Aneignungsformen im Jugendalter begründet sich in dreifacher Weise: Aus dem entwicklungstypischen Status der Jugendlichen (Zwischenstadium), aus ihrem räumlich definierten Gruppenstatus (Gleichaltrigenkultur) und schließlich – heute zunehmend – aus der Tatsache der Freisetzung der Jugend aus institutionell absichernden Kontexten.

3.1 Die Entwicklungsperspektive – Wirklichkeit im Raum

Wie bei Baacke schon angesprochen, lassen sich entwicklungsbedingt verschiedene Formen der Nutzung von Räumen beobachten. Während jüngere Jugendliche sich in und über Räume erst entwickeln, verbinden ältere Jugendliche bestimmte Orte zu spezifischen Netzwerken, die sie entsprechend ihrer Jugendkultur – als ‚Zwischenraum' zum über Rollen und Institutionen bestimmten Erwachsenenstatus – nutzen und gestalten.

Während die Gleichaltrigenkultur schon – als sekundären Aneignungsschritt – eine neue Aneignungsform des Raumes bezeichnet, brauchen jüngere Jugendliche ihn für ihre Entwicklung: Sie entwickeln sich aber nicht nur über die Erweiterung ihrer Handlungsräume und der Aneignung der dort eingelagerten Qualitäten. Der Raum ist auch das Medium, in dem Jugendliche ihre Situation der „Unwirklichkeit" (Winnicot 1990) die sich über die Pubertät – als „emotionale Kristallisationspunkt der Jugendphase" (Böhnisch 1998:156) – bestimmt, sozial ausagieren und reflektieren können. Diese psychologische Dimension der Verwiesenheit auf Räume lässt sich mit einem Blick auf Pubertät und Adoleszenz beschreiben.

Pubertät wird von Böhnisch als „leibseelische, geschlechtstypisch strukturierte Zustandbefindlichkeit Jugendlicher" beschrieben, „in der sich Ungewissheit, Unwirklichkeit, Minderwertigkeit, Omnipotenzgefühl und Selbstbehauptung gleichermaßen mengen" (Böhnisch 1998:157). Dieser Reifungsprozess stellt „einen inneren Antrieb, ein Suchen nach dem eigenen Selbst bei sich und bei den anderen und in der Spannung zu den gesellschaftlichen Erwartungen, die an die Jugendlichen gerichtet sind" (ebd.) dar.

Pubertät bedeutet eine körperliche, seelische und soziale Verwandlung, die Winnicot als Situation der „Unwirklichkeit", „im Übergang von der emotionalen Geborgenheit der Familie zur rationalen Selbstständigkeitswelt der gesellschaftlichen Kultur" (Böhnisch 2001a:130) beschreibt, und die Jugendliche narzisstisch auf sich selbst und ihre Suchbewegungen zurückwirft (vgl. Schröer 2002:98).

> „Diese Suche richtet sich – im Schwebe- und Isolationszustand des Sich-ablösen-Müssens von einer vorangegangenen Realität (des familialen Selbst) und im Suchen nach einer noch nicht feststehenden oder gekannten Realität (des gesellschaftlich gerichteten Selbst) – an dem eigenen ‚unfertigen' Zustand als Jugendliche/r und damit an einer psychischen und sozialen ‚Unwirklichkeit' (Winnicot zit. nach Davis/Wallbridge

1983:132) aus. Diese Unwirklichkeit ist aber die Wirklichkeit des Selbst.“ (Böhnisch 2001a:130)

Jugendliche versuchen nun die Unwirklichkeit zur Wirklichkeit zu machen – „die innere Unwirklichkeit“ sucht „nach äußerer Verwirklichung“ (Böhnisch 1998:156) – und suchen nach Möglichkeiten ihre Befindlichkeit sozial abzubilden. Im Raum bildet sich dementsprechend Pubertät ab. Risikoverhalten, abweichendes Verhalten, Grenzen erproben, Konflikte erzeugen, überzogene Formen der Selbstdarstellung bilden sich deswegen vor allem räumlich ab, weil dies in den zur Verfügung stehenden gesellschaftlichen Rollen oder auf Grund noch nicht zugeschriebener Funktionen nicht möglich ist: In der Schule und in der SchülerInnenrolle kann Unwirklichkeit nicht zur Wirklichkeit gemacht werden.

Dieser Prozess der Abbildung von „Unwirklichkeit im Raum“ ist ein wichtiger Entwicklungsschritt, weil sich Jugendliche erst über die soziale Spiegelung ihres Verhaltens (sozial) produktiv „ihrer Wirklichkeit“ annähern können. Der Sozialraum wird zum Entwicklungsraum, in dem Grenzen immer wieder verschoben, Verhaltensweisen ausprobiert, Rollen erweitert und Konflikte ausgetragen werden. Die Möglichkeit, sich sozial abzubilden ist von zentraler Bedeutung, damit die entwicklungstypischen Übergänge gelingen. Dies braucht aber auch Räume[31], die besetzt werden können und in denen die „Suche nach sich selbst“, die Jugendliche oft „ins jugendkulturell Widerständige, Andere und auch Auffällige“ (Böhnisch 1998:156) drängt, sozial produktiv gelebt werden kann.

Hier wird ein geschlechtsspezifischer Unterschied sichtbar: Männliche Jugendliche haben mehr Übung darin öffentliche Räume zu nützen, ihnen wird der Raum als Entwicklungsraum eher zugestanden, weil „Burschen von der Kindheit auf immer noch mehr ‚außenorientiert‘ erzogen werden als Mädchen“ (Verein Wiener Jugendzentren 2002:59, vgl. dazu Nissen 1998:162).

Das Problem der Mädchenentfaltung weist darauf hin, dass weibliche Jugendliche auf Grund ihrer Sozialisation mehr auf sich verwiesen werden. Dies erklärt auch, warum männliche Jugendliche ihre „Wirksamkeit“ in Form von Raumbesetzungen oder Destruktion öffentlich sichtbar machen, während Mädchen kaum Spuren oder Zeichen im öffentlichen Raum hinterlassen und ihre „Unwirklichkeit“ eher in inneren Räumen, wie dem Poesiealbum (vgl. Fend 2005:48) oder in „Beziehungsräumen“ wirklich werden lassen. Dies ist natürlich auch dadurch bedingt, dass öffentliche Räume in ihren männlichen Raumbestimmtheiten es Mädchen schwer machen[32] „ei-

---

31 Böhnisch merkt an, dass das Winnicot'sche Konzept auf „fördernde Umwelt“ hinweist – dies findet seine „pädagogische“ Entsprechung in Baackes Beschreibungen der Qualität von Räumen, in der die Bronfenbrenner'schen Kategorien einfließen.

32 Böhnisch/Funk stellen in diesem Zusammenhang fest: „Gerade weil wir wissen, wie wichtig die Aneignung der räumlichen Umgebung und (später) jugendkultureller

gene Erfahrungen in weiblicher Selbstständigkeit zu machen“ (ebd.:44) wie am Beispiel der Räumlichkeiten einer Jugendeinrichtung beschrieben wird.

> „In Räumen sind Bedeutungen, Festlegungen, Macht- und Besitzansprüche enthalten, sie sind besetzt und werden auch so erfahren. Räume sind von Burschen und Männern patriarchalisch vorstrukturiert, es ist nicht oder nur schwer möglich, in ihnen eigene Erfahrungen als Mädchen oder Frau zu machen.“ (ebd.)

Während aus dem Blickwinkel der psychischen Entwicklung Jugendliche aus Antrieben der Pubertät auf bestimmte Art im Raum sozial wirksam werden, stellt die Verbindung zwischen Gleichaltrigenkultur und Raum einen Kontext dar, der auf neue Aneignungsform des Raumes – als „Praxis der Peer-groups“ (Böhnisch 2003:181) – hinweist.

3.2 Raum als Ort der Gleichaltrigenkultur

Auf der Ebene der sozialen Entwicklung der Jugendlichen stellt sich Jugend als Ablösungsphase von der Familie und als Übergangsphase in die Gesellschaft dar.

Noch nicht über Berufs-, Familien-, selten über Vereins- und Freizeitrollen[33] definiert, sind sie auf Raum verwiesen, in dem sie sich sozial abbilden und ihre Jugendkultur entwickeln können.[34] Identitätsfindung – wie im vorigen Kapitel beschrieben – und soziale Gestaltung/Erprobung im Sinne der Strukturierung eines „Übergangsraumes“ gehen in der Gleichaltrigenkultur ineinander über:

> „In der Jugendzeit ist das Sozialräumliche das Strukturprinzip der Gleichaltrigenkultur. Jugendkulturelle Gruppen, Cliquen und Szenen erhalten erst ihre Qualität über die Räume, in denen sie sich bewegen, die sie besetzen, die sie umwidmen. Die eigene soziale Welt der Jugend entwickelt sich vor allem im Räumlichen, aus der jugendkulturellen Besetzung des Raums entwickeln sich eigenartige soziale Beziehungen, Regeln und gruppenbezogene Verhaltensmuster, aus denen ein besonde-

---

Räume für die Entwicklung sozialer Schlüsselkompetenzen der Selbstbehauptung und Interessensdurchsetzung ist und dass Kinder und Jugendliche nicht nur in der Schule, sondern auch über selbstbestimmbare Räume und Beziehungen lernen, wiegt eine sozialräumliche Benachteiligung von Mädchen besonders schwer.“ (Böhnisch/Funk 2002:96)

33 Baacke spricht davon, dass „die in den Jugendkulturen und im Freizeitbereich übernommenen Rollen in erster Linie *Situationsrollen*, also wenig institutionalisiert, allenfalls ansatzweise im Binnenraum der Jugendkultur selbst, sind“ (Baacke 1999:169).

34 „Die jugendliche Subkultur ist aber nicht gelöst von der Erwachsenenkultur, sie ist eben nur anders orientiert: nicht an Institutionen und Rollen, sondern an raumbezogenen Stilen.“ (Böhnisch 2003:181)

> rer Typ sozialen Lernens und sozialer Orientierung Jugendlicher hervorgeht." (Böhnisch 1992:255)

Aus dieser Beschreibung lassen sich mehrere Zugänge herauslesen:

Zum einen definieren sich Jugendliche als Clique über den Raum. Cliquen verbinden sich immer mit räumlichen Strukturen in Form von spezifischen Orten oder räumlichen Netzwerken. Fragt man Erwachsene[35] – als Rückschau auf ihre Jugendzeit – nach ‚ihrer' Clique und deren Bestimmungsmerkmalen, werden sofort spezifische räumliche Zuschreibungen genannt: Eine bestimmte Stelle am Hauptplatz, des Friedhofes, des Bahnhofes, eine Parkbank, die Bushaltestelle, ein Hauseingang, die „Raucherlichtung" im angrenzenden Wald, oder aber auch der regelmäßig zwischen zwei Ortschaften verkehrende Bus etc. als Anknüpfung und Ausdruck ihrer Identität als Clique:

> Denn „Gruppen und Cliquen drücken ihre Einheit und Zugehörigkeit vor allem über diese von ihnen gestalteten Räume und ihre symbolischen Markierungen aus" (Böhnisch 2003:181).

Über den Raum stellen sie Identität als Gruppe her – mitunter benennen sich Cliquen sogar über bestimmte Straßenzüge, Plätze oder Stadtteile – und grenzen sich damit gegenüber anderen ab.

> „Gerade für Jugendkulturen ist der ‚Kampf um Raum' sowohl im wörtlichen Sinn von Territorialauseinandersetzungen als auch im Sinne symbolischer Besetzungen von herausragender Bedeutung." (Vollbrecht 1995:23)

Sie stellen sozialräumlich ihren Status dar, werden von anderen Jugendlichen gesehen und erregen öffentliche Aufmerksamkeit (vgl. Schröder/Leonhard 1998:43). Dem voraus geht aber die Aneignung von Räumen, die mit Umgestaltung, Umnutzung, Abgrenzung und Ausgestaltung – beispielsweise in Form der Verschiebung von Parkbänken, der Nutzung und Schaffung von Sitzgelegenheiten, der Markierung mittels Rucksäcken oder Fahrrädern, der symbolischen Ausgestaltung über kleine Graffitis etc. – verbunden ist.

Dies weist darauf hin, dass es hier nicht nur um eine räumliche „Zuordnung" geht, sondern die Clique erst als Verhältnis von Gruppe und Raum zu begreifen ist. Böhnisch weist darauf hin, dass „sozialer Raum und Praxis der Peer-groups miteinander verbunden sind. Der Raum wird benutzt, genutzt, umgewidmet, besetzt" (Böhnisch 2003:181).

---

35 aus einer Gruppendiskussion mit berufstätigen Fachhochschul-StudentInnen im Wintersemester 2005 am Campus Wien, auf die Frage nach den bedeutenden Orten in ihrer Jugendzeit.

Dabei sind geschlechtsspezifische Unterschiede in den Formen der Aneignung und Nutzung von Räumen zu beobachten (vgl. Nissen 1998, Schön 1999). Männliche Jugendliche nehmen Räume durch Bewegung in Anspruch, beanspruchen und besetzten diese sehr offensichtlich, „ihr Verhalten ist ‚Territorialverhalten'" welches oft mit der „‚räumlichen Zurücksetzung' von Mädchen" (Verein Wiener Jugendzentren 2002:45, Böhnisch 2001:157) verbunden ist.

> „Sie lernen sich früh in Räumen zu bewegen, sich über Räume auszudrücken und im räumlichen Verhalten – und weniger in direkten Beziehungen – auf sich aufmerksam zu machen. Gleichaltrigen-Kultur und territorialer Raum gehören zusammen." (Verein Wiener Jugendzentren 2002: 59)

Dem gegenüber beschreiben sich Mädchen als Clique zwar genauso über sozialräumliche Zusammenhänge, definieren diese aber in anderen Formen (vgl. Rose 2002, Deinet/Icking 2005, Krisch/Reinprecht 2006, Larcher 2006). Martina Löw (2001) spricht davon, dass sich Mädchen Räume eher über kommunikative Prozesse aneignen und die räumlich-dingliche Umwelt sozial-interaktiv konstituieren, wobei nicht-raumgreifenden, eher „flüchtigen" oder mobilen Aneignungsformen besondere Relevanz zukommt.

> „Während Jungen tendenziell besser die Konstitution von Raum in Auseinandersetzung mit sozialen Gütern lernen, entwickeln Mädchen Kompetenzen in der Konstitution von Raum über Menschen." (Löw 2001: 253)

Mädchen ergreifen zwar auch Raum durch Sport und Spiel – besetzen ihn aber nicht gleichermaßen –, sie nutzen den Park für Gespräche mit Freundinnen, der Aspekt des ‚Beobachtens', des ‚Redens', des ‚Sitzens' als Tätigkeit spielt eine wichtige Rolle, sie verabreden sich, es gibt verschiedene Treffpunkte, bestimmte Bänke und Parkausschnitte.

> „Mädchen nutzen dingliche/räumliche Umwelt eher als Medium der Interaktion." (Nissen 1998)

Zu beobachten ist dabei, dass Mädchen[36] nicht so sehr auf einzelne Orte fixiert sind, sondern unterschiedliche Räume aus verschiedenen Motiven aufsuchen und in Form eines Netzwerkes nutzen (vgl. Schön 2004, Krisch/Reinprecht 2006, Larcher 2006). Mädchen sind dabei als Akteurinnen im öffentlichen Raum zu betrachten:

---

36 Hier gilt es natürlich auch wieder die ‚Mädchen' in ihren alters-, milieu-, lebenslagenbezogene Unterscheidungen und ihrer Verschiedenartigkeit zu sehen bzw. auch den ‚öffentlichen Raum' in seinen Ausdifferenzierungen zu betrachten. Allzu leicht wird unter öffentlicher Raum in der Jugendarbeit (in Wien) ‚der Park' verstanden, was die Wahrnehmung entsprechend einschränkt.

„Sie schaffen sich Mädchen-Räume innerhalb derer sie autonom und selbstbestimmt handeln können.“ (Larcher 2006:142)

Wobei der Wechsel zwischen den Treffpunkten, das „Spazierengehen“ – wie sich zeigen lässt – eine bedeutende Aktivität und eine charakteristische sozialräumliche Aneignungsform darstellt.

„Ihre Spaziergänge stellen eine Art Rahmen dar, der für die Mädchen die Möglichkeit bietet mit unterschiedlichen Inhalten – Plätzen, Menschen, Aktivitäten – gefüllt werden zu können.“ (Larcher 2006:144)

Obgleich sich der Raumbezug der Mädchen im Vergleich zu männlichen Jugendlichen diffuser – im Sinne von nicht leicht einsichtig, Schön (1999) spricht davon, dass die „raumbezogenen Lebenspraktiken der Mädchen verdeckt sind“ – darstellt, spiegelt sich doch die große Bedeutung der Wechselwirkung zwischen räumlichen Strukturen und jugendkultureller Cliquendynamik wider.

Die enge Verwiesenheit von Gruppe und Raum beschreibt Baacke sehr augenscheinlich am Beispiel der Konstitution von „jugendkulturellen Szenen“, wie er aus seinem spezifischen Blickwinkel Jugendkulturen bezeichnet (vgl. Baacke 1999:169f.).

Jugendkulturen als „eine Lebens- und Handlungspraxis“[37] können sich erst in der Verbindung mit „eigenen Räumen, in denen sie ihre Ziele und Stile realisieren können“ (ebd.), konstituieren. Nachdem aber, wie Baacke ausführt, jugendkulturelle Szenen in der Regel keine für sie bereitgehaltenen Räume haben – sie sich auch von „den gesellschaftlich konfigurierten Zonen“ absetzten müssen –, gilt es erst „eigene Räume für die Inszenierung der gesuchten Erlebnisqualitäten zu erobern“ (ebd.).

Baacke legt verschiedene Formen der Verknüpfung von Räumen und Jugendkulturen dar:

- Dies kann als „Eingliederung in vorhandene Zonen-Angebote“ (ebd.:170) geschehen, bei der sich Jugendliche „Freizeitbühnen“ in bestehenden – aber meist schon von anderen Szenen besetzte – Freizeiträumen suchen.
- Als „Aneignung von Räumen“ (ebd.:171) bezeichnet er Jugendkneipen, die für bestimmte Jugendkulturen verlässliche Treffpunkte darstellen.

37 „Es ergibt sich also, dass die in modernen Gesellschaften bereitgehaltenen Lebens- und Entwicklungs-Zonen in Hinsicht auf Konnexität, Intimität, Institutionalisierung, Kontrollen und Wertbesetzung kritisiert werden. Da Jugendkulturen jedoch keinen Diskurs darstellen, sondern eine Lebens- und Handlungspraxis, gehen sie über Kritik noch hinaus, indem sie andere Modelle der Lebenserfahrung entwickeln.“ (Baacke 1999:169)

- Bei Rockkonzerten oder Festivals wird über einen kurzen Zeitraum – als „Teilaneignung von Räumen auf Zeit“ – eine intensive Bindung[38] zwischen jugendlichen Szenen über einen spezifischen Ort hergestellt.
- Als radikales und plastisches Beispiel nennt Baacke die „Umdefinition von Räumen“, die er am Beispiel einer Punkkultur beschreibt:

> „Sie findet für jugendkulturelle Zwecke inmitten der eigentlich vorgesehenen statt. Ein Beispiel: auf dem Hauptbahnhof in Hannover lagerten sich Punk-Gruppen zum Biertrinken, aber auch zum geselligen Austausch an den Rolltreppen, die in die Bahnhofshalle führen. Der Zweck dieses städtebaulich gestalteten Raumes ist natürlich, den Verkehrsfluss zu steuern und vor allem Reisende möglichst schnell und bequem an die Fahrkartenschalter, Bahnsteige etc. zu bringen. Die Punks akzeptieren durch ihr Verhalten nicht diese funktionale Bestimmung, sondern machen aus dem Raum einen Ort der Zeitverschwendung, des Konsums, der Kommunikation. An den Rolltreppen zu sitzen, ist in keiner Weise gemütlich oder einladend – gerade darum sitzen die Punks hier. Ihr in Besitznehmen dieser Verkehrszone stellt eine Provokation dar, einen Protest: damit entsteht eine Szene.“ (Baacke 1999:173)

Im „Binnenraum der Jugendkulturen“ (ebd.), die sich wie gezeigt, über bestimmte Orte vermittelt, entsteht schließlich der „Übergangsraum“ (in die Erwachsenenwelt) als Möglichkeit sozialer Gestaltung:

> „Aus dem Zusammenspiel von jugendkulturellem Verhalten und räumlicher Aneignung entstehen soziale Beziehungs- und Handlungsstrukturen, die – was ihre Konsistenz und soziale Kontinuität anbelangt – denen vergleichbar sind, wie sie Institutionen – z.B. Familie und Schule – gemeinhin vermitteln.“ (Böhnisch 1992:255)

In diesem Zusammenhang weist er auf die zentrale Bedeutung dieser Erfahrungen für die Entfaltung Jugendlicher hin. Im „Erprobungsraum“ der Clique werden Grenzen ausgelotet, verschiedenste Rollen eingenommen und verworfen, Konflikte innerhalb der Gruppe ausgetragen und Orientierungen erarbeitet.

Am Beispiel des „Plätzles“ – eines Cliquentreffs – geht Specht recht bezeichnend auf die vielen Bedeutungen des räumlich vermittelten Cliquenzusammenhanges ein. Daran wird im Übrigen auch deutlich, dass sich die Grundstruktur der Cliquendynamik bis heute nicht wesentlich verändert hat:

> „Am Plätzle trifft man sich zum Fußballspielen, zum Musik hören, zum Probleme verhandeln, man bekommt dort Tips für einen Job, man

38 Die als Armbänder gestalteten ‚Eintrittskarten' für Festivals (beispielsweise vom jährlich stattfindenden ‚Frequency-Festival' in Salzburg oder ‚Rock am (Nürnburg-) Ring' in Süddeutschland), werden von Jugendlichen monatelang getragen und signalisieren die Zugehörigkeit zu einer bestimmten – über Musikstile definierten – Jugendkultur.

quatscht dort über alles Mögliche, trinkt Bier, beobachtet, lässt sich beobachten und man trifft dort den Freund oder die Freundin. Zwischendurch will man einmal richtig action machen, manchmal eine Show abziehen und man trifft sich auch am Plätzle, um von dort loszuziehen." (Specht 1991:50)

Von zentraler Bedeutung erscheint auch, dass die Verbindung von jugendlichem Lebensraum und Sozialraum sehr stark auch die Widersprüche zwischen Jugendlichen und Erwachsenen widerspiegelt und vermittelt. Dementsprechend laufen ja die Konflikte zwischen Gleichaltrigenkulturen und erwachsener Gesellschaft fast immer sozialräumlich ab. Beispielsweise wenn Jugendliche zu laut sind oder sie sich neben kreativen Aneignungen – in Form von Umwidmungen – manchmal auch gewalttätig Räume aneignen, die verbaut und blockiert sind. In diesen räumlich vermittelten (Nutzungs-)Konflikten erproben sich Jugendliche in Auseinandersetzungen mit Erwachsenen. Im schützenden Zusammenhang ihrer Jugendkultur – im Gegensatz zu den emotional geladenen und von Abhängigkeit bestimmten Konflikten mit Eltern oder LehrerInnen – erlernen Jugendliche zu streiten, zu provozieren, Macht auszuüben aber auch strukturelle Gewalt akzeptieren zu müssen.

Das in beiden Absätzen beschriebene Modell der Entwicklung und Übergangsproblematik der Jugendlichen – und deren starker Verwiesenheit auf den Raum – geht von einer geschlossenen Gleichaltrigenkultur und dem Moratorium der Jugendphase aus. Über gesellschaftliche Individualisierungsprozesse – so eine zentrale jugendsoziologische Annahme – wird die Jugend aber aus diesem Rahmen „freigesetzt". Damit wird die Angewiesenheit auf sozialräumliche Zusammenhänge als bedeutsame Ressource der Lebensbewältigung nochmals verstärkt.

3.3 Freisetzung – Angewiesenheit auf den Raum

Die Freisetzung von Jugendlichen aus gesellschaftlich bedingten Statuspassagen bringt einen Bedeutungsverlust von Institutionen, von Rollen und Normen mit sich und bewirkt, dass Jugendliche verstärkt auf sozialräumliche Orientierungen angewiesen sind.

> „Dem Sozialraum wird damit eine neue wichtige Funktion als Dimension der Lebensbewältigung durch unterschiedliche Formen der Aneignung, Vernutzung und Prozessen sozialräumlicher Konstitution von Handlungskompetenz und Orientierungswissen zugemessen." (Baisch-Weber 2002:50)

Das heißt aber nicht, dass Jugendliche, verglichen mit früher, vermehrt auf der Straße anzutreffen sind, sondern, dass öffentliche Räume, Treffräume für Jugendliche, Orte der Cliquenbegegnung und Netzwerke eine viel größere Bedeutung für die Entwicklung der Identität von Heranwachsenden bekommen: „Junge Menschen benötigen eine sozialräumliche Gelegenheitsstruktur, in der sie sich orientieren und entfalten können ...“ (Münchmeier 1998:39)

Der mit dem Begriff der Individualisierung verbundene Wandel der Gesellschaft bewirkt zentrale Veränderungen der Sozialisationszusammenhänge Heranwachsender und führt zu einer Pluralisierung der Lebensverläufe von Kindheit und Jugend.

Gemeint ist, dass gesellschaftliche Strukturveränderungen, wie die Auflösung von stabilen Familien-, Verwandtschafts- und Nachbarschaftsverhältnissen, die Verlängerung der Schulzeiten, das Brüchigwerden klarer schulischer und beruflicher Perspektiven, der Einfluss von Medien und Konsum zu einer „Erosion“ von stabilen Wert- und Orientierungssystemen, aber auch Sozialformen und -bindungen führen. Die Lebensphase Jugend „entstandardisiert“, „biographisiert“ (Lenz 1998:54, Böhnisch 2002:146f., Schröer 2002:90, Ferchhoff 1999:75, Beck 1997:212) und „entgrenzt“ (Schröer 2004) sich und führt zu differenzierten Lebensformen und -stilen Jugendlicher, die als eigenständige Jugendszenen, mit gemeinsamen Anknüpfungspunkten, aber auch klaren Abgrenzungen, kaum einheitliche, sondern entsprechend ausdifferenzierte (Aneignungs-)Bedürfnisse an Freiräumen hervorbringen.

Die sozialräumlichen Zusammenhänge, in denen Jugendliche sich treffen, erhalten vor dem Hintergrund der Pluralisierung von Jugend(en) eine ganz wesentliche Bedeutung als Orientierungsraum, als Ressource der Lebensbewältigung und Raum für Entwicklung ihrer Identität.

Die gegenwärtigen Veränderungen der Jugendphase[39] sind in einem engen Zusammenhang mit strukturellen gesellschaftlichen Veränderungen, mit den Strukturmerkmalen *Individualisierung* und *Pluralisierung* der Lebensführung beschrieben, zu sehen.

Denn Jugend ist kein losgelöster gesellschaftlicher Ausschnitt, vielmehr sind die „Vergesellschaftungsformen von Jugend“ nur in Abhängigkeit von gesellschaftlichen Veränderungen zu beschreiben (vgl. Schröer 2004). Ferchhoff führt dazu aus: „Jugend ist ... ein historisch gesellschaftliches bzw. soziokulturelles Produkt. Und Jugendphänomene sind demnach als soziokulturelle Phänomene nicht zu erklären ohne die ökonomische, politische und zeitgeistige Struktur der Gesellschaft, die familialen Beziehungen, die peers, den Status der ‚Jugend‘, die jugendspezifischen Institutionen etc.“ (Ferchhoff: in Baacke 1985)

---

39 Lenz fasst einige Stichwörter der Jugendforschung zusammen, welche diesen Umbruchsprozess zu beschreiben versuchen. U.a. nennt er: „‚Strukturwandel der Jugend‘, ‚Jugend als eigenständige Lebensphase‘, ‚Individualisierung der Jugendbiografie‘, ‚Destandardisierung oder Entstrukturierung der Jugendphase‘, ‚Wandel vom Übergangsmoratorium zum Bildungsmoratorium‘.“ (Lenz 1998:58)

Die von Beck (1986, 1989, 1994, 1997) beschriebene gesellschaftliche Entwicklung ist durch eine Dynamik gekennzeichnet, die bisher traditionell gebliebene Lebensbereiche erfasst und in Auflösung und Enttraditionalisierung vormals verbindlicher Lebensformen kulminiert.

Der gesellschaftliche Wandel der Gegenwart wird in dieser sozialwissenschaftlichen Theorienbildung als Gestaltswandel der Gesellschaft gedeutet, der sich durch die Auflösung traditioneller Sozialformen und -bindungen und den Verlust von verbindlichen Wert- und Normsystemen beschreiben lässt. Dies führt zu einem Individualisierungsschub, in der jede/r verstärkt auf sich alleine gestellt, eigene Lebensentwürfe, -formen und -stile entwickeln muss. Gleichzeitig geht „die Freisetzung und Entzauberung[40] einher mit verstärkten Abhängigkeiten von neuen institutionellen Vorgaben“ (Lenz 1998:52).

Diese Entwicklung ist als notwendige Konsequenz der durchgesetzten Marktwirtschaft, für die traditionelle Sicherheiten und historisch gewachsene Sozialformen dysfunktional im Sinne der Verwertung flexibler und mobiler Arbeitskräfte erscheinen, zu sehen (vgl. Rauschenbach 1992:29f.).

Individualisierung, ein Begriff der das Verhältnis des/der Einzelnen zur Gesellschaft beschreibt, ist, wie Beck festlegt, natürlich keine plötzliche Entwicklung der zweiten Hälfte des 20. Jahrhunderts, sondern eine „historisch-soziologische“ Kategorie[41], die aber mit der rasanten Entwicklung der Industriegesellschaft einen enormen Grad der Beschleunigung erfahren hat.

Diese bedeutende Veränderung des Verhältnisses des Individuums zur Gesellschaft deutet Baethge (1990) als „neue Form der Vereinzelung zu einem Schritt in Richtung ‚Gesellschaft der Einzelnen' [Beck], in der nicht mehr vorgegebene Traditionen und Kollektive, von allen geteilte Normen verbindliche Verhaltensregeln vorgeben, sondern wo die Entscheidungsnotwendigkeiten oder -möglichkeiten größer geworden sind.“

---

40 Die Modernisierung führt – so Beck – zu einer dreifachen „Individualisierung“: „*Herauslösung* aus historisch vorgegebenen Sozialformen und -bindungen im Sinne traditioneller Herrschafts- und Versorgungszusammenhänge (‚Freisetzungsdimension'), *Verlust von traditionellen Sicherheiten* im Hinblick auf Handlungswissen, Glauben und leitende Normen (‚Entzauberungsdimension'), und – womit die Bedeutung des Begriffes gleichsam in ihr Gegenteil verkehrt wird – eine *neue Art der sozialen Einbindung* (‚Kontroll- bzw. Reintegrationsdimension').“ (Beck 1986:206)

41 Schon Georg Simmel weist in seiner Darstellung der modernen Gesellschaft auf die Bedeutung von Individualisierungsprozessen hin (vgl. Lenz 1998, Ziemann 2000): „Dass die Erweiterung einer Gruppe Hand in Hand geht mit der Individualisierung und Verselbstständigung ihrer einzelnen Mitglieder. Die Evolution der Gesellschaften pflegt mit einer relativ kleinen Gruppe zu beginnen, welche ihre Elemente in strenger Bindung und Gleichartigkeit erhält, und zu einer relativ großen vorzuschreiten, die ihren Elementen Freiheit, Fürsichsein, gegenseitige Differenzierung gewährt.“ (Simmel 1989b:469 in Ziemann 2000:60) In dem Maße, wie sich moderne Gesellschaft in Funktionsbereiche ausdifferenziert, so legt Simmel nahe, verändern sich auch die Integrationsmuster (vgl. Ziemann 2000:60ff).

„Der oder die einzelne selbst wird zur lebensweltlichen Reproduktionseinheit des Sozialen. Die Individuen werden innerhalb und außerhalb der Familie zum Akteur ihrer marktvermittelten Existenzsicherung und der darauf bezogenen Biographieplanung und -organisation.“ (Beck 1986:119)

Dies betrifft aber nicht nur Entscheidungen über Berufs- und Lebenskarrieren, sondern wirkt auch in den alltäglichen Situationen des Lebensvollzuges:

„In der fortgeschrittenen Moderne wird das soziale Binnengefüge der Industriegesellschaft – soziale Klassen, Familienformen, Geschlechtslagen, Ehe, Elternschaft, Beruf – und die in sie eingelassenen Basisselbstverständlichkeiten der Lebensführung ausgedünnt und umgeschmolzen.“ (ebd.:115)

Vermehrt wird jeder zum „Planungsbüro seiner selbst“ (ebd.), mit der Chance sich eigene Lebensentwürfe zu basteln (Beck spricht hier von „Bastelbiographien“ [1994:19], aber auch mit dem Zwang andauernd Entscheidungen in unübersichtlichen institutionellen Abläufen zu treffen.

„An der Stelle traditioneller Sicherheiten tritt der individualisierende Zwang, Chancen und Risken abzuwägen.“ (Lenz 1998:51)

Die Diskussion um gesellschaftliche Individualisierung und ihre Folgen für den Sozialisationsprozess ist in der Jugendforschung seit den 1980er Jahren verbunden mit dem Begriff der „Entstrukturierung der Jugendphase“ (vgl. Olk 1985). Gemeint ist damit, „dass das gesellschaftliche Übergangs- und Integrationsarrangement Jugend an Selbstverständlichkeit und Verlässlichkeit eingebüßt hat“ (Böhnisch 2001:144). Diese Beschreibung weist vor allem darauf hin, dass die Jugendphase

„inzwischen mehr ist als ein festumrissener und geregelter Übergangsstatus in die Erwachsenengesellschaft, gewährleistete und verlässliche Statuspassage von der Schule in die Berufs- und Arbeitswelt. Entstrukturierung meint aber nicht, dass Jugend verschwunden ist, sondern lediglich, dass sie ihre traditionelle Gestalt und Selbstverständlichkeit verändert hat, dass man heute nicht mehr so richtig weiß, wann sie anfängt und wann sie aufhört, dass es wohl mehrere Jugenden im Sinne jugendlicher Lebensformen gibt (Pluralisierung) oder gar, dass sich jede(r) Einzelne seine (ihre) Jugend selbst irgendwie zurechtbasteln muss.“ (Böhnisch 1992:159)

Entstrukturierung, so stellt Böhnisch weiter fest, bedeutet also gleichermaßen „nicht Abwesenheit von Struktur, sondern bedeutet Übergang von alten in neue Strukturformen, einhergehend mit einer Pluralisierung der Strukturen und Verwischung der Strukturgrenzen“ (ebd.:162). Münchmeier fasst diesen Zusammenhang als Enttraditionalisierung auf und meint:

„Enttraditionalisierung bedeutet also sowohl eine größere ‚Freisetzung' der legitimen Lebensmuster; es bedeutet aber andererseits auch einen höheren Druck auf die Individuen und damit eine ‚Individualisierung' der Lebenschancen und der Verantwortung für den eigenen Lebensweg." (Münchmeier 1998:42)

Das Jugendalter, herkömmlich begriffen als Sozialisationsphase, die zum einen „durch Lernen und Qualifizieren auf den späteren, ökonomische Selbständigkeit verleihenden Beruf vorbereitet, zum anderen stabile Wertorientierungen und Handlungsmuster für die Übernahme von ‚Erwachsenenrollen' ausbilden und zu verinnerlichen" (Böhnisch/Münchmeier 1999:73) leisten sollte, kann so nicht mehr hinlänglich definiert werden.

„Sie ist keine Sozialisations- und Lernphase innerhalb eines biographischen Überganges mehr, sondern sie verselbstständigt sich, wird eine eigenständige Lebensphase mit eigener Prägung und spezifischen Möglichkeiten und Belastungen der Lebensführung." (Münchmeier 1998:38)

Der zunehmenden Vielfalt an möglichen Lebensstilen und -formen steht so die Auflösung von Orientierungs- und Unterstützungssystemen gegenüber, was auf die charakteristische Situation der heutigen Jugendgeneration hinweist, nämlich „den Widerspruch von Befreiung und kultureller Freisetzung" (Damm 1988:501). Jugendliche scheinen auf doppelte Weise befreit – sowohl von vielen traditionellen Zwängen und Abhängigkeiten, als auch von vielen Sicherheiten und Orientierungsmöglichkeiten. Sie eröffnen ihnen eine verwirrende Optionsvielfalt, mit „ambivalenten Freiheiten und riskanten Chancen" (Beck/Beck-Gernsheim 1994), lassen sie damit jedoch weitgehend allein (vgl. Ferchhoff 1999:62).

Im folgenden Abschnitt werden mit der Veränderung familialer Einbindungen und den zunehmend brüchigen Übergängen in Ausbildung und Beruf bedeutende strukturelle gesellschaftliche Veränderungen herausgegriffen, welche zur Freisetzung Jugendlicher und zur Biografisierung der Jugendphase führen und deren „biografische Bewältigungssituation" (Böhnisch/Schröer 2001:1889) verdeutlichen.

3.3.1 Die Auflösung von stabilen Familien-, Verwandtschafts- und Nachbarschaftsverhältnissen

Die Pluralisierung von Familienformen ist keine zufällige gesellschaftliche Entwicklung, sondern sie ist in engem Zusammenhang mit der durchgesetzten industriekapitalistischen Arbeitsteilung zu sehen, für die traditionelle Sicherheiten und historisch gewachsene Sozialformen dysfunktional im Sinne der Verwertung flexibler und mobiler Arbeitskräfte erscheinen.

Sowohl die Erfordernisse des Arbeitsmarktes, wie z.B. notwendige Mobilität von Männern und Frauen, doppelt berufstätige Elternteile, uneingeschränkte Arbeitszeitflexibilität, lebenslanger Bildungserwerb, als auch die notwendig zu verinnerlichenden Attributionen der Leistungsgesellschaft wie „Vorteil, Vertrag, Geld, Strategie“ (Beck 1990:184) widersprechen den Erfordernissen der Familie, Ehe, Eltern- oder Partnerschaft.

Hohe Scheidungsquoten und die Pluralisierung von Familienformen prägen für immer mehr Kinder und Jugendliche die Zeit ihres Aufwachsens.

Gleichwohl in den Sozialwissenschaften und in der Öffentlichkeit „Familienleitbilder“ (Wahl 1999:99f., Lenz 2002:148) zumeist in Form von Wunschbildern lebenslanger Partnerschaften und Kindererziehung aufrecht erhalten werden, wird die Abweichung zur Norm[42]: Alleinstehende Mütter mit Kindern, „voreheliches und eheliches Zusammenleben, variierende Elternschaften über ein oder zwei Scheidungen hinweg, damit verbundene scheidungsbedingte Groß- und Fortsetzungsfamilien bilden die Variationsbreite von familialen und außerfamilialen Formen des Zusammenlebens“ (Beck/Beck-Gernsheim 1990:186) der Gegenwart.

Diese Veränderungsprozesse stellen neben den Frauen, die zumeist auch einem hohen ökonomischen Druck ausgesetzt sind, vor allem Kinder und Jugendliche vor große Bewältigungsprobleme.

> „Durch die Zunahme von Trennung, Scheidung und Wiederverheiratung erfährt ein wachsender Anteil von Kindern Familie nicht mehr als im Zeitverlauf stabile Intimgruppe, sondern wird mit Diskontinuität, Trennung und Wechsel der Bezugsgruppe konfrontiert.“ (Münchmeier 1998:31)

Biographische Brüche in Form von Verlust oder Wechsel von Bezugspersonen, die mit dem Begriff „der vaterlosen Gesellschaft“ (Mitscherlich 1963) angesprochene, oft eingeschränkte „Alltagsidentifikation“ (Böhnisch 2004:139) mit den Vätern (vgl. dazu auch Sturzenhecker/Winter 2002: 65f.), werden vermehrt zum ‚normalen’ Lebenslaufmuster von Kindheit und Jugend. Die Auflösung der weitgehend genormten kleinfamilialen Privatsphäre stellt aber nur eine der Komponenten gesellschaftlicher Individualisierungs- und Pluralisierungstendenzen dar.

Die Veränderungen familialer Strukturen tragen die Auflösung verbindlicher, traditioneller Orientierungsmuster und Regelsysteme in sich: Fragen der Partnerwahl, der Berufswahl, der Lebensentwürfe, aber auch der Erziehungsformen werden zusehends in die individuelle Zuständigkeit der Erwachsenen verlegt (vgl. Lenz 2002). Erziehungsentwürfe mit verbindlichen Regelungen, klaren Regelsetzungen und Verstärkungen scheinen aber immer „unpassender“ zu sein: Der Einfluss von Medien, welche „die Tren-

42 Lenz spricht von vier Tendenzen, welche den familialen Wandel der Gegenwart bestimmen: Der Monopolverlust der Ehe, die Entkoppelung von Ehe und Elternschaft, wachsende Instabilität der Beziehungen und den Wandel der Geschlechterrollen (vgl. Lenz 2002:164ff).

nung der Wirklichkeitsbereiche zwischen Erwachsenen und Jugendlichen auflösen“ (Münchmeier 1998:33), und der Konsumgüterindustrie prägt eine völlig neue Form von nahezu eigenständiger Kinder- und Jugendkultur, deren Inhalte von Eltern oder anderen erwachsenen Bezugspersonen mit keinen Erfahrungswerten relativiert werden können. Die Erziehungsstile ‚heutiger' Erwachsener – immer auch Ausdruck der eigenen familialen Sozialisation – erweisen sich teilweise als dysfunktional im Umgang mit den ‚mediatisierten' Heranwachsenden.

Aber auch eigene schulische und berufliche Erfahrungen lassen sich kaum noch auf heutige Anforderungsmuster übersetzen. „Erziehungsstile, Lebensplanmuster, Erfahrungen der Erwachsenen scheinen sehr oft lebenspraktisch wertlos für Heranwachsende.“ (Ferchhoff 1993:120) Damit verringert sich aber die bedeutende Orientierungsfunktion der Erwachsenen.

> „Das Monopol der älteren Generationen, aufgrund von Weisheit oder Klugheit die jüngeren Generationen anzuleiten oder gar zu prägen bzw. zu bestimmen, stößt an Grenzen, verliert vor allem infolge der Dynamik technischer und jugendkultureller Innovationen sowie der Allgegenwart der Medien an Bedeutung.“ (ebd.)

Diese geringer werdende Vermittlungskompetenz der Erwachsenen wird durch „die Herauslagerung von Sozialisationsvorgängen aus den unmittelbaren Lebenswelten der Familie“ (Baethge 1990:39) noch verstärkt. Bezeichnenderweise setzen sich diese Institutionen kaum mit den lebensweltlichen Problemen der Heranwachsenden auseinander. Diese werden wieder an die Familie delegiert.

In der Familie oder der Restfamilie müssen Subsistenzprobleme, aber auch Integrationsprobleme der Kinder miteinander vermittelt werden – und dies immer mehr, ohne auf stützende Orientierungshilfen und traditionelle Erziehungsverbindlichkeiten zurückgreifen zu können. Kinder und Jugendliche wachsen also verstärkt in instabilen, sich öfters ändernden familialen Strukturen auf. In höherem Maße scheinen sich in diesen stabile Orientierungszusammenhänge und verbindliche Erziehungsstile aufzulösen.

Gleichzeitig beginnt auch der Bezugsrahmen verwandtschaftlicher und nachbarschaftlicher Bindungen – für Heranwachsende ein wichtiges Orientierungs- und Beziehungsfeld – vor allem in urbanen Wohnstrukturen aufzubrechen. Bonß weist darauf hin, dass „auf dem Arbeitsmarkt durch soziale und geographische Mobilitätsprozesse eine spezifische Besonderung von Lebensläufen erzwungen wird“ (Beck/Bonß 1990:157). Nur unter der Bedingung der Existenz regionaler Arbeitsplätze können Menschen an ihrem Geburtsort verbleiben, an dem auch die Verwandtschaft als erweiterter familialer Bezugsrahmen ein traditionelles und sicherndes Milieu bildet.

Bonß führt in seinen Ausführungen bezüglich des kausalen Zusammenhangs zwischen Arbeitsmarktentwicklungen und Freisetzungsprozessen an, dass innerhalb der Arbeitsbiographie Arbeitsplatz-, Orts- und Berufswechsel immer häufiger werden. Dies erschwere langfristige nachbarschaftliche, freundschaftliche und berufliche Bindungen (ebd.:158).

Mit diesen veränderten Wohnformen „verschwinden auch dichte Netzwerkbeziehungen und subkulturelle Milieus, in denen kollektive Erfahrungen und spezifische Lebensmuster", gerade für Jugendliche ein wichtiger Orientierungsrahmen, „weitervermittelt werden" (ebd.).

In diesem Zusammenhang bildet sich ein zunehmender Einfluss von extrafamilialen Sozialisationsinstanzen aus. Immer mehr Kinder gehen früher in Kindergärten, mittlerweile auch schon in Kinderkrippen, Jugendliche verbringen ihre Nachmittage in Ganztagesschulen oder Horten. Diese Entwicklung wird u.a. durch die zunehmende Berufstätigkeit von Müttern erzwungen. Gerade Frauen, die ihre Kinder alleine erziehen, können ihrer Erwerbstätigkeit nur unter Inanspruchnahme von Kinder- bzw. Jugendbetreuungsstellen nachgehen.

Darüber hinaus trägt die zunehmende Schulbesuchsneigung, verbunden mit Verlängerung von Schul- und Ausbildungszeiten, der gesteigerten Qualifikationsnachfrage Rechnung.

Die Ausgliederung von „Freizeiten" der Kinder und Jugendlichen in außerfamiliale Betreuungsstätten, die Verlängerung institutioneller Bildungsprozesse im vorschulischen Bereich bzw. die Ausweitung schulischer Bildung schmälern einerseits den familiären Einfluss, reduzieren andererseits aber auch den Orientierungszusammenhang bestimmter Herkunftsmilieus.

Baethge stellt folgerichtig in seinen Ausführungen über die „Individualisierung des Lebens- und Berufsverlaufes" fest:

> „Mit der Industrialisierung kommt es zur Etablierung und Verallgemeinerung eines in sich differenzierten arbeitsteiligen Sozialisationsmusters, das sich als zunehmende Herauslagerung von Sozialisationsvorgängen aus den unmittelbaren Lebenswelten der Familie, Nachbarschaft und der Arbeit in eigens dafür geschaffene Institutionen beschreiben lässt ... und damit verlieren die unmittelbaren lebensweltlichen Sozialverhältnisse Einfluss auf den Prozess der kindlichen und jugendlichen Persönlichkeitsentfaltung." (Baethge 1990:39)

Zusammenfassend lässt sich feststellen, dass durch die „Vergesellschaftung von Erziehung" (Damm 1988:497f.), die Familie – vermehrt in Gestalt von unvollständigen Familienkonstellationen – stark an Einfluss auf die Heranwachsenden verliert, sich die Biographie gegenüber Herkunftsfamilie und -milieu verselbstständigt (vgl. Baethge 1990:39) und damit „die Herauslösung aus traditionellen Orientierungen, Lebensstilen und Denkmustern erheblich beschleunigt" (ebd.).

Anzumerken wäre in diesem Zusammenhang noch, dass gerade die Sozialisationserfahrungen in der Schule, wie „permanente Selektionsprozesse“ (Baethge 1990), „starke individualistische Leistungsmoral“ (Hurrelmann in Damm 1988:498) oder Konkurrenzdenken (vgl. Ferchhoff 1993, Böhnisch 1995) individualistische Muster verstärken.

3.3.2 Die Auflösung eindeutiger schulischer und beruflicher Perspektiven

Die „Normalbiographie“ (vgl. Böhnisch/Münchmeier 1999:73f.) von Jugendlichen wird im Sinne eines „bildungsbürgerlichen Moratoriums“ als Qualifikation für das spätere Berufsleben und damit der gelingenden Integration in das vorgesehene Berufsbildungssystem gesehen. Offensichtlich löst sich die Zuordnung von Bildungsabschlüssen zu bestimmten Arbeitsmarktsegmenten aber auf. Dies gilt in besonderem Maß für das Lehrlingsausbildungssystem, lässt sich aber auch im Bereich anderer Bildungswege nachvollziehen.

Beide Schwellen des Übergangs ins Erwerbsleben – von der Schule in die Ausbildung, von der Ausbildung in die Beschäftigung – scheinen brüchig zu werden. Schulen, Schultypen und Lehrplaninhalte passen sich äußerst schwerfällig den Anforderungsprofilen der Wirtschaft an. Die angebotenen Lehrstellen korrelieren nicht mit dem Bedarf am Arbeitsmarkt, aber auch bestimmte Schulabschlüsse, wie beispielsweise die Matura (Abitur) am Gymnasium, bieten – als Ausdruck einer zunehmenden Entwertung von Bildungsabschlüssen – ohne zusätzliche Qualifikationen wenig Arbeitsmarktchancen. Man spricht in diesem Zusammenhang von einem Bildungsparadoxon: Einerseits werden immer höhere Bildungsabschlüsse als Bewerbungskriterium gefordert, andererseits erweisen sich diese aber nicht als Garantie, den angestrebten Arbeitsplatz auch zu erhalten (vgl. Böhnisch/Schröer 2001:178, Münchmeier 1998:45).

Verkürzt ausgedrückt: Das Bildungswesen gewährleistet nicht mehr einen beruflichen Status und die soziale Zukunftssicherung, die es verspricht.

Bildungsmobilisierung, dauernd steigende Regelqualifikationen und umfassendere Qualifikationsprofile, geforderte berufliche Mobilität im Rahmen eines nicht mehr einsehbaren Arbeitsmarktes erweisen sich als Ausdruck der Auflösung eines „bildungsoptimistischen Lebensentwurfes“ (Böhnisch/Münchmeier 1999:78), der implizierte, dass mit einer bestimmten Ausbildung die Ausübung eines bestimmten Berufes garantiert ist. Hier wird auch die ‚erwachsene' Argumentationskette des notwendigen Bedürfnisaufschubes – „Du musst dich heute anstrengen (und lernen oder eine gute Lehrstelle finden), um dann später all das tun zu können, was du gerne willst“ – unstimmig. Gerade Jugendlichen kann heute nicht mehr garantiert werden, dass beispielsweise der Verzicht auf Freizeit später Belohnung erfahren könnte. Damit erscheint aber das Parsons'sche „pattern of deferred gratification“ (Muster der aufgeschobenen Belohnung) als wesentliches Sozialisationsmuster seine Gültigkeit zu verlieren.

Jugendliche müssen aber auch sehr früh Entscheidungen größter Reichweite (z.B. Lehrberufswahl, Schul[typ-]wahl, u.v.m.) treffen und Probleme bewältigen, ohne auf bewährte Lebenspläne und -strategien der Eltern zurückgreifen zu können. Denn „das Erfahrungswissen und bewährte Lebensplankompetenzen der älteren Generationen“ (Ferchhoff 1993:120) werden den heutigen Anforderungen nicht mehr gerecht: Jugendliche lernen und wissen Dinge, die Eltern nur durch dauernde Weiterbildung erwerben können (z.B. Mengenlehre, EDV, CAD/CAM/CNC-Technologien im handwerklichen Bereich, u.a.m.). Andererseits sind Erfahrungen der Eltern, gerade was Berufswegentscheidungen betrifft, aufgrund „neuer Muster der Zuordnung von Schulabschlüssen und Berufskarrieren“ (Baethge 1990:41) aus lebenspraktisch verwertbaren Gesichtspunkten veraltert.

Die andauernd geäußerten Forderungen an Eltern, sie müssten doch ihre Kinder bei der Suche nach zukunftsorientierten Berufen und Schullaufbahnen tatkräftig unterstützen erscheint vor diesem Hintergrund geradezu absurd. Denn gegenwärtig können weder BerufsberaterInnen noch ArbeitsmarktexpertInnen längerfristige Prognosen über Berufschancen angeben!

Die stark steigende Jugendarbeitslosigkeit, der zunehmende Mangel an offenen Lehrstellen in den Ländern mit einem dualen Ausbildungssystem und die damit drohende Freisetzung von Jugendlichen aus Ausbildung und Beruf betrifft immer mehr Jugendliche. Für sie verändern sich die Zugangschancen zum Lehrstellen- und Arbeitsmarkt drastisch und zwingen junge Heranwachsende, weitgehend auf sich alleine gestellt, zur Bewältigung einer unübersichtlichen und krisenhaften Lebenssituation.

Die wesentlichen Konsequenzen für die lebensweltliche Situation Jugendlicher werden in der öffentlichen Verhandlung der Lehrstellenproblematik kaum benannt (vgl. Krisch 1999, 2000):

Ausgeblendet wird, dass der Berufswunsch von Jugendlichen immer mehr zu einer Berufszuweisung transformiert wird. Berufswünsche, als Ausdruck bestimmter individueller Lebensentwürfe, finden kaum noch Berücksichtigung und müssen sich dem Primat freier Lehrstellen in ganz anderen Tätigkeitsbereichen unterordnen.

Kaum mehr diskutiert wird die schon immer bestehende Überforderung von 15-Jährigen, die zu einem biografisch denkbar frühen Zeitpunkt Bewerbungsschreiben formulieren, Vorstellungstelefonate entsprechend führen, Vorstellungsgespräche und Aufnahmetests bewältigen und eine zukunftsweisende Ausbildung wählen sollten. Haben hier Bewältigungsprobleme in der Vergangenheit zur Zuweisung gering qualifizierender Ausbildungsgänge geführt, ist heute die Konsequenz weitaus drastischer: nämlich keinen Zugang zum knappen Gut vorhandener Lehrstellen zu erhalten.

„Ausgeblendet wird auch, wie Jugendliche ohne Ausbildungsstelle mit einer Situation umgehen, die in der Lebensphase Jugend nicht ‚vorgesehen' ist und daher keinerlei Erfahrungen oder Abstützungen vorgibt. Heranwachsende sind mit dem Stigma ‚Arbeitslosigkeit' – ohne Rückgriff auf die lebensweltliche Erfahrung von ‚Arbeit' – konfrontiert und stehen vor der individuellen Aufgabe, einen Lebensplan ohne die sichernde Anbindung an einen Arbeits- oder Ausbildungsplatz zu entwerfen." (Krisch 2004:23)

Ein nicht unbeträchtlicher Teil von Jugendlichen muss in individualisierten Suchbewegungen mit einer Situation zu Recht kommen, in der es keinerlei Erfahrungen oder Abstützungen gibt. Krafeld spricht zu Recht davon, dass zum einen das

„Lebenskonzept, indem Erwerbsarbeit selbstverständliche und unersetzliche Grundlage und Grundvoraussetzung für ein gelingenderes Leben ist, und zum anderen eine Lebensrealität, in der genau diese Grundlage und Grundvoraussetzung immer öfter und länger fehlt und unerreichbar ist, in der es vielmehr normal ist auch mit Phasen der Erwerbslosigkeit zurechtkommen zu müssen" (Krafeld 2000:11) immer mehr auseinanderfallen.

Die brüchig werdenden Übergänge in Ausbildung und Beruf verändern somit gravierend die Sozialisationsbedingungen von Jugend und lassen Böhnisch/Schröer von „gesellschaftlicher Freisetzung" und einem „Perspektivenwechsel – vom Entstrukturierungs- zum Freisetzungsparadigma" (Böhnisch/Schröer 2001:188) – sprechen.

Jugendliche werden mit Problemstellungen konfrontiert, die im „traditionell jugendpädagogischen Modell des Moratoriums" (Böhnisch/Schröer/Thiersch 2005:147) nicht vorgesehen waren. Dies stellt eine bedeutende Veränderung der „äußeren strukturellen Rahmenbedingungen der Lebensphase Jugend" dar, die Schröer als „Entgrenzung von Jugend" (Schröer 2004) bezeichnet[43]: Durch die Übergangsproblematik an beiden Schwellen wird das Thema Arbeit, Arbeitssuche, Bildung, Platzierung zum zentralen Thema von Jugend und durchdringt diese. Schröer (2004:51) spricht in diesem Zusammenhang bezeichnenderweise von einer „Verarbeitlichung des Jugendalltags". Die Entwicklungsperspektive des Jugendalters wird von Entscheidungsnotwendigkeiten bezogen auf Berufswahl und Ausbildung

43 Während also die Beschreibung der „Entstrukturierung von Jugend" noch von einem Schonraum ausgeht, innerhalb dessen sich Lebenschancen und -wege ausdifferenzieren, lässt sich argumentieren, dass „die Entgrenzung von Arbeit somit zu einer Neuausrichtung der Vergesellschaftungsform Jugend führen kann" (Schröer 2004:45). Dies gilt besonders für den Zugang zur Ausbildung und Erwerbsarbeit, die „nicht mehr über selbstverständlich organisierte und gesicherte Statuspassagen läuft, sondern vom Individuum her im Kontext der alltäglichen Thematisierung seines Lebenszusammenhanges bewältigt werden muss" (Böhnisch 1994:50).

und damit einhergehenden Bewältigungsproblemen, die man bislang dem Erwachsenalter zuordnet, überformt. Damit lösen sich aber – so Schröer – die Begrenzungen des Jugendmoratoriums auf und die Freisetzung von Jugendlichen aus sichernden Strukturen erfährt eine weitere Zuspitzung.

> „Das Jugendalter stellt damit keinen Schonraum mehr dar, indem Jugendliche geschützt von den Zwängen der arbeitsgesellschaftlichen Verwertung ihrer Arbeitskraft ihre eigene Identität und Persönlichkeit mit stabilen Werthaltungen und fundierter Qualifikation herausbilden können und dabei ihre schulischen und beruflichen Integration auch mit der Entwicklung von Identität und Lebensperspektiven verknüpft ist. Dazu steht ihre späte Integration in die Arbeitsgesellschaft bzw. der Weg dahin viel zu sehr in Frage." (Oehme/Beran/Krisch 2006:47)

Jugendliche spüren, insbesondere im späten Jugend- bzw. jungen Erwachsenenalter, dass sie nicht mehr selbstverständlich arbeitsgesellschaftlich integriert werden. Sie sind auf ganz neue Art und Weise mit der Frage von Lehre und Arbeit konfrontiert und müssen hier, weitestgehend auf sich alleine gestellt, entsprechende Strategien und Lebenspläne entwerfen. Da der Übergang in Arbeit nicht mehr institutionell gewährleistet werden kann, wird er mehr und mehr zum „Projekt" im Leben jedes und jeder Einzelnen. Die Risiken des Übergangs sind stark individualisiert und die Sorge um die (spätere) Arbeit bzw. überhaupt die eigene ökonomische Selbstständigkeit beherrscht mehr und mehr die Handlungen Jugendlicher und überlagert die „klassischen" Jugendthemen wie Pubertät, Sexualität, Identitätsbildung usw. (vgl. Oehme/Beran/Krisch 2006:49).

Dies weitgehend ohne institutionelle Anbindungen, so dass sozialräumliche Zusammenhänge für die Entwicklung von Kompetenzen zum Umgang mit dieser Situation eine bedeutende Rolle spielen (vgl. Kreher/Oehme 2005, Oehme 2005). Das Leben mit bruchhaften Ausbildungs- und Erwerbsbiografien wird immer mehr zur Normalität jugendlicher Lebensverläufe (vgl. Krafeld 1999, Oehme 2005) und fließt als Motiv und Anlass in die Formen sozialräumlicher Aneignung ein, welche Handlungsoptionen, gesellschaftliche Teilhabe und biografische Perspektiven eröffnen sollen. Orte und sozialräumliche Kontexte bekommen Bedeutung als Beschäftigungs- und Betätigungsraum, als Orientierungszusammenhang, werden aber auch zum Medium für die Erfahrung von Selbstwert, Anerkennung und Selbstwirksamkeit[44], die in dem Maße nicht mehr über die Integration ins Ausbildungssystem gewonnen werden kann.

---

44 Dementsprechend umschreibt das in der neueren sozialpädagogischen Diskussion so zentral gewordene Paradigma *Lebensbewältigung* „... das Streben nach subjektiver Handlungsfähigkeit in Lebenskonstellationen, in denen das psychosoziale Gleichgewicht – als Zusammenspiel von positivem Selbstwertgefühl, sozialer Anerkennung und erfahrbarer Selbstwirksamkeit – gefährdet ist." (Arnold/Böhnisch/Schröer 2005:100)

Mit dieser *Freisetzung* von Jugend entsteht also ein bestimmter Vergesellschaftungstyp von Jugend, der nicht mehr so sehr über institutionelle Kontexte, sondern über Räume – als Ressourcen der Lebensbewältigung – vermittelt ist. Dies galt schon in den 1990er Jahren als Konsequenz von Individualisierungsprozessen:

> „Die Jugendlichen sind deshalb gezwungen, sich stärker an sozialräumlichen Kontexten zu orientieren, in denen sie die traditionalen institutionellen Orientierungsmuster für sich jeweils neu gewichten, verorten und andere Orientierungsmuster auffinden und einbeziehen können, um so zu jener personalen und sozialen Identität kommen zu können, welche die Sozialisationsinstitutionen heute – im Ablösungsprozess von der Familie, durch die Schülerrolle, durch die Arbeitsrolle – nicht mehr herstellen können." (Böhnisch/Münchmeier 1990:52)

Mit der zunehmenden Freisetzung von Bewältigungsherausforderungen und in dem Maß wie Institutionen an prägender Kraft verlieren, wird die jugendtypische Verwiesenheit auf sozialräumliche Kontexte – als alltagsweltliche Ressource, als Zugang zu Information, zu Beschäftigung, zu Beratungs- und Unterstützungsangeboten, aber auch als Öffentlichkeit für ihre Themen – noch bedeutender.

In den sozialräumlichen Aneignungsformen findet sich wieder, wie Jugendliche die „klassische Dialektik des Jugendalters zwischen Entwicklung und Freisetzung" (vgl. Schröer 2004) und den damit einhergehenden Widersprüchen bewältigen und wie sie dabei ihre subjektive Handlungsfähigkeit im Gesellschaftlichen ausbilden.

Sozialräumliche Methoden

Im methodischen Inventar einer sozialräumlichen Jugendarbeit spiegelt sich das, was bisher jugend- und sozialraumtheoretisch entwickelt wurde, auch operational in den Methoden wider: Der hier dargelegte theoretische Bezugsrahmen, die Aneignungsperspektive von Jugendlichen und die Vergesellschaftung im Raum stellen dabei ein reflexives Instrument dar, welches die Praxis der sozialräumlichen Jugendarbeit strukturiert: Die Perspektive des sozialräumlichen ‚Verstehens' führt zu einem räumlichen Blick auf den Stadtteil oder die Region und damit zur Entwicklung spezifischer Methoden einer sozialräumlichen Jugendarbeit. Dieses Verfahren, als *Praxisforschung* bezeichnet, ist gleichzeitig Analyse wie auch pädagogische Aktivierung. In dieser Wechselwirkung entfalten sich der spezifische Erkenntnisgewinn und die Dynamik sozialräumlicher Jugendarbeit.

Die Entwicklung des folgenden Methodenrepertoires ist in seiner methodologischen Begrifflichkeit dem Bereich der Praxisforschung zuzuordnen. Es charakterisiert sich durch zwei zentrale Bezüge. Einerseits wird versucht, analytisch die Aneignungsformen Jugendlicher in ihren Wechselwirkungen mit den gesellschaftlichen Raumdefinitionen zu erschließen und damit methodisch-empirisch die sozialräumliche Qualität jugendlicher Lebenswelten zu erfassen. Die Anwendung der Methoden findet andererseits aber direkt im ‚Feld' der Jugendarbeit – wo in der Interaktion mit Jugendlichen eine bestimmte Praxis der Jugendarbeit aufbaut wird – statt und löst in ihrer Anwendung verschiedene Prozesse der Auseinandersetzung mit Jugendlichen, Institutionen etc. aus. Die Methoden sind also gleichzeitig Forschungsinstrumente wie Instrumente der praktischen Arbeit: Sie erzeugen einerseits Erkenntnisse über Jugendliche und räumlich vermittelte gesellschaftliche Strukturen – auch über die Rolle und Funktion der Jugendarbeit – und sind andererseits Praxis der sozialräumlichen Jugendarbeit. Sie charakterisieren die spezifische methodische Qualität einer sozialräumlichen Jugendarbeit und können daher als sozialräumliche Methoden bezeichnet werden.

1. Erster Zugang: Den Prozess der Aneignung und Vergesellschaftung verstehen

In der analytischen Dimension geht es nicht darum, losgelöste Verhaltensweisen von Jugendlichen zu beschreiben und diese auf die Dichte jugendgerechter Infrastruktur zu beziehen. Vielmehr sollen die Methoden das komplexe sozialräumliche Spannungsfeld abbilden, welches das Aufwachsen von Kindern und Jugendlichen strukturiert:

> „Kinder und Jugendliche entwickeln sich vor allem auch über Prozesse sozialräumlicher Aneignung, in denen sie die räumliche Umwelt für sich zu entdecken und gestalten suchen, um sich zu erleben und zu erfahren. Gleichzeitig tritt ihnen diese räumliche Umwelt schon besetzt, gesellschaftlich vordefiniert und funktionalisiert gegenüber." (Böhnisch 2003: 171)

Der sozialökologische Ansatz, der eben davon ausgeht, dass „Umwelt das Verhalten definiert und damit Handeln beeinflusst" und umgekehrt „Verhalten und Handeln die Umwelt definieren" (Baacke 1999a:109) eröffnet uns auch methodische Möglichkeiten der „Beschreibung und Erklärung des Verhaltens Jugendlicher" (Baacke 1980:493).

Die Interpretation der Qualität von Räumen aus der lebensweltlichen Sicht von Jugendlichen rückt in den Vordergrund einer jugendzugewandten Methodik der Jugendarbeit. Denn die subjektive Wahrnehmung von Jugendlichen unterscheidet sich sehr stark vom institutionen- und rollenorientierten Blickwinkel von Erwachsenen und mitunter auch von einer architektonischen und stadtplanerischen Betrachtungsweise durch Fachleute.

Bronfenbrenner und Baacke (vgl. Bronfenbrenner 1981:38, Baacke 1999a: 108f.) fordern eine entsprechend phänomenologische Betrachtungsweise[45] ein. Nicht die objektiven Bedingungen, sondern das „Erleben ist wichtig", die „Art und Weise wie die Person die Umwelt wahrnimmt" (Bronfenbrenner 181:19f.) ist für deren Entwicklung und Handeln von Bedeutung. Dementsprechend rücken „Alltagserleben, Alltagserfahrung bzw. die subjektiven Sinnzuschreibungen und (Um-)Weltkonstruktionen" (Sander/Vollbrecht 1985:33) von Kindern und Jugendlichen in den Vordergrund des Erkenntnisinteresses. Dies nimmt auch Bezug auf die Arbeiten Muchows, die bereits 1935 in ihrem Forschungszugang genau diese Dimensionen aufnahm. Begriffe wie „umschaffen", „gelebte Welt", „Spielraum", „Streifraum", „Umnutzung" (vgl. Muchow 1998, Deinet 1999, Zinnecker 2001) stehen für Betrachtungsweisen, welche die subjektive Wahrnehmung sozialräumlicher Zusammenhänge von Kindern und Jugendlichen in den Vordergrund stellt.

Das Ziel der hier beschriebenen Verfahren ist es demnach, Verständnis dafür zu entwickeln, wie die Lebenswelten Jugendlicher in engem Bezug zu ihrem konkreten Stadtteil oder ihrer Region, zu ihren Treffpunkten, Orten und Institutionen stehen und welche Sinnzusammenhänge, Freiräume oder auch Barrieren Jugendliche in ihren Gesellungsräumen erkennen. Der Fokus des Erkenntnisinteresses richtet sich auf die Deutungen, Interpretatio-

45 vgl. dazu auch die Analogie zum phänomenologischer Zugang Simmels

nen, Handlungen und Tätigkeiten von Heranwachsenden im Prozess ihrer Aneignung von Räumen.

Dies beinhaltet immer auch, den Blick nicht nur auf Kinder und Jugendliche, sondern auch auf deren Chancen, sich Räume anzueignen, zu werfen. Die Deutungen von Jugendlichen müssen daher immer auch vor dem Hintergrund der Funktionsbeschreibungen und Einflüsse der politisch-institutionellen Öffentlichkeiten interpretiert werden. Eine zentrale Rolle in der Definition der Chancen, Möglichkeiten oder Barrieren eines Sozialraumes spielen – wie sich zeigen lässt – die ansässigen Institutionen. Sie können Aneignungsmöglichkeiten fördern oder einfordern, entsprechende Angebote setzen oder verhindern, prägen aber auch die öffentliche Meinung sowohl über Kinder und Jugendliche und deren Problemstellungen, wie auch über die Bedeutung und Funktion der Jugendarbeit.

In den methodischen Bezügen sind daher signifikante jugend- und sozialraumtheoretische Hypothesen, sowie Annahmen zum Verhältnis von Jugend und Institutionen enthalten.

So werden mit der Methode der *Stadtteilbegehung mit Jugendlichen* nicht nur die Handlungsräume und die Aneignungsformen vor Ort sichtbar. Verschiedenste räumliche Zuschreibungen der Jugendlichen werden von ihnen dargelegt und können in ihrer Unterscheidung zwischen Motiven und entsprechenden Vergesellschaftungsformen wahrgenommen werden: Es lassen sich die Bedeutungen und Strukturen von „ökologischen Zonen“ (Baacke) verschiedener Jugendkulturen, Altersgruppen und Geschlechter, der Grad der Verwiesenheit auf Cliquenräume oder öffentliche Räume, subjektive Raumqualitäten mit spezifischen Ressourcen der Lebensbewältigung, aber auch andere Wechselwirkungen zwischen Aneignung und gesellschaftlich verfassten, räumlichen Strukturen in Erfahrung bringen.

Über vorgeschaltete Erkundungsgänge, bei denen JugendarbeiterInnen – im Verfahren der *Strukturierten Stadtteilbegehung* – ohne jugendliche Begleitpersonen den Stadtteil betrachten, wird der Fokus auf sozialräumliche Zusammenhänge gerichtet. Aus der Perspektive der Fachkräfte der Jugendarbeit können sowohl objektive städtebauliche Strukturen und infrastrukturelle Gegebenheiten erforscht, wie auch sozialraum- und jugendtheoretische Überlegungen angestellt und Annahmen über mögliche Formen der Wechselwirkungen zwischen räumlichen Gegebenheiten und jugendlichen Aneignungsformen in spezifischen Regionen entwickelt werden. Diese können dann in den nachfolgenden *Stadtteilbegehungen* mit Jugendszenen überprüft bzw. relativiert werden.

Auch mit der Methode des *Cliquenrasters* wird versucht, die Wechselwirkungen zwischen Clique und Raum abzubilden. Der Zusammenhang zwischen Clique *und* Raum stellt ja einen zentralen Orientierungsrahmen unter individualisierten Lebensbedingungen dar und ist der Ort an dem Selbstwert, Anerkennung und Wirksamkeit auf der Ebene der Jugendszene eingelöst werden kann. Die damit verbundenen Gespräche werden in Gruppenzusammenhängen geführt, bezugnehmend auf die operationelle These, dass sich in Gruppendiskussionen die spezifische Gesellungsform von Jugendlichen abbilden kann.

Um aber neben der Perspektive der Jugendlichen auch gesellschaftliche Verfasstheiten und Zugänge abzubilden, die den Sozialraum und damit die Aneignungsprozesse der Jugendlichen bestimmen, werden auch Erwachsene, meist VertreterInnen von Institutionen oder StadtteilbewohnerInnen befragt. Aus unserem raumsoziologischen Zugang wissen wir, dass nicht nur bestimmte Raumformen Vergesellschaftungsprozesse begründen, sondern diese auch in einem soziologischen Sinne Wirkungen entfalten. Sowohl die *Institutionenbefragung* wie auch die *Fremdbilderkundung* versuchen diese Raumbestimmtheiten, die z.T. von Erwachsenen bestimmt, erzeugt oder reproduziert werden, zu verstehen. Während die *Fremdbilderkundung* die Zuschreibungen und Images des sozialräumlichen Zusammenhanges ‚Jugendarbeit' erforscht, interessierten uns bei der *Institutionenbefragung* generell die Einschätzungen und das Wissen über jugendsoziologische und sozialräumliche Zusammenhänge seitens der MitarbeiterInnen von Einrichtungen in einer Region: werden Wechselbeziehungen zwischen Cliquen und Raum, beispielsweise als Medium der Konstituierung als Clique, der entwicklungsbedingten Abbildungen im Raum, oder auch Räume als Ressource der Lebensbewältigung verstanden, oder aber auch Ausdifferenzierungen von Jugendcliquen im Stadtteil mit jeweils unterschiedlichen Aneignungsformen wahrgenommen? Die Ausdifferenzierungen von Jugendkulturen bildet auch das Cliquenraster ab, in dem Betätigungen, Gesellungsformen, Bedarfe – auch vor dem Hintergrund individualisierter Lebensverläufe – in Zusammenhang zu bestimmten räumlichen Ausformungen gebracht werden.

Ebenso greifen auch die Methoden der *Subjektiven Landkarten*, der *Autofotografie*, der *Zeitbudgets* oder der *Jugendkulturenraster* die verschiedenen Ebenen jugendkultureller Ausdrucksformen auf und führen methodisch zur Abbildung jugendlicher Raumbestimmungen und Aneignungsformen.

2. Zweiter Zugang: Die Anwendung der Methoden als Praxis der Jugendarbeit

Die Durchführung der Methoden findet im Rahmen und mit den Möglichkeiten der Jugendarbeit statt. Der/die JugendarbeiterIn ist damit – im Unterschied zu einer/m ForscherIn – in ein spezifisches Interaktionsgeschehen eingebunden, welches im Rahmen (im ‚Raum') der Jugendarbeit stattfindet. Der analytische Blick – mit der Perspektive des sozialräumlichen Verstehens – fließt in die Interaktion der Jugendarbeit in Form verschiedener Methoden ein und bezeichnet so ein bestimmtes Interaktionsmuster mit den

Jugendlichen. Dieses ist sowohl durch den Versuch des Verstehens jugendlicher Aneignungsformen gekennzeichnet, als auch durch das Wissen über gesellschaftliche Raumbestimmtheiten, die das Verhalten Jugendlicher beeinflussen.

Die Anwendung der Methoden ist daher bereits eine Form der Praxis einer sozialräumlichen Jugendarbeit. Sie setzt den Kontakt zu Jugendlichen voraus bzw. bedingt ihn. Jugendliche werden im Rahmen der Verfahren beteiligt und aktiviert (vgl. Deinet 2005:72), und es wird Verständnis für deren Lebenswelten in ihrem sozialräumlichen Kontext – in strukturierter Form – hergestellt. Dieses Wissen erwirkt dann in weiterer Folge die besondere Pädagogik der sozialräumlichen Jugendarbeit, die eben bestimmte Bezüge aufnimmt und sich in spezifischen Angeboten ausdrückt – beispielsweise in der Wahrnehmung eines jugendpolitischen Mandats, dem Aufbau von Vernetzungszusammenhängen, dem Ausbau „herausreichender"[46] Arbeitsansätze (vgl. Krisch 1999a), dem Arrangement bestimmter sozialräumlicher Qualitäten im Jugendzentrum etc.

Die Durchführung von Methoden der Sozialraumanalyse ist aber auch aus der Sicht der Jugendlichen ein Ausdruck von Jugendarbeit: JugendarbeiterInnen setzen sich in ein diskursives Verhältnis zu ihnen. Dieses ist dadurch geprägt, subjektive Deutungen, Wahrnehmungen und Interpretationen zu verstehen und den Blickwinkel der Jugendlichen auf ihre Sozialräume begreifen zu wollen. Diese Intention bildet sich auch als zentrales didaktisches Element in einigen Methoden ab. Gerade Verfahren wie die *Subjektiven Landkarten*, die *Autofotografie* oder das *Zeitbudget* charakterisieren sich durch andauernde „Nachfrageschleifen", die zu intensiven Auseinandersetzungen zwischen Jugendlichen und JugendarbeiterInnen führen. Zudem finden diese Anwendungen der Sozialraumanalyse oft auch direkt in Form von kleinen Projekten in den Räumen der Jugendarbeit statt und sind für Jugendliche daher Teil der Angebote der Jugendarbeit.

Die besondere Dynamik dieser Vorgehensweise entsteht natürlich auch dadurch, dass dabei von den Jugendlichen, aber auch von der Jugendarbeit selbst, ihre Rollen, ihre gesellschaftlichen Funktionen, Erwartungen etc. thematisiert werden. JugendarbeiterInnen sind eben auch Teil des vergesellschafteten Raumes und Jugendarbeit damit selbst Medium räumlicher Interaktionen im Spannungsfeld jugendlicher Aneignung und gesellschaftlicher Strukturen.

Modellhaft gesprochen konstituiert sich sozialräumliche Jugendarbeit offensichtlich in einem ‚dynamischen Dreieck' mit den Eckpunkten Aneig-

46 Der Begriff „herausreichend" beschreibt sehr stimmig die Praxis einer sozialräumlichen Jugendarbeit eines Jugendzentrums. Ich habe ihn von Specht übernommen, der ihn Anfang der 1990er Jahre – so glaube ich mich zu erinnern – in einem mir nur kurz zugänglichen Artikel als mobilen Arbeitsansatz der standortbezogenen Jugendhäusern bezeichnete und einforderte.

nungsdynamik der Jugendlichen, Definitionsdynamik der Gesellschaft und Interaktionsdynamik der Jugendarbeit.

Abb. 2: Das ‚dynamische Dreieck' der sozialräumlichen Jugendarbeit

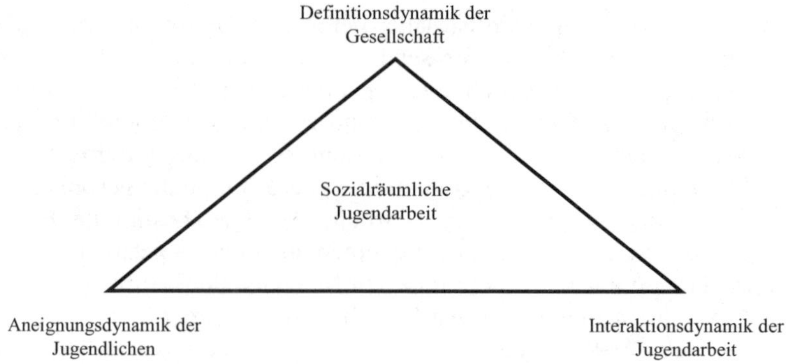

Der Kontakt zu Jugendlichen wird hergestellt, lebens- und alltagsweltliche Themen in jugendadäquater Weise aufgegriffen, diese in einen sozialräumlichen Bezug zu gesellschaftlichen Bedingungen gesetzt und pädagogische Arrangements entwickelt, die im Austausch zwischen Jugendlichen, JugendarbeiterInnen und Institutionen die Aneignungsprozesse Jugendlicher unterstützen und erweitern. Die Durchführung der sozialräumlichen Methoden führt aber auch zu intensiven Gesprächen mit Heranwachsenden über den Stadtteil, holt ihn gleichsam in die Jugendarbeit und wird zum Thema der Jugendarbeit, genauso wie sie selbst zum Medium von Aneignungsprozessen wird.

Abschließend sei aber angemerkt, dass es von großer Bedeutung erscheint, in der Interaktion selbst, die Ebene der Forschung nicht mit jugendarbeiterischer Praxis zu verquicken. Bei einer Stadtteilbegehung mit Jugendlichen geht es beispielsweise darum, einen ethnographischen Blick zu bewahren (vgl. Lindner 2000:72, Girtler 2002, Hitzler 2000) und sich von Jugendlichen den Stadtteil erklären zu lassen. Während dieser Begehung sollen zwar Deutungen, Aussagen und Einschätzungen der Jugendlichen nachgefragt werden, es soll aber nicht über zukünftige Interventionsformen der Jugendarbeit diskutiert werden. Dies kann erst nach Abschluss der Begehung und der darauf folgenden Auswertung ein Thema werden. Die bei der Darstellung der Methoden betonte Notwendigkeit der Verschriftlichung und Dokumentation der Ergebnisse kann diese Haltung verdeutlichen.

Die folgende Darstellung der Verfahren spiegelt daher auch wider, wie sich diese Praxisforschung kontextualisiert. Sie orientiert sich an der Praxis der Jugendarbeit und versucht jeweils deren Intention und Erkenntnisinteresse zu beschreiben und konkrete Handlungsschritte und Fragestellungen bei ihrer Durchführung aufzugreifen. Anhand von exemplarischen Beispielen werden deren Anwendung im Kontext der Jugendarbeit dargestellt und deren Ergebnisse zusammengefasst.

Der größere Teil der ausgewählten Methoden[47] – die *Stadtteilbegehung mit Jugendlichen*, die *Nadelmethode*, die *Subjektiven Landkarten*, die *Autofotografie,* das *Zeitbudget* – stellt den subjektiven Blick und die lebensweltlichen Interpretationen bedeutender Orte und sozialräumlicher Zusammenhänge aus der Sicht von Kindern und Jugendlichen in den Vordergrund. Die *Strukturierte Stadtteilbegehung* versucht deren spezifische Interpretationen durch den Blickwinkel der JugendarbeiterInnen zu relativieren. Das *Cliquenraster* beschreibt in einer sehr differenzierten Form die Jugendkulturen des Stadtteils oder der Region. Die Methoden der *Institutionenbefragung* und die *Fremdbilderkundung* erkunden die Sichtweisen der bestimmenden Öffentlichkeiten über die Situation der Heranwachsenden.

Obwohl die Verfahren[48] ganz verschieden sind, weisen sie ähnliche Intentionen auf und können daher immer wieder aufeinander bezogen bzw. auch Elemente einer Methode in die Anwendung eines anderen Verfahrens integriert werden. Die Verfahren lassen sich aber auch aufeinander beziehen und führen in ihrer Verknüpfung zu komplexen Bildern sozialräumlicher Zusammenhänge, wie im abschließenden Kapitel gezeigt wird.

Bei den hier vorgestellten Methoden handelt es sich um Verfahren, die in der Jugendarbeit von Fachkräften angewandt werden können und sich in der Praxis bewährt haben. Diese Methoden sind an qualitative Forschungsmethoden – beispielsweise der Befragung oder der teilnehmenden Beobachtung – angelehnte Verfahren (vgl. dazu Lindner 2000:6f.), die sich aus der Dynamik der Jugendarbeit entwickelt haben. Die Methoden, als spezifische Form der Praxisforschung der sozialräumlichen Jugendarbeit, lassen sich der qualitativen Sozialforschung zuordnen und finden in der „ethnographischen Arbeitsweise" (Schumann 1998:196) ihr Vorbild.

Dementsprechend sind diese Verfahren den alltagsweltlichen Ausdrucksformen der Jugendlichen angepasst, beinhalten in der Kontaktaufnahme bzw. Durchführung animative Elemente, beteiligen Jugendliche und lassen sich ohne großen Aufwand im Stadtteil oder auch in der Einrichtung durchführen. Um aber zu verwertbaren Ergebnissen zu kommen, wird diesen Methoden auch eine entsprechende Form der Ergebnissicherung und Auswer-

47 Die vorliegende Arbeit verfolgt nicht das Ziel, umfassend alle Methoden einer sozialräumlichen Jugendarbeit darzustellen. Am Beispiel ausgewählter und in der Praxis weiterentwickelter Methoden soll gezeigt werden, wie das Spannungsverhältnis zwischen Aneignung und Vergesellschaftung aufgegriffen wird.

48 Einige Methoden, wie die *Strukturierte Stadtteilbegehung*, die *Fremdbilderkundung*, die *Institutionenbefragung* oder die *Zeitbudgets von Jugendlichen* wurden neu entwickelt. Andere Methoden, die z.T. auch nur als kurze Beschreibungen oder Ideenskizzen vorlagen, wurden durch andauernde Praxisreflexionen – unterstützt durch den kontinuierlichen fachlichen Austausch mit Ulrich Deinet – über mehrere Jahre sukzessive weiterentwickelt, ausdifferenziert oder auch neu gestaltet.

tung zugrunde gelegt. Vorgeschlagen werden hier aber auch pragmatische Zugänge, die sich vor allem auf die Dokumentation und Interpretation von gesammeltem Datenmaterial beziehen. Eine eineinhalb-stündige *Stadtteilbegehung* mit Jugendlichen wörtlich zu transkribieren, ist in der Jugendarbeit weder machbar noch zielführend. Mit allen Cliquen eines Parks Interviews zu machen, auch nicht. Daher sind auch praktischen und einfach durchführbaren Formen der Auswertung in den jeweiligen Beschreibungen der Methoden breiter Platz eingeräumt.

Für die Darstellung der einzelnen sozialräumlichen Methoden wurde folgende Struktur gewählt:

In der einleitenden ‚Kurzbeschreibung' werden Methode und Zielsetzungen in einem Überblick zusammengefasst. Unter dem Titel ‚Fokus/Erkenntnisinteresse' wird sodann der Zugang des Verfahrens erörtert und im Kontext der theoretischen Voraussetzungen und Annahmen – eingangs umfangreich dargelegt – verortet. Im Kapitel ‚Die Methode im Feld' werden die notwendigen Ressourcen, die Durchführung und die Erfahrungen mit der Methode dargestellt. Anhand der Beschreibung einiger Beispiele aus bereits durchgeführten Projekten[49] der Praxisforschung soll jeweils abschließend ein plastisches Bild der Anwendung gezeigt werden.

3. Darstellung der Methoden

3.1 Nadelmethode – Mobiles Nadelprojekt

3.1.1 Kurzbeschreibung

Die Nadelmethode ist ein animatives Verfahren zur Bezeichnung von charakteristischen Orten auf einem Stadtplan. Dabei werden von Kindern, Teenies, Jugendlichen oder auch von Erwachsenen verschiedenfarbige Steck- oder Pinnnadeln auf einer Stadtteilkarte angebracht, um ausgewählte Orte, wie Wohnorte, Treffpunkte, gemiedene Räume etc. in der Region zu bezeichnen. Bestimmte Farben der Nadeln entsprechen bestimmten Merkmalen, wie Geschlecht, Alter oder anderen Zuordnungen. Dies lässt dann bei der Auswertung differenzierte Aussagen über unterschiedliche Bewertungen bestimmter Zielgruppen zu.

49 Alle hier beschriebenen Projekte beziehen sich auf Einrichtungen des Vereins Wiener Jugendzentren (VJZ), welche jeweils namentlich genannt werden. Einige Methoden wurden mit StudentInnen der Fachhochschule Campus Wien, Studiengang Soziale Arbeit im Rahmen verschiedener Lehrveranstaltungen und in Zusammenarbeit mit den Teams der Jugendzentren, Jugendtreffs oder der Mobilen Jugendarbeit des VJZ durchgeführt.

Die Nadelmethode kann jederzeit in einer Jugendeinrichtung, in einer Schule, aber auch im Freien – der Stadtplan ist dann auf einer mobilen Stellwand befestigt – durchgeführt werden und führt unmittelbar zu Ergebnissen.

Eine besondere Ausformung stellt das *Mobile Nadelprojekt* dar: Mittels einer handlichen Styroporplatte, etwa in A3-Format, und einem darauf befestigten Stadtplan können junge oder erwachsene PassantInnen im öffentlichen Raum angesprochen und zum ‚Nadeln' gebeten werden. Dies führt zumeist auch zu ersten Gesprächen und erlaubt so – neben der Visualisierung bestimmter sozialräumlicher Zusammenhänge – erste Interpretationen über den Stadtteil. Erfahrungsgemäß ist das Mobile Nadelprojekt sehr animierend, regt zu Nachfragen an und erleichtert so Zugänge auch zu unbekannten Menschen.

3.1.2 Fokus/Erkenntnisinteresse

Die Nadelmethode ist wahrscheinlich das bekannteste Verfahren im Kontext von sozialräumlichen Methoden oder Sozialraumanalysen. Ihre besondere Qualität liegt zum einen in ihrer aktivierenden und animierenden Wirkung bei Kindern, Jugendlichen, aber auch Erwachsenen. Es macht offensichtlich Spaß sich mit Steck- oder Pinnnadeln in einer Karte an einer bestimmten Stelle abzubilden und es erfordert keine besonderen Fertigkeiten – man/frau muss weder schreiben, zeichnen noch argumentieren. Zu ‚nadeln' braucht auch wenig Zeit und ist unverbindlich. Zum anderen führt die augenblickliche Visualisierung der Bedeutung verschiedener Orte – sofort wird der Stadtteil dreidimensional – sehr oft zur Kommunikation über den Stadtteil oder die genadelte Region. Es bilden sich durch die verschiedenfarbigen Nadeln sehr schnell räumliche Strukturen heraus, die mit jeder weiteren Nadel zu einer genaueren Beschreibung führen.

Allerdings sagen die Positionen der Nadeln erst mal wenig über die spezifische Qualität des bezeichneten Ortes aus. Diese kann mit zusätzlichen Verfahren oder anderen Methoden in Erfahrung gebracht werden. Darüber hinaus sind auch Aussagen über die Validität der Ergebnisse mit bestimmten Einschränkungen verbunden. Es kann beispielsweise ein bereits bezeichneter Ort dazu einladen, ebenfalls dort Nadeln zu positionieren, oder aber es besteht kein Interesse Plätze sichtbar zu machen.

Die Nadelmethode kann verschiedenste Ziele verfolgen. Es kann darum gehen,

- erste Erkenntnisse über bestimmte sozialräumliche Gegebenheiten in unbekannten Regionen zu erhalten – diese können dann Ausgangspunkt weiterer Anwendungen von sozialräumlichen Methoden sein,
- Diskussionen und Gespräche über die sozialräumlichen Qualitäten eines Stadtteils, über mögliche Aneignungsformen, über unterschiedliche Jugendkulturen etc. auszulösen,

- in einer homogenen Gruppe (beispielsweise SchülerInnen einer Klasse, BesucherInnen einer Jugendeinrichtung etc.) Aussagen über relevanten Orte und Plätze zu erhalten,
- im öffentlichen Raum – mit dem Mobilen Nadelprojekt – Kontakte herzustellen und sich bekannt zu machen,
- die Nadelmethode kann aber auch in Form eines in sich geschlossenen Projektes bestimmte Fragestellungen hinlänglich beantworten.

Dementsprechend ist je nach Intention des Projektes und der Form der Durchführung die Aussagekraft der Ergebnisse verschieden zu bewerten. Dient die Nadelmethode beispielsweise als erster Schritt, um informelle Orte und Treffpunkte im Stadtteil in Erfahrung zu bringen, deren Ergebnisse in der Folge durch andere Methoden weiter erforscht werden, ist bereits eine geringe Zahl von Nadeln von Bedeutung. Soll hingegen das Einzugsgebiet aller BesucherInnen einer Einrichtung oder der Bekanntheitsgrad einer Jugendeinrichtung bei den SchülerInnen einer nahe gelegenen Schule erforscht werden, muss eine festzulegende Anzahl von Bewertungen erreicht werden.

Natürlich kann das Verfahren mittels einer erweiterten Stellwand durch andere inhaltliche Fragestellungen, wie präferierte Freizeitaktivitäten an bestimmten Orten, die ebenfalls genadelt werden, erweitert werden.

Die ursprüngliche Idee des ‚Nadelns' lässt sich auf Ortmann zurückführen. Ortmann bezeichnet die Nadelmethode „als eine praktische Methode die sozialräumliche Verankerung von ‚Offenen Türen' festzustellen" (Ortmann 1991:396). Ausgangspunkt seiner ursprünglichen Überlegungen war, ein Verfahren der Datenerhebung zu entwerfen, welches in einer animativen und einfachen Art und Weise („Heute schon genadelt?", ebd.) Auskünfte über Wohn- und Freizeitorte von Kindern und jugendlichen BesucherInnen einer Jugendeinrichtung ermittelt.

Die Anwendung der Nadelmethode konnte mittlerweile in vielen Projekten stark ausdifferenziert werden und beschränkt sich thematisch nicht mehr nur auf die Dimensionen „Wohnort" und „Freizeitorte", wie bei Ortmann ursprünglich vorgesehen. Wie abschließend in einigen Beispielen dargelegt, lassen sich durch eine geeignete Kombination von spezifischen Merkmalen mit bestimmten Farben der Nadeln, oder die Verwendung verschiedener Kartendimensionen alle möglichen sozialräumlichen Zusammenhänge erschließen.

3.1.3 Die Methode im Feld

Ein Bezirks- oder Stadtplan wird auf einer Styroportafel an der Wand oder einer großen Stellwand befestigt. Die Auswahl des Maßstabes ist, soweit dies aufgrund des verfügbaren Kartenmaterials überhaupt möglich ist, von großer Bedeutung und richtet sich nach dem Erkenntnisinteresse des Nadelprojektes.[50] Je kleiner der Maßstab, desto präziser und damit besser erkennbar sind die Strukturen der Siedlung. Dies wäre beispielsweise bei einem Projekt mit jüngeren Jugendlichen, die ihre präferierten Freizeitsorte in der nächsten Umgebung der Jugendeinrichtung nadeln sollen, von Relevanz. Steht aber z. B. der ganze Bezirk oder die Region in Hinblick auf die Frage nach dem beliebtesten Aufenthaltsort am Sonntag bei Jugendlichen zur Diskussion, ist ein Plan mit einem großen Maßstab notwendig.

Die Farbauswahl sowie die Anzahl der Pinnnadeln oder Stecknadeln mit bunten Köpfen ergeben sich aus der Zielsetzung des Nadelprojektes.

Bei der konkreten Durchführung geben die JugendarbeiterInnen den Beteiligten die Nadeln in den entsprechenden Farben (beispielsweise Mädchen; unter 15; zu nadeln ist der Lieblingsort = blau; Junge; über 16; zu nadeln ist der Lieblingsort = grün) und fordern sie auf, diese am gewählten Ort zu befestigen. Oft ist Unterstützung nötig, um den gewünschten Ort auf der Karte auch zu finden. Wird ein derartiges Projekt mit Kindern durchgeführt, muss generell mehr Zeit aufgewendet bzw. der Einsatz mehrerer MitarbeiterInnen eingeplant werden.

Wichtig ist es immer bei der Pinnwand zu stehen, um gegebenenfalls zu unterstützen, aber auch zu verhindern, dass bereits gepinnte Nadeln wieder umgesteckt werden. Sicherheitshalber kann zwischendurch auch eine Digitalfotografie von der bereits genadelten Karte angefertigt werden. Um Zwischenergebnisse zu sichern, empfiehlt es sich, die Nadeln durch gleichfarbige Klebepunkte zu ersetzen. Dies erleichtert auch eine spätere Auswertung – beispielsweise auch mit den Befragten – bei der die Karte dann auch von der Stellwand entfernt werden kann. Natürlich kann die digitale Abbildung der bearbeiteten Wand auch direkt am PC-Bildschirm interpretiert werden.

Bei manchen Nadelprojekten können auch verschiedenfarbige Gummiringe verwendet werden, um mehrere Pinnnadeln zu umspannen und so einen sozialräumlichen Zusammenhang abzustecken. Sie können aber auch zwei Nadeln verbinden und solcherart Mobilitätsströme – beispielsweise zwischen Wohnort und präferierten Aufenthaltsorten – kennzeichnen. Um auch Orte zu erfassen, die außerhalb des angebrachten Stadtplanes liegen, können Zusatzkärtchen an den Rändern des Stadtplanes angebracht werden, die für angrenzende Regionen stehen.

Da der Stadtplan und die bunten Nadeln in der Regel großes Interesse erwecken und gerne ‚genadelt' wird, bietet sich natürlich an, die gewonnene Aufmerksamkeit gleich für weitere Befragungen oder Gespräche über die sozialräumlichen Qualitäten der festgelegten Orte zu nutzen. Es können

50 Natürlich ist der Maßstab auch von der Art des Nadelprojektes abhängig. Bei der Nutzung einer tragbaren Styroporplatte im Rahmen eines Mobilen Nadelprojektes bestimmt deren Größe den Maßstab.

aber auch andere Fragestellungen mit den Orten in Verbindung gebracht und auf einer weiteren Stellwand inhaltliche Positionierungen – z. B. präferierte Freizeitaktivitäten – durch weitere Nadelsetzungen in entsprechenden Feldern auf einer zusätzlichen Stellwand abgefragt werden. Dabei können Aktivitäten aufgelistet werden und mit einer Nadel die Präferenz ausgedrückt werden.

Beispielsweise[51] konnten Jugendliche einerseits „*Wo bist du am liebsten in deiner Freizeit in Essling?*" ‚nadeln', und auf einer eigens aufgestellten Zusatztafel mit fünf Freizeitaktivitäten – nämlich *Sport, chillen, spazieren gehen, Freunde treffen und fernsehen, Computer* – konnten sie ihre Beschäftigungen an diesen Orten auch qualitativ ‚nadeln'.

Das Nadelverfahren kann aber auch als Ergänzung für andere Methoden dienen. „Die Nadelmethode eignet sich für einen Methodenmix, etwa in der Kombination mit einer Cliquenbeobachtung oder einem Cliquenportrait" (Ortmann in Deinet 1999:76f.). Auch zur Illustration von Jugendkulturenrastern, die mit Schulklassen gefertigt werden, kann ‚genadelt' werden.

Das ursprüngliche Nadelprojekt: Festlegung des Einzugsbereiches der BesucherInnen einer Jugendeinrichtung

Das ursprüngliche Nadelprojekt, so wie es von Ortmann 1991 durchgeführt wurde, erlaubt die Festlegung des Einzugsbereiches der BesucherInnen einer Jugendeinrichtung und ermöglicht einen Überblick über präferierte Freizeitorte.

Tab. 1: Beispiel Nadelmethode Ortmann

	bis 14 J. weibl.	bis 14 J. männl.	über 14 J. weibl.	über 14 J. männl.
Wohnung	weiß	rot	schwarz	grün
Lieblingsort	blau	orange	braun	gelb

Dabei wurde und wird in der Einrichtung der Jugendarbeit ein großer Stadt(teil)plan auf einer Stellwand befestigt, verschiedenfarbige Nadeln aufgelegt und „die BesucherInnen aufgefordert, mit farbigen Nadeln – nach Geschlecht und Alter differenziert – auf einem vorbereiteten Stadtplan die Wohnung und den liebsten Aufenthaltsort zu markieren" (Ortmann 1991:398). Die Nadeln hatten bei Ortmann entsprechend der Altersstufen 6 bis 14 Jahre und ab 14 Jahre unterschiedliche Farben und wurden zudem dem Geschlecht zugeordnet. Nach der Aufforderung an Kinder und Jugendliche – „Habt ihr schon genadelt?" –, diese Orte auf dem Stadtplan zu su-

51 Nadelprojekt im Stadtteil ‚Essling', durchgeführt von Ruth Lindtner und Mihajlo Grbavac vom Team des Jugendzentrums Hirschstetten

chen und mittels der Nadeln zu bezeichnen, konnte hier ein genauer Einblick über das Einzugsgebiet der Jugendzentrums-BesucherInnen erworben werden. Zum anderen konnte, differenziert nach Mädchen, Burschen und Altersgruppen, festgestellt werden, welche informellen und formellen Orte im Freizeitbereich Bedeutung haben bzw. erlangen.

Bezüglich der Lieblingsorte resp. der Wohnung machte Ortmann eine wichtige Erfahrung mit der Methode, die tatsächlich eine besondere Vorsorge erfordert:

> „Interessiert man sich für Lieblingsorte und informelle Treffs, dann muss man Jugendhaus und eigene Wohnung als Nadelorte ausschließen (weil die sonst meist als Lieblingsort genannt werden). Will man also Informationen über den Einzugsbereich der Einrichtung haben, so sollte man unbedingt nach der Wohnung fragen und zusätzlich nach anderen Lieblingsorten." (Ortmann in Deinet 1999:76f.)

Bei Kindern zeigt sich aber, aufgrund ihrer doch noch eingeschränkten Handlungsräume, dass diese doch als Lieblingsort zumeist entweder den Kinder- und Jugendtreff oder den Wohnort ‚nadeln'.

Nadelprojekt Jugendtreff J.at : Wohnort/Lieblingsort/gemiedene Orte

Im folgenden Beispiel des Jugendtreffs J.at[52] wurde eine weitere Kategorie zugefügt bzw. auf zwei Karten genadelt. Genadelt wurde zum einem der Wohnort, zum anderen der Lieblingsort und zum dritten ungeliebte oder gemiedene Orte. Unterschieden wurde zwischen Jugendlichen und Teenies, denen jeweils eigene Stadtpläne vorgelegt wurden. Dies sollte einerseits mehr Übersichtlichkeit schaffen, andererseits aber die jüngeren Jugendlichen unbeeinflusst von den Abbildungen der „Älteren" lassen.

Die folgenden Interpretationen der Ergebnisse bilden gut die (sozialräumliche) Qualität des Nadelprojektes ab, die doch sehr präzis die verschiedenartigen altersbedingten Mobilitätsformen von Jugendlichen beschreiben kann.

- *Zielgruppe Jugendliche: (genadelt wurde von 14- bis 19-jährigen Jugendlichen, siehe Abbildung 3)*

Ein Großteil – nahezu 70 % der jugendlichen BesucherInnen der Einrichtung – wohnen im ‚Volkert-/Alliiertenviertel', dem erweiterten Stadtteil. Einige Jugendliche wohnen außerhalb dieses Gebietes, hier gehen wir davon aus, dass diese Jugendlichen zum Teil im ‚Volkert-/Alliiertenviertel' gewohnt haben bzw. noch da in die Schule gehen. Viele Jugendliche, die in dieser Gegend in die Schule gehen und weiter weg wohnen, besuchen die Jugendeinrichtung.

---

52 Das Nadelprojekt wurde im Rahmen einer Sozialraumanalyse vom Team des Jugendtreffs J.at durchgeführt. Ihre Erfahrungen legten sie in Form eines Interviews dar.

Wichtigster Treffpunkt ist der ,Volkertmarkt', der Platz vor dem Jugendtreff J.at, einige Jugendliche halten sich in benachbarten Parks, am ,Karmelitermarkt' bzw. in der ,Odeongasse' auf. Diese Orte werden aber von bestimmten Jugendcliquen auch als unbeliebt genadelt und beschrieben. Als unbeliebte Orte wurden zum Teil Räume genadelt, welche die Jugendlichen nicht kennen. Auch andere Ereignisse dienen als Grund einen Ort als unbeliebt zu bezeichnen, wie beispielsweise ein Sportplatz nahe dem Donaukanal, weil: „Hier fliegt der Ball dauernd ins Wasser", der ,Max-Winter-Platz', der sei „ zu weit weg!", oder das Kinderfreibad, „weil dort Kinder sind". Auch die Schule wird oft als gemiedener Ort genadelt.

Zu beobachten ist auch, dass von manchen Cliquen bestimmte Plätze als sehr positiv wahrgenommen werden, von anderen abgelehnt werden. Auffällig ist auch, dass im ,Augarten', einer riesigen, mit Mauern umgebenen Parkanlage, relativ viele schwarze Nadeln angebracht wurden – offensichtlich ruft die große Ausdehnung verschiedenste Ängste hervor. Als negativer Ort wurde auch das Gelände des ,Nordwestbahnhofs', eines unwegsamen, nicht einschaubaren Gebietes genannt.

Abb. 3: Beispiel: Nadelprojekt J.at, Jugendliche

- *Zielgruppe Teenies: (genadelt wurde von 11- bis 14-Jährigen, siehe Abbildung 4)*

Nahezu 80 % der Teenies wohnen im nächsten Umfeld des Jugendtreff J.at bzw. finden dort auch ihren Lieblingsort vor. Als unbeliebte Orte in der nächsten Umgebung werden offensichtlich jene Orte genannt, die sie entweder nicht kennen, wo sie schlechte Erfahrungen gemacht haben oder von anderen Cliquen verdrängt wurden. Der Markt selber dürfte bei den Teenies relativ unbeliebt sein, der offene Platz ‚Volkertmarkt' selber ist durchaus ein ganz wichtiger Ort für Teenies.

Abb. 4: Beispiel: Nadelprojekt J.at, Teenies

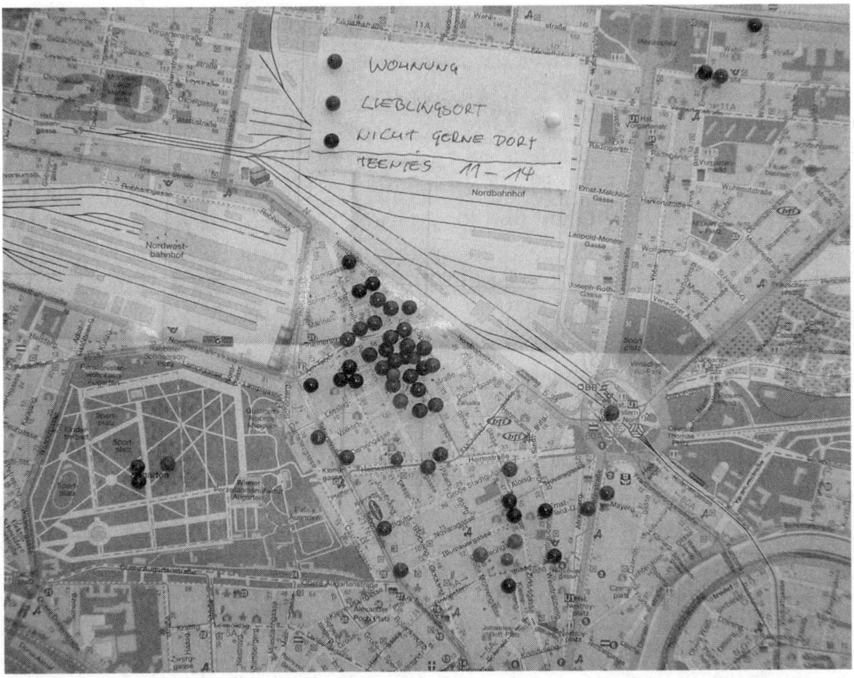

Wenn man die beiden Zielgruppen vergleicht, lässt sich feststellen, dass die Mobilität der Jugendlichen ungleich größer ist; die Teenies sind auf das nächste Gebiet des ‚Volkertmarktes', direkt vor dem Jugendtreff angewiesen.

3.1.4 Das Mobile Nadelprojekt

Das Mobile Nadelprojekt ist ein äußerst animatives Verfahren, bei dem Menschen im öffentlichen Raum gebeten werden, einen ausgewählten Ort auf einer Stadtteilkarte zu bezeichnen. Diese ist auf einer Styroporplatte, etwa in der Größe eines A3-Plakates, befestigt. Verschiedenfarbige Nadeln sind bereits angebracht und können zum ‚Nadeln' entnommen werden. Mit der Platte in der Hand kann auf PassantInnen oder herumstehende Personen zugegangen und der Kontakt hergestellt werden. Während des ‚Nadelns' entstehen erste Gespräche mit den PassantInnen, die beispielsweise auch in einem Interview enden können.

Das Mobile Nadelprojekt kann beispielsweise das Ziel verfolgen, erste explorative Erkundungen über den Stadtteil durchzuführen und möglichst viele Nadeln zu sammeln. Mehre JugendarbeiterInnen oder StudentInnen können gleichzeitig befragen. Das Mobile Nadelprojekt kann auch als Anknüpfungspunkt für Gespräche und Interviews, die entsprechend vorgeplant werden, dienen.

Ein Mobiles Nadelprojekt: Jugendtreffpunkte und Konfliktorte aus der Sicht von Erwachsenen

In diesem Beispiel wurden Erwachsene in einem unbekannten Stadtteil angesprochen und gebeten, jene Orte zu kennzeichnen, die von Jugendlichen als Treffpunkte genutzt werden. Mit einer zweiten Farbe sollten jene Plätze ‚genadelt' werden, wo es – nach Meinung der PassantInnen – öfters Konflikte zwischen Jugendlichen und Erwachsenen gibt. In kürzester Zeit konnten so zentrale Geselligkeitsorte in Erfahrung gebracht werden. Die folgende Abbildung zeigt einen Ausschnitt dieser Karte: Er zeigt die direkte Umgebung einer Schule, die auch nach der Schulzeit von Jugendlichen als kommunikativer Zusammenhang genutzt wird. Dies wird z. T. von den Erwachsenen als problematisch ‚genadelt', wird doch der Ort der Wissensvermittlung zum Treffpunkt umgenutzt!

Abb. 5: Beispiel: Mobiles Nadelprojekt

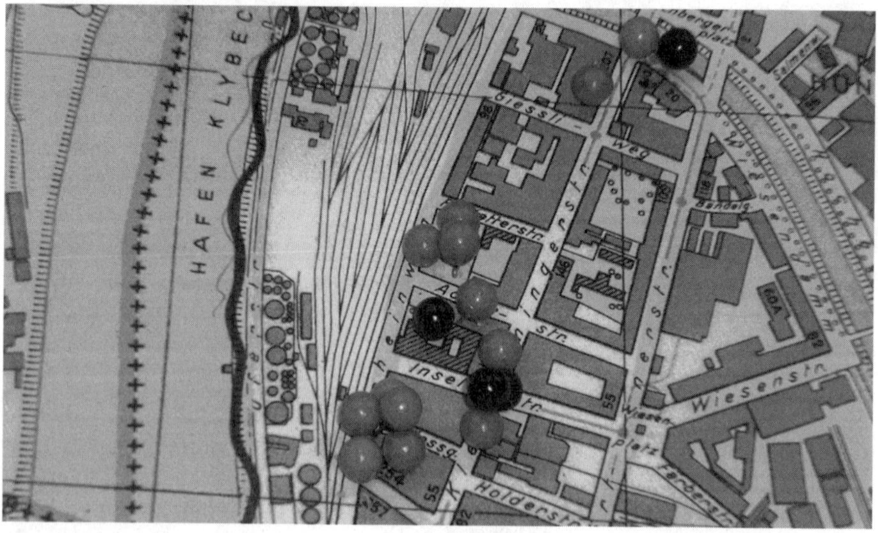

Ein Mobiles Nadelprojekt: Mädchentreffpunkte in Wien-Favoriten

Im Rahmen der Studie „Aktiv-passiv – Sozialräumliche Analysen geschlechtsbezogener Beteiligung im Stadtteil" (vgl. Krisch/Reinprecht 2006) wurden Mädchen im öffentlichen Raum angesprochen und nach ihren Treffpunkten mit ihrer besten Freundin bzw. nach ihrem Lieblingsort befragt. (Zwei Nadeln unterschieden nach Altersgruppe der unter 15- und der über 15-Jährigen.) Hier zeigt sich sehr deutlich, dass nicht die Parks, sondern die Fußgängerzone der zentrale Treffpunkt für Mädchen darstellt. Lieblingsorte sind mitunter weit entfernt, dies – und die damit verbundene Mobilität – wird durchaus als positiv wahrgenommen.

Abb. 6: Beispiel: Mobiles Nadelprojekt

Zusätzlich wurde versucht, Mädchen für eine genauere Beschreibung ihrer Aneignungsformen und der Qualitäten ihrer aufgesuchten Orte zu gewinnen. Die StudentInnen nutzen das Mobile Projekt als *‚animative Nadelmethode'*, verwendeten für jede Befragte, die etwas mehr Zeit hatte, einen eigenen Plan, ließen darauf auch mehrere Lieblingsorte oder Treffpunkte nadeln und notierten stichwortartig die Aussagen der Jugendlichen.

Dabei verwendeten sie einen Leitfaden mit einigen Zusatzfragen:

„Frage nach den Lieblingsplätzen in Favoriten (Bitte nadeln!): Welcher Ort ist das? Was macht das Besondere dieses Ortes aus? Mit wem gehst Du dort hin? Wie bist Du auf diesen Platz aufmerksam geworden?

Frage nach dem Wohnort (Bitte nadeln!): Hältst du dich oft in der Nähe der Wohnung auf? Triffst du dich mit deinen Freundinnen oft bei dir zu Hause?

Frage nach gemiedenen Orten (Bitte nadeln!): Was macht diese Orte so unangenehm? Wie gehst Du damit um?

Wie verbringst du den größten Teil deiner Freizeit? Wie kommt es dazu? Welche Möglichkeiten findest Du vor?"

Das ‚Nadeln' auf der kleinen Styroporplatte mit der darauf befestigten Karte erweist sich als guter Einstieg für Gespräche. Neben der Beschreibung der Qualität der genadelten Orte kann auch über andere Ausschnitte des der Karte zugrunde liegenden Stadtteils gesprochen werden.

3.2 Stadtteilbegehung mit Jugendlichen

3.2.1 Kurzbeschreibung

Ziel der Stadtteilbegehung mit Jugendlichen ist es, einen Streifzug durch den Stadtteil zu machen und diesen aus ihrer Wahrnehmung kennen zu lernen. Mit einer kleinen Gruppe von Heranwachsenden – nach Alter und Geschlecht differenziert – wird die Region auf einer von ihnen eingeschlagenen Route begangen und die Jugendlichen – als ExpertInnen ihres Stadtteils – werden gebeten, ihre Bewertungen und Interpretationen von Wegen, Plätzen, Orten, Straßen, Gebäuden etc. darzulegen.

Da sich die Aneignungs- und Gesellungsformen von jüngeren oder älteren Jugendlichen, besonders auch von Mädchen und Jungen, ganz wesentlich unterscheiden, werden jeweils eigene Begehungen mit den verschiedenen Altersgruppen und Geschlechtern durchgeführt. Die Zusammenfassung der Aussagen der unterschiedlichen, den Stadtteil begehenden Gruppen ermöglicht einen differenzierten Eindruck der sozialräumlichen Qualitäten der Treff- und Streifräume eines Stadtteils oder einer Region.

Nachdem die Begehungen mit mehreren Gruppen durchgeführt wurden, können die begangenen Wege und Orte auf einem Stadt(teil)plan eingetragen werden, wodurch ein komplexes Bild von Streifräumen, ‚Knotenpunkten', Konfliktfeldern oder aber gemiedenen Orten im Stadtteil entsteht.

Die Stadtteilbegehungen werden mittels Fotoapparat, Karten und Diktiergerät dokumentiert und führen zu einem unmittelbaren Eindruck des Stadtteils aus der Sicht von Kindern und Jugendlichen.

3.2.2 Fokus/Erkenntnisinteresse

Die direkte Beteiligung von JugendarbeiterInnen am Prozess der Wechselwirkung zwischen Jugendlichen und ihren räumlichen Zusammenhängen wird durch eine gemeinsame Begehung ermöglicht. Die Stadtteilbegehung mit Jugendlichen stellt daher ein bedeutendes Verfahren zur Erforschung der lebensweltlichen Sicht Jugendlicher auf bestimmte Orte in einer Siedlung oder Region und der subjektiven Bedeutung, die diese für sie haben, dar. Sie basiert auf einer Idee von Ortmann (vgl. Ortmann in Deinet 1999:74), der in der Vorstellung der „Stadtteilerkundung mit Schlüsselpersonen" die Intention dieser Methode folgendermaßen begründet:

> „Der Blickwinkel der PädagogInnen, die im Stadtteil arbeiten, ist zum einen zunächst nicht der Blickwinkel der Bürger, also auch nicht der Kinder und Jugendlichen, die im Stadtteil leben und ist zum anderen in der Regel maßgeblich durch ‚Komm-Strukturen' bestimmt. Beides führt dazu, dass nur ausgewählte Erscheinungen aus dem Stadtteil zum Pädagogen/zur Pädagogin finden." (Ortmann 1996:27)

Daher schlägt er vor, den Stadtteil aus dem Blickwinkel einer Schlüsselperson zu analysieren, wobei dies in seinen Überlegungen sowohl Erwachsene wie Kinder und Jugendliche sein können, die, so meint er, sich im Stadtteil auskennen sollten und daher viele Zugänge erschließen können. In der Weiterentwicklung dieser Methode haben wir sie speziell aber auf Jugendliche bezogen, weil sich die Durchführung einer Stadtteilbegehung mit Heranwachsenden in der Praxis sehr stark von einem Streifzug mit Erwachsenen unterscheidet.

Begründet wurde dieses Verfahren damit, dass bei Gesprächen mit Kindern oder Jugendlichen über das tägliche Leben im Stadtteil, die in der Einrichtung geführt werden, nur bestimmte Orte und Ausschnitte benannt werden. Eine gemeinsame Begehung vermittelt vielschichtige, direkte und – vor allem – unmittelbare Interpretationen. Man/frau wird durch den Stadtteil geleitet, erfährt etwas über bestimmte Abkürzungen oder bedeutsame Ereignisse, die an bestimmten Stellen stattgefunden haben und wird auf sozialräumliche Qualitäten aufmerksam gemacht, die sich aus dem ‚erwachsenen' Blickwinkel nicht erschlossen hätten:

> „Informelle Treffs, besondere Abkürzungen, aber auch die Oberflächengestaltung von Plätzen, die für die Frage nach deren Nutzung (Inline-Skates!) wichtig ist, gewinnen dann plötzlich eine geänderte Bedeutung, häufig eine emotionale Aura und einen Stellenwert, der den Fachleuten zuvor so nicht zugänglich war." (Ortmann in Deinet 1999:74)

Zudem kann das „Gespräch während der Stadtteilerkundung ... interessante Details über Cliquen und Gruppen im Stadtteil sowie deren gegenseitige Wahrnehmung und deren Verfügung über die Möglichkeiten des Stadtteils erbringen" (ebd.).

Um der Diversität von Jugend(en) Rechnung zu tragen ist es von großer Bedeutung, die Begehungen mit verschiedenen Gruppen und Cliquen durchzuführen. Nachdem sich die sozialräumlichen Formen der Aneignung und Nutzung bei jüngeren Jugendlichen und Jugendlichen, aber auch bei Mädchen und Burschen deutlich unterscheiden, bringen Stadtteilbegehungen mit unterschiedlichen Gruppen oft ganz andere Erkenntnisse. Beispielsweise sind gerade von Jungen präferierte Orte solche, die Mädchen meiden; ebenso differieren deren Streifräume oder informelle Treffpunkte und konstituieren verschiedenste „ökologische Nahräume“, „Ausschnitte“ und „Peripherien“ (vgl. Baacke 1999). Stadtteilbegehungen mit Mädchen ermöglichen Erkenntnisse über deren Verhältnis zum öffentlichen Raum, die mit anderen Methoden kaum zu gewinnen sind.

Darüberhinaus ist es auch wichtig, nicht nur die von Ortmann vorgeschlagene Begehung mit Gruppen von eher nach außen orientierten Heranwachsenden durchzuführen. Denn gerade Begehungen mit Kindern und Jugendlichen, die nicht so sehr im Stadtteil präsent sind und sich auch nicht sofort aufdrängen, eine Stadtteilbegehung zu machen, eröffnen bedeutende Einblicke in Prozesse der Verdrängung, denen sie sich ausgesetzt sehen und die sie veranlassen, sich in Rückzugsräumen, in Nischen der öffentlichen Räume anzusiedeln.

Die Erfahrungen, die bei der Anwendung dieser Methode gemacht werden, bestätigen, dass die subjektiven Interpretationen über die Qualität von Räumen äußerst differenziert sind und kaum Verallgemeinerungen über die Bedeutungen von Orten zulassen.

Dies weist aber auch auf die besondere Qualität dieser Methode hin: Sie schafft Vertrautheit mit der lebensweltlichen Sicht von unterschiedlichen Kindern und Jugendlichen, ermöglicht differenzierte Einblicke in Aneignungsformen und Verdrängungsprozesse von verschiedenen Gruppierungen und gibt subjektiv gefärbte Auskünfte über erwachsene AkteurInnen, welche die Nutzungsmöglichkeiten von Freiräumen eröffnen bzw. verschränken.

Mehrere Begehungen mit verschiedenen Gruppen führen Stück für Stück zu einer komplexeren Wahrnehmung der vielen Wechselwirkungen zwischen Räumen und handelnden Personen des Stadtteils.

Die zeitweise Begleitung von Jugendlichen durch den Stadtteil kann man als bedeutenden Ausschnitt der Jugendarbeit begreifen. Stadtteilbegehungen bieten sich aber auch für Projekte der Jugendarbeit an, in denen gemeinsam mit Kindern und Jugendlichen Ausstellungen oder Dokumentationen über den Stadtteil – als Form der Öffentlichkeit für ihre Themen – erstellt werden.

3.2.3 Die Methode im Feld

Die Beteiligung an einer Stadtteilbegehung seitens der Jugendlichen ist natürlich von vielen Faktoren abhängig. Es lässt sich aber beobachten, dass diese sozialräumliche Methode offensichtlich den Mobilitätsformen von jüngeren Jugendlichen und Mädchen eher entgegenkommt.

Jüngere Jugendliche beteiligen sich gerne und nützen die Stadtteilbegehung, um die Orte sehr präzise und genau zu beschreiben. Die Methode „Stadtteilbegehung“ entspricht offensichtlich ihrem Interesse an der Erweiterung der Handlungsräume, die ja typisch für dieses Alter und dessen Aneignungsformen sind. Gerade bei Teenies lässt sich feststellen, dass die sukzessive Erweiterung von Streifräumen und Orten (oft in Form des Inselmodells, vgl. dazu Zeiher 1983, Baacke 1999a) eine bedeutende Entwicklungsaufgabe darstellt. Dementsprechend bilden bestimmte Örtlichkeiten eine Fülle von Gelegenheiten, Handlungsoptionen, Risiken etc. ab, was sich auch in den umfassenden Interpretationen der sozialräumlichen Qualitäten widerspiegelt.

Erfahrungsgemäß beteiligen sich auch Mädchen viel eher an Stadtteilbegehungen. Dies wahrscheinlich deshalb, weil dabei eine doch typische Geselligkeitsform (zu zweit oder zu dritt) aufgegriffen wird. Weiters entspricht aber auch ‚spazieren zu gehen’ einer bedeutsamen Form der Raumaneignung von Mädchen und stellt daher keine Besonderheit dar.

Umgekehrt ist die Aufforderung ‚spazieren zu gehen’ gerade bei männlichen Jugendlichen sehr negativ belegt. In der Unterscheidung zu jüngeren Jugendlichen zeigt sich auch, dass sie die Räume sehr gebrauchswertorientiert nutzen, so dass diese Begehungen mitunter schnell ‚abgehandelt’ werden. Bei Jugendlichen zeigt sich, dass es geschickter ist, die Begehungen außerhalb der Öffnungszeiten der Jugendeinrichtung durchzuführen, weil sie oft die Anwesenheit in der Einrichtung der Begehung vorziehen. Bei männlichen Jugendlichen wird mitunter eine Stadtteilbegehung auch zu einem ‚Zur-Schau-Stellen’ ihrer Macht, sich Räume anzueignen. In diesem Fall bietet sich die Einbettung dieser Methode in ein gemeinsames (Film-) Projekt an, welches thematisch den Stadtteil und nicht so sehr ihre Aneignungsformen in den Vordergrund rückt.

Von entscheidender Bedeutung bei der Stadtteilbegehung ist die Gruppengröße. Die Anzahl der Kinder oder Jugendlichen sollte keinesfalls zu groß sein. Schon Ortmann wies zu Recht darauf hin, dass es keinen Sinn macht, mit einer ganzen Gruppe loszugehen (vgl. Ortmann in Deinet 1999:74), weil „die innere Dynamik einer solchen Gruppe von einzelnen Beobachtungen ablenkt und es kaum möglich ist, die Blickwinkel einzelner Kinder und Jugendlicher zu differenzieren und dokumentarisch zusammenzuführen“ (ebd.). Die Konzentration der JugendarbeiterInnen liegt auf Aussagen der Einzelnen, die nicht allzu sehr durch gruppendynamische Prozesse beeinflusst werden sollten. Dementsprechend erscheint bei einer Stadtteil-

Erkundung mit zwei JugendarbeiterInnen eine Gruppengröße von drei bis maximal fünf Kindern oder Jugendlichen zielführend. Wenn nur ein/e JugendarbeiterIn einen Streifzug durchführt, sind maximal drei TeilnehmerInnen, die eine homogene Gruppe darstellen sollten, zu empfehlen.

Die Stadtteilbegehung geht ja meist von der Einrichtung aus und kann somit jederzeit durchgeführt werden. So muss sie vorher nicht unbedingt angekündigt werden, sondern kann relativ spontan mit Interessierten erfolgen. Der begangene Weg wird weitgehend von den Kindern bzw. Jugendlichen bestimmt, sollte aber an ihren wichtigsten Aufenthaltsorten vorbei führen. Sie werden während der Begehung befragt, wie oft sie dorthin gehen, was sie dort machen, mit wem sie sich treffen und was das Besondere an den Plätzen ist. Von großer Bedeutung sind aber auch die verbindenden Wege, die ja ebenfalls nach subjektiven Kriterien gewählt werden. Bei Kindern und jüngeren Jugendlichen kann als Einstieg hilfreich sein, die Räume und Wege eines typischen Tagesablaufes zu rekonstruieren, z.B. den Weg zur Schule, zu den Spielplätzen und FreundInnen, zum Jugendzentrum.

Bei Jugendlichen kann die „Begehung" bei weiter auseinander gelegenen Orten auch – für Jugendliche obligate – Fahrten mit öffentlichen Verkehrsmitteln beinhalten, wodurch sich wiederum spannende Einblicke in (vergangene) Geschehnisse während der Fahrten eröffnen. Dadurch kann sich die Stadtteilbegehung auch über den Stadtteil hinaus auf jene „Inseln" (vgl. Zeiher 1983, Baacke 1999a) erweitern, die im sozialräumlichen Zusammenhang der Jugendlichen eine bedeutende Rolle spielen.

Zur Dokumentation der Orte und Wege wird ein Fotoapparat verwendet, die Gespräche werden mit dem Aufnahmegerät aufgezeichnet. Zu jedem Foto werden die entsprechenden Interpretationen von den Kindern und Jugendlichen auf Band gesprochen (genauer: vgl. Krisch 2002:94f.). Natürlich können wichtige Aussagen und Bemerkungen auch notiert oder fotografierte Plätze und Wege gleich auf einem Stadt(teil)plan eingetragen werden.

Darüber hinaus können die Fotos nach der Rückkehr in die Einrichtung ausgedruckt und nochmals mit den Beteiligten interpretiert werden. Es können sich dann in der Einrichtung auch interessante Gespräche und Diskussionen über diese Abbildungen mit jenen ergeben, die nicht am Rundgang beteiligt waren.

Statt dem Fotoapparat kann schließlich eine Videokamera verwendet werden. Sie eignet sich besonders für Stadtteilbegehungen mit Jugendlichen, die sich ja vor der Kamera oft gerne selbst darstellen und die daher diese Form der Dokumentation als Anreiz betrachten. Auch hier könnte diese Methode in ein Projekt der Jugendarbeit einfließen, indem im Anschluss mit den Jugendlichen gemeinsam ein Film über das Leben im Stadtteil produziert werden könnte. Bei dieser Form der Dokumentation, bei der beispielsweise die Beteiligten einzeln direkt an ihren gewählten Orten gefilmt werden und vor der Kamera die Bedeutung dieser Plätze vermitteln, entsteht ein filmisch festgehaltener Streifzug, der nach dem Schnitt den Stadtteil aus der Sicht von Jugendlichen darstellt.

Der Vorteil des Videofilms als animierendes Medium beinhaltet aber auch den Nachteil dieser Dokumentationsform: Während ein/e JugendarbeiterIn mit dem Filmen beschäftigt ist, ein/e andere/r mit den Interviews oder der Regie, bleibt oft keine Zeit, genauer nachzufragen oder Aussagen zu notieren. Die Dynamik des Filmens überlagert ein Stück weit die Intention, die sozialräumliche Qualität der Lebensorte der Jugendlichen zu verstehen.

Zur Auswertung ist vorzuschlagen, im ersten Schritt direkt nach Abschluss der Begehung die wichtigsten Eindrücke aus der Sicht der JugendarbeiterInnen auszutauschen, kurz in einem Gedächtnisprotokoll zusammenzufassen und den Orten zuzuordnen. Im nächsten Schritt wird der Streifzug auf der Stadt(teil)karte eingetragen. Nach mehreren Begehungen entstehen so vielfältige Interpretationen und Blickwinkel über allgemein bedeutende Orte und ein Mosaik von verschieden genutzten Segmenten des Stadtteils. Die von den unterschiedlichen Gruppen – in jeweils verschiedenen Farben auf dem Plan eingezeichneten – eingeschlagenen Wege ergeben ein komplexes Bild von Streifräumen, ‚Knotenpunkten' und gemiedenen Orten im Stadtteil. Die Zusammenfassung der Aussagen der verschiedenen Begehungsgruppen verdichten sich mit der Zeit zu einem komplexen Eindruck der sozialräumlichen Qualitäten der Treffräume eines Stadtteils.

Anders verhält sich dies natürlich, wenn Stadtteilbegehungen als Partizipationsprojekt der Kinder- und Jugendarbeit gemeinsam mit Kindern oder Jugendlichen durchgeführt und die Ergebnisse öffentlich präsentiert werden sollen. In diesem Fall müssen die Begehungen gemeinsam vorbereitet, ein Modus festgelegt und ein Zeitplan für die Streifzüge erstellt werden. Ein Stadtteil-Rundgang sollte nicht länger als zwei Stunden dauern und ist in Hinblick auf das zeitliche Ausmaß von der Konzentration und der Beteiligung der Kinder und Jugendlichen abhängig.

Wie in den nachfolgenden Beispielen gezeigt wird, eignen sich Teile der Auswertung der Stadtteilbegehung für öffentliche Präsentationen. In Form von Bildbänden, Fotoausstellungen oder ähnlichen Präsentationen kann der Stadtteil aus der Sicht von Kindern, Mädchen, Burschen oder Jugendlichen dargestellt werden. Erfahrungsgemäß kann auf diese Weise mehr Verständnis bei Erwachsenen für die anderen Wahrnehmungsformen und räumlichen Nutzungsdefinitionen von Heranwachsenden erreicht und auch mit Forderungen nach Sicherung oder Verbesserung der Infrastruktur verbunden werden.

Hier ist aber streng zwischen den Zielen der *Stadtteilbegehung* als Methode der Jugendarbeit und der Zielsetzung einer Veröffentlichung zu unterscheiden. Die Aussagen, die vor dem Hintergrund des Vertrauensverhältnisses zwischen JugendarbeiterInnen und Kindern oder Jugendlichen getroffen wurden, tragen zu einem gegenseitigen Verständnis bei. Viele Darlegungen sind dabei weder zur Veröffentlichung geeignet, noch sollten sie anderen Institutionen zugänglich gemacht werden. Eine Dokumentation der Aneignungsformen von Jugendlichen könnte sich leicht unter dem – ja sehr beliebten – Blickwinkel der Zuschreibung devianten Verhaltens gegen Jugendliche richten oder ihre informellen Treffpunkte preisgeben. Hier bietet sich natürlich die Vorgangsweise der direkten Beteiligung von Jugendlichen bei der Erstellung der Präsentation an, die eine entsprechende Auswahl und Gestaltung der Veröffentlichung gewährleisten würde.

Beispiel: Ein Streifzug mit Kindern

Eine auf mehreren Ebenen interessante Form eines „Streifzuges mit Kindern" findet sich in einem umfangreich dokumentierten Projekt „Mehr Platz! Für Kinder" (Stadtentwicklung Wien, MA 18 – Stadtentwicklung und Stadtplanung: 2002) und wurde von der Gruppe ‚Plansinn' durchgeführt. Der Stadtteilbegehung wurde ein dem Nadelprojekt vergleichbares Verfahren vorgeschaltet. Auf einer Stadtteil-Karte zeichneten Kinder ihre Schulwege ein und markierten mit Klebepunkten Orte, die für sie wichtig waren. Auf ‚post-ist' wurden die jeweiligen Bedeutungen notiert. Diese Vorarbeit ermöglichte die Festlegung einer somit spannenden Route, weil sie alle, den Kindern offensichtlich bedeutenden Orte enthielt.

Der spezielle Fokus dieser Begehung lag bei den Formen des Spiels der Kinder im öffentlichen Raum bzw. der Frage, „warum bestimmte Spielformen an bestimmten Orten stattfinden" (ebd.:16). Hier sollten aber auch Fragen nach kindergerechteren Umwelten einfließen, ohne aber auf die Ebene unrealistischer Wunschvorstellungen zu kommen. Dementsprechend gestalteten sich die Interviews während des Streifzuges: „Wir fragten prinzipiell zuerst nach dem, was ist, erst danach nach dem, was sein soll. (Was stört euch hier? Warum kann man hier nicht spielen? Was müsste hier verändert werden, damit ihr hier spielen könntet? Was müsste verändert werden, damit ihr hier noch besser spielen könntet?)" (ebd.).

Originell ist auch die Idee, durch den Streifzug Spuren im Stadtteil zu hinterlassen: Mit Kreide wurden auf den Gehsteigen Spielfelder eingezeichnet und die Begehung durch Tempelhüpf-Wettbewerbe andauernd aufgelockert.

Beispiel: Ein Streifzug mit Mädchen

Im Rahmen einer Forschungswerkstatt der Fachhochschule Campus Wien für Soziale Arbeit in Kooperation mit einem Jugendtreff des Vereins Wiener Jugendzentren wurden die Aneignungsformen von Mädchen im öffentlichen Raum untersucht (vgl. Krisch/Reinprecht 2006). Dabei wurden die

Mädchen aus dem Jugendtreff Arthaberbad gebeten, einigen Studentinnen den Stadtteil aus ihrer Sicht zu zeigen. Bei den Begehungen wurden Fotos angefertigt und mit charakteristischen Beschreibungen versehen. In weiterer Folge sind zwei Beispiele angeführt, die den typisch jugendlichen Blick versinnbildlichen.

Abb. 7: Beispiel: Dokumentation einer Stadtteilbegehung

„Hier gehen wir täglich spazieren!“

„Hier erwischen uns die Erwachsenen nicht!“

Beispiel: Erfahrungen aus Stadtteilbegehungen des Jugendtreffs J.at

Im folgenden Ausschnitt sind einige Eindrücke von MitarbeiterInnen des Jugendtreffs J.at wiedergegeben, die in einem Interview nach mehreren Stadtteilbegehungen geäußert wurden und die ich schriftlich festhalten habe. Diese können beispielhaft einen Einblick in die Durchführung der Methode, wie auch einige typische Betrachtungen von Jugendlichen vermitteln.

„Auffallend war, dass die jüngeren Jugendlichen die Ankündigung im Monatsprogramm wahrgenommen haben, sich bereitwillig an der Stadtteilbegehung beteiligt haben und sehr präzise ihre Orte beschrieben. Die Teenies sind zum Teil stolz den Ort herzuzeigen, beschreiben diesen ganz präzise und erzählen bereitwillig sehr viel über Situationen, Erlebnisse und Interpretationen, die diese Orte betreffen.“

„Bei Jugendlichen fällt auf, dass sie die Räume gebrauchswertorientierter nutzen – also in dem einem Park wird Karten gespielt, weil dort keine Beeinträchtigung durch herumfliegende Fußbälle erfolgt, im anderen Park wird Fußball gespielt, weil der Platz dort vorhanden ist. Karten gespielt wird vornehmlich in geschützten, uneinsichtigen Parks, damit die Eltern sie nicht beim verbotenen Kartenspielen entdecken.“

„Ein Ort, der offensichtlich eine wesentliche Rolle spielt ist das ‚Call-Center'. Dies ist wie ein Jugendtreff zu sehen, es liegt direkt neben dem Markt, die Jugendlichen können rauchen, es ist immer geöffnet, der Besitzer bietet freien Internetzugang gegen Tätigkeiten wie den Boden kehren, Bildschirme reinigen etc., Jugendliche können ihre Schulden, im wahrsten Sinne des Wortes, abarbeiten. Das ‚Call-Center' ist deswegen so frequentiert, weil es direkt neben dem Jugendtreff liegt."

„Weitere wichtige Orte sind natürlich der ‚Volkertmarkt', der verschiedenste Qualitäten entfaltet und auch der ‚kleine Park' genannt. Diese werden von allen – Kindern, Teenies und Jugendlichen – aber zu ganz verschiedenen Zeiten genutzt. Die zwei Parks, der in der ‚Odeongasse' und der beim ‚Karmelitermarkt' sowie der ‚Postpark' in der Weintraubengasse sind weitere Treffpunkte. Diese werden von bestimmten Jugendkulturen aufgesucht, von anderen deswegen gemieden. Teenies, die in der Nähe des ‚Volkertmarktes' leben, besuchen diese Parks kaum, sondern halten sich immer am ‚Volkertmarkt' auf. Die geschlossenen Parks, wie der ‚Postpark', haben, weil sie uneinsichtiger sind, für Jugendlichen große Qualität; der ‚Odeonplatz' wird als sehr offen erlebt und bietet keine geschützten Räume. Im ‚Lessingpark' bzw. im ‚Novarapark' können Jugendliche nur dann spielen, wenn der Park aufgesperrt wird oder offen ist. Hier sind vor allem Kinder und Junioren anzutreffen, Lehrer und Lehrerinnen übernehmen da die Beaufsichtigung."

Die Interpretationen der Räume, die dazu führen diese zu meiden oder zu besuchen, sind äußerst subjektiv und folgen ihrer eigenen Logik:

Einige typische Zitate, warum ein Park gemieden wird, belegen dies:

„Der Park ist zu groß" oder „Ich stelle mir vor, wenn ich alleine dort bin und es ist Nacht – dann hätte ich Angst – deswegen gehe ich nicht in den Park."

„Ich gehe nicht in den Park, weil dort jemand gestorben ist!" (Dies bezieht sich aber auf einen Jugendlichen, der vor Jahren dort einen Herzinfarkt erlitten hatte und im Park verstorben war.).

„Hier hat mich einmal ein Hund verfolgt, ich gehe nicht mehr durch diese Gasse."

Diese Erklärungen, die während der Stadtteilbegehung geäußert wurden, weisen auf die eigenwilligen Motive und Zugänge hin, welche die sozialräumlichen Aneignungsformen der Jugendlichen bestimmen und ihr Verhalten begründen. Dies hat mitunter wenig mit objektiven Gegebenheiten zu tun und kann vermutlich auch nur in spezifischen Situationen – in Gesprächen vor Ort – in Erfahrung gebracht werden.

3.3 Strukturierte Stadtteilbegehung

3.3.1 Kurzbeschreibung

Die Fachkräfte der Jugendarbeit begehen in einem ersten Schritt systematisch den in Beobachtungssegmenten unterteilten Stadtteil (die Region) und dokumentieren ihre subjektiven Einschätzungen sozialräumlicher Zusammenhänge. Parallel dazu wird bereits statistisches Datenmaterial erhoben. Nach diesem Vorgehen wird der Stadtteil mit Kindern und Jugendlichen begangen; es können aber auch Befragungen der Jugendkulturen an ihren – nun bekannten – Treffpunkten durchgeführt werden. Die Darstellungen der Jugendlichen können so mit der eigenen Wahrnehmung verglichen werden und führen zu einem differenzierten Blick auf den Stadtteil.

Während im ersten Schritt (Beobachtungsphase) der Kontakt mit Jugendlichen und Erwachsenen nicht gesucht wird, werden in der zweiten Phase der Begehung (Befragungsphase) die alltags- und lebensweltlichen Wahrnehmungen der Jugendlichen in den Vordergrund gestellt. Dies eröffnet einen mehrdimensionalen Blick auf einen Stadtteil.

Der Begriff der „Strukturierten" Stadtteilbegehung hebt zwei Aspekte dieses Verfahrens hervor: Zum einen geht es um die Festlegung bestimmter Routen im Stadtteil, die mehrmalige Begehung dieser Wege und Orte zu verschiedenen Zeiten, aber auch um die kontinuierliche Dokumentation der Beobachtungsrundgänge. Zum anderen soll durch die Kombination von Beobachtungsrundgängen und den Begehungen mit Kindern und Jugendlichen eine systematische Erfassung der vielschichtigen Wechselwirkungen sozialräumlicher Zusammenhänge erreicht werden.

Das Verfahren erweist sich aber auch als sehr zielführend und erfolgreich, wenn es um eine grundlegende Analyse der sozialräumlichen Qualitäten eines Stadtteils oder einer Region beispielsweise zur besseren Verortung der Jugendarbeit geht. Es verschränkt die subjektiven Wahrnehmungen der JugendarbeiterInnen mit den sozialräumlichen Interpretationen der Jugendlichen und eröffnet eine differenziertere und „dichtere" Einschätzung der Vorgänge im Stadtteil, die auf verschiedenen Wahrnehmungsebenen – der Beobachtungen der Fachkräfte und der Befragung von Kindern und Jugendlichen – basiert.

3.3.2 Fokus/Erkenntnisinteresse

Die Begehung des Stadtteils vermittelt prinzipiell die unmittelbarsten Eindrücke über dessen spezifische sozialräumliche Konstitution. Man/frau sieht, hört, spricht, begegnet, nimmt wahr – natürlich subjektiv vom Blickwinkel des/der BeobachterIn aus – und wird auch wahrgenommen.

Die Wahrnehmung der komplexen Wechselwirkungen sozialräumlicher Bestimmungen, in denen sich differenzierte Aneignungsprozesse von Kindern und Jugendlichen, infrastrukturelle Gegebenheiten, Nutzungsdefinitionen von Erwachsenen, aber auch die Bedeutung von Räumen außerhalb des Stadtteils überlagern, ist natürlich von der Form der Beobachtung geprägt. Sowohl der Aufenthalt im öffentlichen Raum im Rahmen Herausreichender oder Mobiler Jugendarbeit, als auch Stadtteilbegehungen und Gespräche mit Jugendlichen vermitteln jeweils nur einen Ausschnitt der vielschichtigen sozialräumlichen Zusammenhänge.

Zu beobachten ist dabei, dass das Wissen über die gesamte Region bei Fachkräften der Jugendarbeit sehr selektiv und auch personenbezogen ist: Man/frau nimmt stets die gleichen Wege zum Arbeitsplatz, besucht ausgewählte Orte, wird von Jugendlichen auf bestimmte Räume verwiesen und entwickelt mit der Zeit bestimmte Annahmen über den Stadtteil, ohne diese immer wieder auch zu überprüfen.

Aber auch die bedeutende Auseinandersetzung mit Kindern und Jugendlichen über ihre Lebens- und Streifräume im Stadtteil vermittelt nur einen spezifischen Blickwinkel: So hat auch die besondere Qualität der Stadtteilbegehungen mit Kindern und Jugendlichen – sie geben die Wege vor und beschreiben ihre subjektive Wahrnehmung bestimmter Orte – einen erkenntnistheoretischen Nachteil. Man erfährt nichts über Orte, die nicht aufgesucht, die nicht bekannt sind, die gemieden werden, oder als ‚geheime' Orte gelten. Aber auch diese stehen in einem spezifischen Verhältnis zu den genutzten Treffpunkten und Streifräumen. Beispielsweise ist das Antreffen von sehr vielen Kindern und jüngeren Jugendlichen nicht zwangsläufig Ausdruck für die große Attraktivität eines Ortes. Möglicherweise verhindern ja Straßen mit großem Verkehrsaufkommen die Mobilität der Kinder zu anderen, entsprechenderen Orten. Oder aber, es wird ein Cliquentreff dadurch bestimmt, dass attraktivere Orte von anderen Cliquen besetzt sind, oder sie von Treffpunkten im öffentlichen Raum durch Erwachsene verdrängt wurden. Ebenso gibt es mitunter Räume, die für Jugendliche attraktiv sein könnten, aber aus bestimmten Gründen nicht in Betracht gezogen werden.

Ein anderer – der teilnehmenden Beobachtung immanenter – Nachteil besteht darin, sich natürlich auf die Interpretationen der Jugendlichen einzulassen, sie ernst zu nehmen und damit – ein Stück weit – ihre Wahrnehmung zu übernehmen. Dabei nimmt man aber auch nur einen bestimmten Ausschnitt von Jugendlichen, nämlich, mit denen man bereits in Kontakt gekommen ist, wahr – kaum aber Kinder und Jugendliche, die man nicht kennt, die nicht andauernd an öffentlichen Orten präsent sind oder sich an anderen informellen ‚Nischen' im Stadtteil treffen.

Intention der strukturierten Stadtteilbegehung ist daher, diese Problemstellungen aufzugreifen. Neben den Gesprächen oder Begehungen mit Kindern und Jugendlichen wird über strukturierte Stadtteil-Rundgänge versucht, bedeutende Ausschnitte des Stadtteils sehr differenziert zu beobachten und zu beschreiben.

Der Begriff „strukturiert“ bezieht sich dabei auf zwei Aspekte des Verfahrens: Zum einen auf die Festlegung bestimmter Routen im Stadtteil, auf die mehrmalige Begehung dieser Wege und Orte zu verschiedenen Zeiten, aber auch – was besonders hervorgehoben gehört – auf die kontinuierliche schriftliche Dokumentation der Beobachtungsrundgänge. In diesen Beschreibungen sollte auch verfügbares statistisches Datenmaterial (demografische Entwicklung, Anzahl der Jugendlichen, Wohnungsgrößen etc.) eingearbeitet werden.

Zum anderen soll durch die Kombination von Beobachtungsrundgängen und den Begehungen mit Kindern und Jugendlichen eine systematische Erforschung der vielschichtigen Wechselwirkungen sozialräumlicher Zusammenhänge erreicht werden.

Die Erfahrungen aus der Praxis zeigen, dass es für die JugendarbeiterInnen von Vorteil ist, sich vor den Begehungen mit Heranwachsenden ein – wenn auch ebenso subjektives – Bild bestimmter sozialräumlicher Konstitutionen zu machen. War im ursprünglichen Entwurf der Strukturierten Stadtteilbegehung (vgl. Krisch 1999:82) die Begehung mit Jugendlichen als erster Schritt vorgesehen, so hat sich in der Anwendung dieses Verfahrens die Vorschaltung des Beobachtungsrundganges alleine oder zu zweit – ohne den Kontakt zu Jugendlichen zu suchen – als bedeutende Verbesserung der Methode erwiesen. Dies hat auch jenen Vorteil, dass der Anspruch, erst einmal nur zu beobachten, meist als große Entlastung beim Einstieg von standortorientierten MitarbeiterInnen in die ‚ungewohnten’ gemeinwesenbezogenen Aktivitäten außerhalb der Einrichtung empfunden wird. Man/frau kann sich auf Beobachtungen und Wirkungen konzentrieren, wird mit dem Stadtteil vertraut, wird aber auch von Jugendlichen wahrgenommen und bekommt Sicherheit im Umgang mit der ‚offenen’ Situation als ‚BesucherIn’ im Stadtteil.

3.3.3 Die Methode im Feld

Um Eindrücke vergleichbar zu machen ist es notwendig, Beobachtungsräume oder -segmente festzulegen. Dies gewährleistet, dass Rundgänge nicht nach dem Zufallsprinzip erfolgen, sondern dieselben Wege und Orte besucht werden. Es erlaubt auch den systematischen Vergleich von verschiedenen Wahrnehmungen der MitarbeiterInnen wie auch den Situationsvergleich in verschiedenen Zeiträumen.

Am Beginn des Projektes steht daher die Festlegung der Beobachtungssegmente (Planquadrate), in denen die maximal zweistündigen Beobachtungsrundgänge stattfinden sollen. Dafür ist ein Plan im geeigneten Maßstab unerlässlich. Auf diesem Stadtplan werden zuerst die Beobachtungssegmente mit einem Marker eingetragen. Die Unterteilung des Stadtteils erfolgt zum einen nach regionalen Kriterien, die durch infrastrukturelle Bedingungen wie große Straßenzüge, Wohnblocks, Parkanlagen bestimmt werden. Zum anderen bestimmt sich die Fläche des Segments dadurch, dass sie in zwei Stunden bequem begangen bzw. auch mit dem Fahrrad befahren werden kann. Es sollen aber alle Wege, Straßen und Plätze des festgelegten Ausschnittes zumindest einmal besucht werden.

Auf diesem Stadtplan können in weiterer Folge Treffpunkte, konfliktträchtige Plätze, Institutionen, Cliquen usw. mit verschiedenfarbigen Nadeln, Klebefarbpunkten, ‚post-ist' und Zeichnungen markiert werden.

Die Begehungen sollten in Form von Begehungsprotokollen dokumentiert werden. Aus diesen Unterlagen können dann die bedeutenden ‚Jugendorte' herausgelöst und Cliquenbeobachtungen in ein Cliquenraster übertragen werden. Werden alle maßgeblichen Plätze beschrieben und möglicherweise mit Fotos versehen, sowie auch die Cliquenraster sukzessive ergänzt, entsteht mit der Zeit ein anschaulicher Bericht der vielschichtig verwendet werden kann.

Der strukturierte Beobachtungsrundgang

Nach der Festlegung der Segmente erfolgen – alleine oder in Zweier-Teams – die Beobachtungsrundgänge durch die Planquadrate, bei denen es nicht darum geht, jemanden anzusprechen[53], sondern eine Einschätzung der sozialräumlichen Gegebenheiten zu erwerben.

Strukturierte Stadtteil-Rundgänge sollten in einem Jugendzentrum von allen Teammitgliedern durchgeführt werden, um die unterschiedlichen Wahrnehmungsmöglichkeiten zu nutzen. Beispielsweise werden bestimmte Verhaltensweisen einer Clique von Mitarbeiterinnen anders interpretiert werden als von ihren männlichen Kollegen. Es soll auch verhindert werden, dass es in einem Team nur eine/n ‚Stadtteil-Experten/in' gibt, dessen/deren Eindrücke dann referiert werden und somit der Bezug zum sozialräumlichen Umfeld in der Einrichtung weiter fehlt.

Von großer Bedeutung ist es, diese Begehungen immer wieder zu anderen Zeitpunkten, also an einem anderen Wochentag, zu einer anderen Tageszeit, unter der Woche und am Wochenende durchzuführen und nach Möglichkeit auch durch andere MitarbeiterInnen zu wiederholen, um vielschichtige Einblicke in die sozialräumlichen Gegebenheiten bestimmter Stadtteile zu erhalten.

Beim Beobachtungsrundgang sollte stets eine kleine Karte mitgeführt werden, auf der sich Beobachtungen eintragen lassen, ebenso Fotoapparat, ein Notizblock oder ein Diktiergerät zum Festhalten von Wahrnehmungen.

---

53 Eine Fachkraft der Jugendarbeit (Ruth Lindtner vom Team des Jugendzentrums Hirschstetten) nannte dieses Vorgehen bezeichnenderweise ‚stille Beobachtung'.

Beobachtet werden sollte u.a., wo sich welche Personengruppen aufhalten, wo die Kinder spielen, sich die Cliquen treffen, was deren Betätigung ist etc. Lassen sich informelle Trefforte anhand von beispielsweise Graffitis erkennen? Welche Orte werden gemieden? Wo sind Mädchen anzutreffen? Welche Barrieren und Möglichkeiten ergeben sich durch die Bebauung, den Verkehr, die Lage von Freiflächen, Spielplätzen?

In der folgenden Tabelle ist ein Beobachtungsleitfaden zu sehen, den eine Wiener Jugendarbeiterin, die mehrere umfangreiche Projekte einer Strukturierten Stadtteilbegehung durchgeführt hat, anwendet:

Tab. 2: Beispiel für einen Beobachtungsleitfaden

Worauf man/frau bei einem Strukturierten Stadtteil-Rundgang die Aufmerksamkeit lenkt:

1) Dinge:

- Sind die Häuser, Haltestellen, Wände angeschmiert? Mit welchem Text?
- Wie schauen die Müllräume aus?
- Wie viel Schmutz liegt herum?
- Was ist alles kaputt? (Mistkübel, Bänke, Spielplätze ...)
- Gibt es eine offene/versteckte Drogenszene?
- Findet man Utensilien für Drogengebrauch?
- Öffentlicher Umgang mit Alkohol? Von wem?
- Befinden sich Obdachlose im ‚Grätzel'(Quartier)? Wie wird mit diesen umgegangen?
- Wie (un)gepflegt sind die Innenhöfe? (Blumen, Gartenzwerge ...)
- Gibt es Zeichen von politischen Äußerungen? (Hakenkreuze ...)

2) Menschen:

- Wer ist im öffentlichen Raum? (Welches Alter, welcher Migrationshintergrund, welches Geschlecht, Verweilende oder Passierende ...)
- Was machen die Einzelnen miteinander? (spielen, ausgrenzen, reden, dealen ...)
- Welche Sportarten werden auf den einzelnen Plätzen ausgeübt? Von wem?
- Wer hält sich auch bei Regen/Kälte im öffentlichen Raum auf?

3) Stimmungen:

- Reden die Leute miteinander?
- Reden die unterschiedlichen Generationen miteinander?
- Findet eine Vermischung der Kulturen statt?
- Gibt es ‚Wickel' (Konflikte) zwischen den BewohnerInnen? Zwischen welchen?

- Mischen sich die unterschiedlichen Generationen beim Spielen?
- Wie werden die Konflikte ausgetragen? (Polizeidrohung versus Zivilcourage)
- Welche Generation gewinnt die Platzkämpfe, wenn es eng wird?
- Welche Gruppen bestimmen das Geschehen auf den öffentlichen Plätzen? (Alter, Migrationshintergrund, Geschlecht)
- Wer zeigt sich erst dann im öffentlichen Raum, wenn die ‚Capos' (Platzhirsche) besseres zu tun haben?
- Wie ist die Grundstimmung in Höfen etc.? Wie üblich sind rassistische, ausländerInnenfeindliche, sexistische Bemerkungen oder Beschimpfungen?
- Wie hoch ist der Aggressionspegel bei unabsichtlichen Zusammenstößen?
- Wie hilfsbereit sind die Leute miteinander?

4) Entdeckung jener Orte, wo sich Jugendliche regelmäßig aufhalten:

- Orte, die Rückendeckung bieten (Plakatwände, Pavillons, Gerüste, zur Not zusammengeschobene Bänke ...),
- viele Zigarettenstummel,
- Spuckflecken (wenn sie noch nicht lange weg sind),
- leere Zigarettenpackerln,
- zusammengeschobene Bänke,
- angemalte Bänke, Wände.

5) Systematik für das gesamte Einsatzgebiet:

- Welche Wiesen sind bespielbar, welche sind voll Hundekot?
- Wie ist der Zustand der ‚Käfige' (mit hohen Drahtgittern eingezäunte, asphaltierte Sportflächen)? Was ist kaputt?
- Wie viele Spielplätze gibt es und für wen? Was ist kaputt? Für welche Gruppe gibt es keine Spielplätze?
- Wo sind dunkle Durchgänge, wo sich die Leute fürchten?
- Wo sind Straßen oder andere bauliche Barrieren, die Kinder, Teenies, Jugendliche daran hindern, ihren Sozialraum auszunützen?
- Taubenproblem?
- Hundeproblem?
- Welche Geschäfte/Lokale gibt es im ‚Grätzel', mit denen kooperiert werden kann?
- Welche freien Plätze könnten für Großevents benützt werden?
- Welche Sportstätten gibt es? Welche geben Jugendlichen verbilligte Eintritte?

Ulli Haschka (Verein Wiener Jugendzentren)

Dieser Versuch einer Systematik von Betrachtungskriterien bildet recht gut die Komplexität sozialräumlicher Zusammenhänge ab. Bei der Zusammenfassung der Beobachtungen ist es von Vorteil, von genauen Beschreibungen von signifikanten Orten oder Plätzen auszugehen.

Beispiel: Dokumentation einer Beobachtung im Park

Im folgenden Beispiel ist die Beschreibung eines Parks, sowie der Versuch einer grafischen Darstellung der räumlichen Gegebenheiten dokumentiert. Sie wurde von StudentInnen im Rahmen der Forschungswerkstatt 2004 angefertigt.

Abb. 8: Beispiel: Strukturierte Stadtteilbegehung ‚Waldmüllerpark'

„Waldmüllerpark: Der größte Park unseres Gebietes"[54]

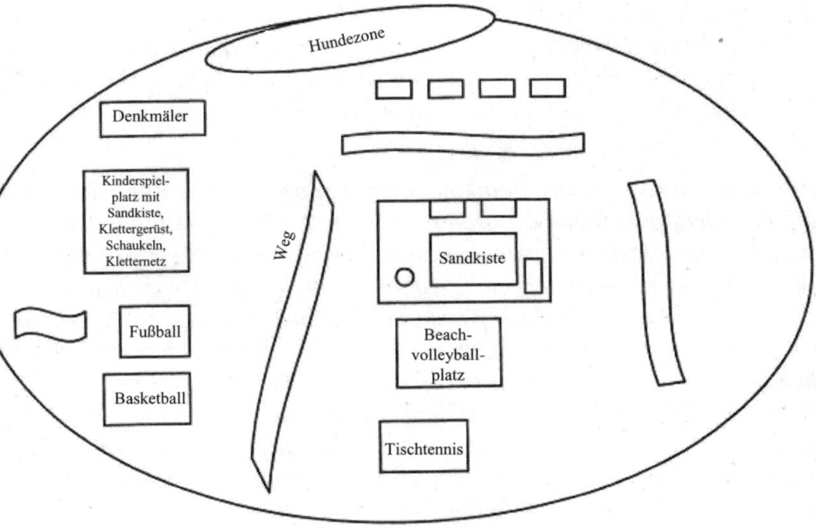

„Im Kleinkinderbereich gibt es neben der Sandkiste auch ein Hutschpferd, eine Nestchenschaukel und Sitzgelegenheiten. Uns ist aufgefallen, dass die Hundezone, trotzdem sie groß ist, nur wenig genutzt wird und die Hunde eher in der übrigen Parkanlage teilweise ohne Leine und Beißkorb herumlaufen.

Der Park ist sehr groß und gepflegt, er wirkte auf uns sehr einladend. Die Gehwege sind von großen Kastanienbäumen umgeben und die Wiese ist immer wieder mit Blumen bepflanzt. Teilweise waren die Bänke mit Sprüchen versehen und auch auf der Treppe zum ‚Ausgang' waren Spuren von Jugendlichen zu entdecken.

54 Ferscha/Haider/Rohrwild/Zeicher in: Krisch/Reinprecht 2005:53

In der Nähe des Tischtennistisches hielten sich bei jeder unserer Begehungen zwischen 5 und 7 männliche Erwachsene auf, teilweise auch ein Kleinkind, sowie ein männlicher Jugendlicher, begleitet war diese Gruppe von einem Rottweiler. Diese Männer rauchten, tranken Dosenbier und spielten mit dem Hund. Sie unterhielten sich teilweise auf Deutsch und teilweise in einer anderen Sprache. Einmal nahmen wir in der Nähe von ihnen Platz und wir fühlten uns von ihnen beobachtet, und es löste bei uns ein unangenehmes Gefühl aus. Nähere Erläuterungen im dritten Teil unseres Berichtes.

Der geschlossene Käfig war stets gut besucht, und schien bei den Jugendlichen beliebter zu sein als der dahinter liegende, da er vollkommen geschlossen ist. In diesem Käfig konnten wir beobachten, dass mehrere Gruppen gleichzeitig nebeneinander Basketball, Fußball und Streetball spielten. Im Gegensatz zum Erlachpark, trafen wir hier nur einmal ein Mädchen an. In den anderen Bereichen dieses Parks waren Mädchen eher im Kinderspielplatzbereich vertreten. Auch hier konnten wir beobachten das Mädchen selten bis gar nicht alleine in den Park gehen. Wir trafen sie mindestens zu zweit an.

In diesem Park wird der Kleinkindbereich stark genutzt. Vor allem Mütter mit Kleinkindern, scheinbar nach deren Kindergartenaufenthalt, aber auch Migrantenmädchen besuchten diesen Bereich mit ihren kleineren Geschwistern. Im Kleinkindbereich trafen wir auch auf österreichische Mütter mit ihren Kindern. Der Park wurde auch immer wieder von Erwachsenen zum Joggen und Spazieren gehen benutzt. In der Hundezone haben wir noch einen vermutlichen Jugendtreff gefunden und zwar in einem Pavillon, wo einige Bänke und ein Tisch stehen. Die Tische, Bänke, Mauern und Säulen waren stark beschmiert und es lagen viele Red Bull Dosen und Bierdosen, sowie Zigarettenschachteln herum. Bei unseren Stadtteilbegehungen trafen wir nur einmal auf Jugendliche im Pavillon. Wir vermuten daher, dass dieser eher am Abend genutzt wird. Ebenfalls in der Hundezone entdeckten wir eine, im Gebüsch versteckte Parkbank, die mit Sprüchen beschreiben war.“

Beispiel: Dokumentation eines Beobachtungsrundganges

Eine andere Form der Dokumentation wählte das Team des Jugendtreffs Donaustadt, welches im Rahmen ihrer umfassenden Stadtteilanalyse (vgl. Liska/Lehner/Lenzner 2006) jeden jugendrelevanten Ort mit Fotos bzw. einer Auflistung der vorhandenen Infrastruktur belegte.

„Skatepark Polgarstraße

Ausstattung:

- *Halfpipe*
- *Ramps*

- *Parkbänke*
- *Tische*
- *Sandkiste*
- *Spielgeräte*

Von Skatern (Inliner wie Boarder) genutzter Park, wobei das ‚Abhängen' mindesten ebenso wichtig ist wie das aktive Fahren. Die Altersgruppe der dabei angetroffenen Skater ist größtenteils im Teenie-Bereich. Der hiesige Kinderspielplatz wird im Vergleich zu den umliegenden Angeboten eher selten benutzt. Vereinzelt trifft man auf Eltern(teile) mit ihren Kindern. Die große angrenzende Grünfläche wird, wie beobachtet, als Hundewiese missbraucht und ist somit zum Spielen größtenteils uninteressant/unmöglich.

Abb. 9: Skatepark Polgarstraße

Spielplatz Polgarstraße/Ecke Rugierstraße

Ausstattung:

- *umzäunter, kleiner Platz*
- *Spielgeräte*
- *Sandkiste*
- Bänke

Abb. 10: Spielplatz Polgarstraße/Ecke Rugierstraße

Der erst im Sommer 2006 fertig gestellte Kinderspielplatz erfreut sich eines beliebten Daseins für Eltern mit ihren (Klein-)Kindern. Die große angrenzende Wiese mit Sitzgelegenheiten bietet nicht nur in Pausen/Freistunden für SchülerInnen der nahegelegenen Polgarschule einen attraktiven Aufenthalt, sondern wird auch am Abend und am Wochenende regelmäßig von Jugendlichen frequentiert. In erster Linie um ‚abzuhängen', teilweise wird

die Wiese aber auch zum Fußballspielen genutzt, wobei Bäume die Tore bilden.“ (Liska/Lehner/Lenzner 2006: 15f.)

Nach mehrmaligen Begegnungen lassen sich Treffpunkte und Aufenthaltsorte von Kindern und Jugendlichen auf der Stadtteil-Karte festlegen. Die folgende Darstellung bildet die wichtigsten Treffpunkte von Jugendlichen im Stadtteil ab. Jeder dieser Plätze wurde mehrmals beobachtet und genau beschrieben.

Abb. 11: Beispiel: Strukturierte Stadtteilbegehung, Treffpunkte

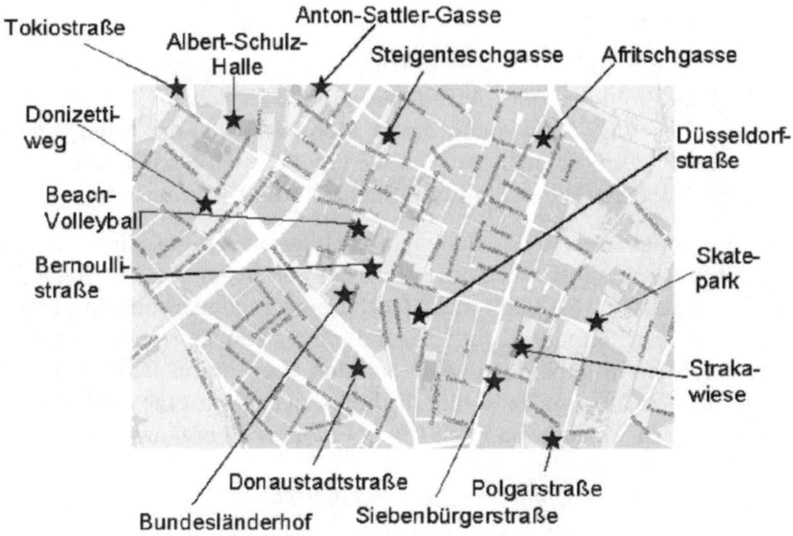

Nachdem der ganze Stadtteil (oder die Region) und seine Beobachtungssegmente begangen und entsprechend beschrieben wurden, werden nun die Aneignungsformen der Jugendlichen selber betrachtet und mit den eigenen Erfahrungen in Beziehung gesetzt.

Zweiter Schritt – „Befragungsphase“: Stadtteilbegehung mit Jugendlichen

Die zweite Stufe der Strukturierten Stadtteilbegehung stellt dann die Begehung dieser Planquadrate mit bekannten – weiblichen und männlichen – Kindern oder Jugendlichen dar, die bestimmte Ausschnitte dieser Gegend sowie deren sozialräumliche Gegebenheiten kennen und auch gerne darüber berichten wollen (vgl. *Stadtteilbegehung mit Jugendlichen*).

Nun geht es darum, die vorangegangenen Eindrücke der MitarbeiterInnen mit den alltagsweltlichen Interpretation der Kinder und Jugendlichen zu vergleichen. Der Unterschied zur Stadtteilbegehung besteht darin, dass Kinder und Jugendliche gebeten werden, auch Orte in den ‚Planquadraten' zu interpretieren, die bei ihren Spaziergängen nicht vorkommen. Bei der Stadtteilbegehung bestimmen ja die Jugendlichen den Weg und setzten sich dadurch natürlich über die doch willkürlich gesetzten Grenzen der Beobachtungssegmente hinweg. Man lernt den ökologischen Nahraum einer Clique kennen, kann aber nur einzelne Ausschnitte der selbst begangenen Umwelten mit den Eindrücken Jugendlicher vergleichen. Um aber auch etwas über gemiedene Orte, oder über die Bedeutung und Behinderungen von städtebaulichen und planerischen geschaffenen Umwelten zu erfahren werden die Jugendlichen während oder nach der Stadtteilbegehung noch nach anderen Räumen befragt:

Wo treffen sich die anderen? Welche Cliquen sind in diesem Raum anzutreffen? Welche Probleme oder Affinitäten gibt es zwischen Cliquen? Welche Orte erlauben was? (Bewegung, Sport, sich treffen, in der Nacht sitzen, usw.) Welche Hindernisse oder Hemmnisse ergeben sich bei der Aneignung dieser Räume? Was gefällt euch/dir am Stadtteil? Was ist mühsam?

Während die Tätigkeiten in der Beobachtungsphase auch gut alleine durchzuführen sind, ist es unbedingt notwendig, bei der Begehung mit Jugendlichen zu zweit zu sein. So kann sich der/die eine JugendarbeiterIn auf das Gespräch mit den Kindern und Jugendlichen konzentrieren, während der/die andere die Aufgabe der Dokumentation übernimmt. Diese kann sowohl in Form von Notizen bzw. durch die Verwendung eines Diktaphons erfolgen und durch Videoaufnahmen sowie Fotografien ergänzt werden.

Variante der „Befragungsphase": das Cliquenraster

Statt der Begehung mit bekannten Kids kann dieser zweite Schritt auch mit unbekannten Cliquen, die beim ersten Streifzug wahrgenommen wurden, durchgeführt werden. Sollten diese aber nicht zu einem Spaziergang zu bewegen sein, was durchaus wahrscheinlich ist, können sie über ihre Einschätzung bestimmter Situationen im Planquadrat, aber auch über sich selbst und ihren Bezug zum Stadtteil befragt werden. Die Kategorien des Rasters können hier als Leitfaden für die Interviews genutzt werden. Wichtig dabei ist, sich zwar als MitarbeiterIn des Jugendzentrums zu verstehen und vorzustellen, sich aber nicht von der Fragestellung, ob das eine potenzielle BesucherInnengruppe für das Jugendzentrum sein könnte, leiten zu lassen. In diesen Gesprächen steht die Interaktion mit den Jugendlichen und die Wahrnehmung der besonderen sozialräumlichen Qualitäten des Ortes, an dem diese angetroffen werden, im Vordergrund. Über dieses Gespräch entsteht aber auch ein präziseres Bild von der Clique.

Die Auswahl der angesprochenen Cliquen kann zufällig sein und sich auf die gerade anwesenden Jugendlichen beziehen. Die Kontaktaufnahme kann sich aber auch auf bestimmte Zielgruppen beziehen: JugendarbeiterInnen begehen den Stadtteil und suchen bestimmte Zielgruppen, beispielsweise Mädchen in einem bestimmten Alter oder Teenies auf, die aufgrund der konzeptionellen Ausrichtung erreicht werden könnten. Durch die vorangegangenen Streifzüge sind deren Aufenthaltsorte bekannt. Hier gilt es, das Interesse an ihren Lebensumständen zu betonen, wieder Fragen nach ihrer alltagsweltlichen Wahrnehmung der Möglichkeiten des Stadtteils zu stellen, aber sie auch zu ermuntern, ihre Wünsche und Erwartungen an ein adäquates Angebot im Stadtteil zu formulieren.

Der Strukturierten Stadtteilbegehung als Ausgangspunkt für weiterführende Schritte der Jugendarbeit: Institutionenbefragung, Kontakte zu beobachteten Cliquen etc.

Die Strukturierte Stadtteilbegehung steht am Beginn der intensiven Erschließung des Stadtteils. Nachdem dieses Projekt durchgeführt wurde, ist der Stadtteil ‚vertrauter' geworden, es bestehen vermehrt Kontakte zu verschiedensten Cliquen und die verschiedenen sozialräumlichen Zusammenhänge zwischen jugendlichen Aneignungsformen und räumlichen Zuschreibungen erscheinen verständlicher.

Auch wenn dieses Verfahren (zeit-)aufwändig ist, führt es in der Praxis nicht nur zum Erwerb eines präzisen sozialräumlichen Verständnisses. Es macht die Fachkräfte der Jugendarbeit auch zu bekannten und kompetenten Ansprechpersonen für Kinder und Jugendliche.

Dieses auf den Stadtteil bezogene Wissen erleichtert auch den Zugang zu bestimmten Zielgruppen, die in verschiedenen Planquadraten z.T. bereits angetroffen wurden. Erfahrungsgemäß wird das hier erworbene sozialräumliche Verständnis sowohl von den Institutionen –, die Sozialraumfachleute der Jugendarbeit' – als auch von den Jugendlichen – ‚die wissen, wovon wir reden' – sehr geschätzt und fördert intensive Auseinandersetzungen über die Lebensräume von Kindern und Jugendlichen im Gemeinwesen.

Durch Gespräche mit TrägerInnen bzw. MitarbeiterInnen der im Stadtteil beheimateten Institutionen (vgl. *Institutionenbefragung*) kann die Einschätzung der Stadtteil-Situation der Kinder und Jugendlichen und der MitarbeiterInnen mit dem Blickwinkel der Institutionen verglichen und in Erfahrung gebracht werden, welche unterschiedlichen Sichtweisen vorherrschen und wie diese interpretiert werden können.

Es ist von Bedeutung, es nach Möglichkeit nicht bei diesem Projekt zu belassen, sondern in einer gewissen Regelmäßigkeit auch weiter die Planquadrate zu begehen.

3.4 *Subjektive Landkarten – Autofotografie*

3.4.1 Kurzbeschreibung

Mit Hilfe selbst gezeichneter und gemalter Karten werden die subjektiv bedeutenden Lebensräume von Kindern und Jugendlichen im Stadtteil oder in der Region sichtbar gemacht (vgl. Schumann 1995:215). Kinder und Jugendliche zeichnen auf großen Papierbögen mit geeigneten Stiften und Malutensilien den Stadtteil und ihre wichtigsten Bewegungs- und Aufenthaltsräume ein und gestalten diese aus. Dabei werden sie gebeten, von bedeutenden Orten wie der Wohnung, der Schule, möglicherweise dem Jugendzentrum auszugehen und ihre subjektiven Handlungsräume darzustellen. Über diese Ausgestaltungen erschließt sich die subjektive Wahrnehmung von einzelnen Heranwachsenden und das Wohnumfeld, Spielorte etc. werden in ihren lebensweltlichen Sinngehalten erkennbar. Über die gemeinsame Interpretation und Reflexion des Gezeichneten entsteht eine intensive Auseinandersetzung über relevante sozialräumliche Zusammenhänge.

Die JugendarbeiterInnen fördern durch entsprechende Fragestellungen eine möglichst dichte Ausgestaltung des Zeichenblattes. Dieses Verfahren ist sehr offen und aktivierend, wobei natürlich die Motivation sich zu beteiligen vom Spaß am Zeichnen und von der Einschätzung eigener gestalterischer Fähigkeiten abhängt.

3.4.2 Fokus/Erkenntnisinteresse

Das Verfahren der Subjektiven Landkarten (vgl. Schumann 1998) kann als Analogie zur Stadtteilbegehung mit Jugendlichen gesehen werden. Es geht ebenso darum, den Stadtteil aus der Wahrnehmung der Jugendlichen kennen zu lernen. Die Auswahl der Orte beim Streifzug durch die Region findet sich auch in der Prioritätensetzung der Zeichnung wieder. In der Ausgestaltung der Landkarten bilden sich wiederum die subjektiven Bewertungen sozialräumlicher Zusammenhänge ab.

Hier zeigt sich oft der Widerspruch zwischen den objektiven Gegebenheiten eines Sozialraums – eines Dorfes, Stadtteils, einer Region etc. – und den subjektiven Lebenswelten von Kindern oder Jugendlichen: Das, was in der funktionalen Beschreibung eines Gebietes beispielsweise der Kinderspielplatz oder eine Bushaltestelle ist, kann in der subjektiven Lebenswelt ein wichtiger informeller Treffpunkt sein, ein Ort der Beschäftigung an dem sich eine Clique trifft und/oder von dort aus zu Unternehmungen startet. Aber auch unsichtbare Barrieren, wie Straßenzüge, Verkehrsaufkommen, konfliktbehaftete Plätze etc., werden sichtbar, wenn Kinder und Jugendliche die Möglichkeit haben, ihre eigenen Deutungen der sozialräumlichen Bezüge darzustellen.

Einer der Vorteile dieser Methode liegt darin, dass man – nur mit einem geringen zeitlichen und materiellen Aufwand verbunden – intensive Einblicke in die subjektiven Lebenswelten von Jugendlichen erhalten kann. Die animierende Form der Methode birgt aber auch einen gewissen Nachteil in sich: Die Abhängigkeit von den künstlerischen und argumentativen Fähigkeiten der Ausführenden beschränkt die Aussagekraft der Subjektiven Landkarten. Fehlendes zeichnerisches Können kann aber durch das Gespräch über die Darstellungen kompensiert werden. Tatsächlich sind auch oft einfachere Darstellungen aussagekräftiger als komplexe Kunstwerke.

Da die Durchführung eher in Räumen und einer ruhigen Atmosphäre erfolgt, werden mitunter durch diese Verfahren auch Kinder oder Jugendliche erreicht, die solche Situationen schätzen, mitunter eher introvertiert sind, sich nicht sofort an Aktionen beteiligen und daher auch kaum an einer Stadtteilbegehung teilnehmen würden.

3.4.3 Die Methode im Feld

Die Methode der Subjektiven Landkarten ist für Kinder und Jugendliche sehr geeignet, weil sie ja auch in der Schule malen und zeichnen. Sie führt natürlich altersbedingt zu verschiedenen Ausformungen, die auch etwas mit den unterschiedlichen sozialräumlichen Aneignungsformen zu tun haben.

Bei Kindern fällt beispielsweise auf, dass sie zumeist nur die Schule, den Jugendtreff/das Jugendzentrum bzw. ihr Zuhause einzeichnen; interessant erscheint, in welchem Verhältnis diese zueinander dargestellt werden. Bei jüngeren Jugendlichen werden es dann signifikant mehr Räume die eine Rolle spielen und die oft in ‚Inselform' angeordnet werden.

Kinder wollen schön oder ganz genau zeichnen – offensichtlich wird dies von ihnen im Zeichenunterricht erwartet und sie assoziieren damit bei dieser Methode eine ähnliche Zielsetzung. Teenies, so lässt sich oft beobachten, malen einfach drauf los. Burschen scheinen generell hilfloser, wie sie mit einer Zeichnung beginnen können. Von Bedeutung ist es hier, immer wieder zu motivieren, nachzufragen und andauernd den Prozess des Darstellens im Laufen zu halten. Trotzdem zeigt sich – vor allem bei männlichen Jugendlichen –, dass sie mitunter in kürzester Zeit ihre oft sehr funktionalistische Darstellung beenden und das Blatt dann eher auch dazu nutzen, bestimmte Symbole zu zeichnen oder sich mit ‚Graffities' zu positionieren.

Prinzipiell ist die Methode eher mit kleinen Gruppen durchzuführen und benötigt auch einen geschützten Raum. Der Zeitaufwand variiert zwischen einer und zwei Stunden. Zunächst müssen die TeilnehmerInnen entsprechend motiviert werden, um dann ohne große Ablenkung genügend Zeit für die Anfertigung ihrer Zeichnung zu haben. Jedenfalls muss auch Zeit dafür bleiben, über die Zeichnungen zu sprechen, gegebenenfalls auch noch weitere Eintragungen vorzunehmen und möglicherweise auch ein Gruppengespräch – etwa in einer Mädchen- oder Burschengruppe zum Vergleich der unterschiedlichen Bilder – führen zu können.

Von Bedeutung erscheint, dass die JugendarbeiterInnen als ModeratorInnen den Kindern oder Jugendlichen vermitteln, dass es nicht darum geht, eine präzise geografische Karte des jeweiligen Sozialraums zu zeichnen, sondern dass es um die persönliche eigene Welt geht.

Nach der Erklärung der Methode werden die TeilnehmerInnen gebeten, zunächst ihr Haus, ihre Wohnung, die Straße auf einen großen Zeichenkarton oder Packpapier einzutragen und dann jene Orte in ihrer unmittelbaren Wohnumgebung, die ihnen wichtig sind – z.B. auf dem Weg zur Schule oder zur Arbeit. Dabei spielen die tatsächlichen Entfernungen keine Rolle, sondern die Orte und Räume sollen eher nach der Bedeutung für den Einzelnen gezeichnet oder gemalt werden. So entstehen oftmals ‚Inselbilder' mit einzelnen Orten und Räumen, die für das Kind oder den Jugendlichen (oder auch Erwachsenen) von Bedeutung sind.

Kinder und Jugendliche müssen beim Zeichnen bzw. Malen begleitet, möglicherweise auch animiert werden, weitere wichtige Orte in ihre persönliche Karte einzuzeichnen. Oft entsteht während des Malens ein Gespräch, in dem die Fachkräfte durch geeignetes Nachfragen, aber auch durch aktives Zuhören dazu beitragen können, dass eine interessante subjektive Landkarte entsteht.

Der Aufwand für die Methode ist relativ gering – Plakatkarton, Filzstifte oder Malfarben sind relativ einfach zu besorgen.

Eine besondere Möglichkeit eröffnet sich bei einer Gruppe von Jugendlichen, die sich sehr gut kennen. Schumann (1998:98f.) schlägt hier ein Prozedere vor, in dem im ersten Schritt Stegreifzeichnungen angefertigt werden. Dann werden im zweiten Schritt gemeinsam alle Karten angeschaut und jeweils die Ausarbeitung von Konkretisierungen und Details besprochen. Im dritten Schritt werden nun die fertigen subjektiven Landkarten aufgehängt und miteinander verglichen. Es entstehen interessante Gespräche über diese subjektiven Sichtweisen. Das Nachfragen sollte zu einem Gespräch zwischen interviewender Person und zeichnender Person anregen, das entweder neue Impulse zum Weiterzeichnen gibt, oder wodurch bereits gezeichnete Details genauer erklärt werden. Hierbei sollte man beachten, dass alle neuen Eintragungen auf der subjektiven Landkarte mit einer anderen Farbe vorgenommen werden, damit sie von der zuvor gemachten Zeichnung unterschieden werden können.

Prinzipiell lässt sich sagen, dass es nicht darum geht, die Methode mit möglichst vielen Kindern und Jugendlichen durchzuführen. Es geht hier um intensive persönliche Eindrücke, die dann mit den Ergebnissen anderer Methoden verglichen werden können.

In einem anderen Setting und mit einer anderen Intention können sich aber durch gemeinsame Zeichnungen im Alltag der Jugendarbeit interessante Gespräche über den Stadtteil und seine Chancen und Barrieren ergeben.

Natürlich sind Darstellungen mit einem so offenen Anspruch und geringen zeichnerischen Vorgaben in ihrer Gestaltungsform miteinander kaum zu vergleichen oder zu typisieren. Gerade Subjektive Landkarten zeichnen sich durch ihre individuelle Logik aus.

Trotzdem sind hier drei Beispiele[55] angeführt, um ein Bild von der Qualität dieses Verfahrens zu erzeugen.

Die beiden gleichaltrigen Mädchen gehen von denselben Ausgangspunkten ‚Zuhause', ‚Schule', ‚Jugendzentrum' aus und doch sind die Gestaltungsformen so verschieden. Das eine Mädchen kommt nur zum Sportbetreiben ins Jugendzentrum, ist sonst mobil im Stadtteil unterwegs und ist eine ausgezeichnete Schülerin (siehe Abbildung 12).

Abb. 12: Beispiel: Subjektive Landkarte

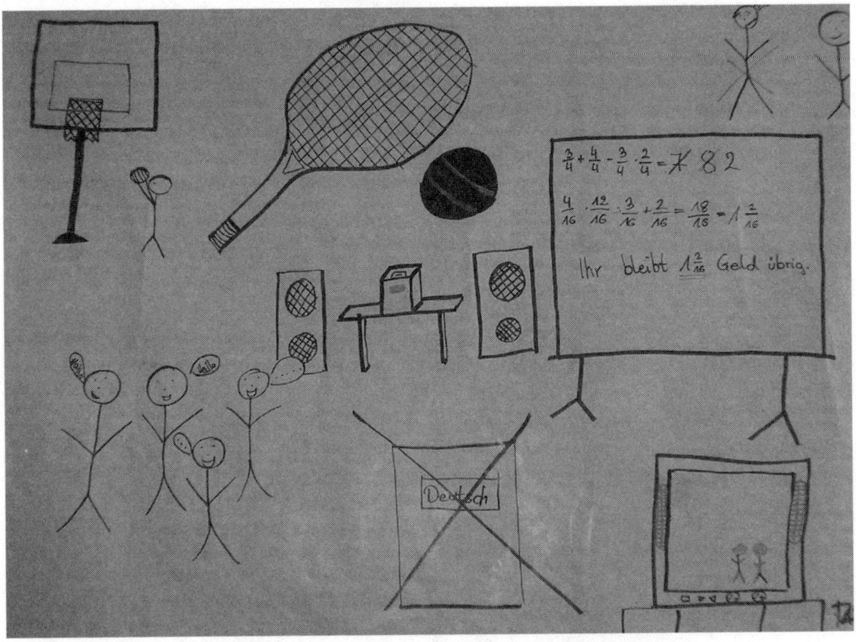

Das andere Mädchen ist Stammbesucherin der Einrichtung, wartet schon vor der Öffnungszeit auf den Beginn, ist sonst nicht im Stadtteil anzutreffen: Alles wird in einem Haus zusammengefasst (siehe Abbildung 13).

55 Die Subjektive Landkarten wurden im Jugendzentrum Strebersdorf im Rahmen einer Sozialraumanalyse mit jüngeren Jugendlichen angefertigt.

Abb. 13: Beispiel: Subjektive Landkarte

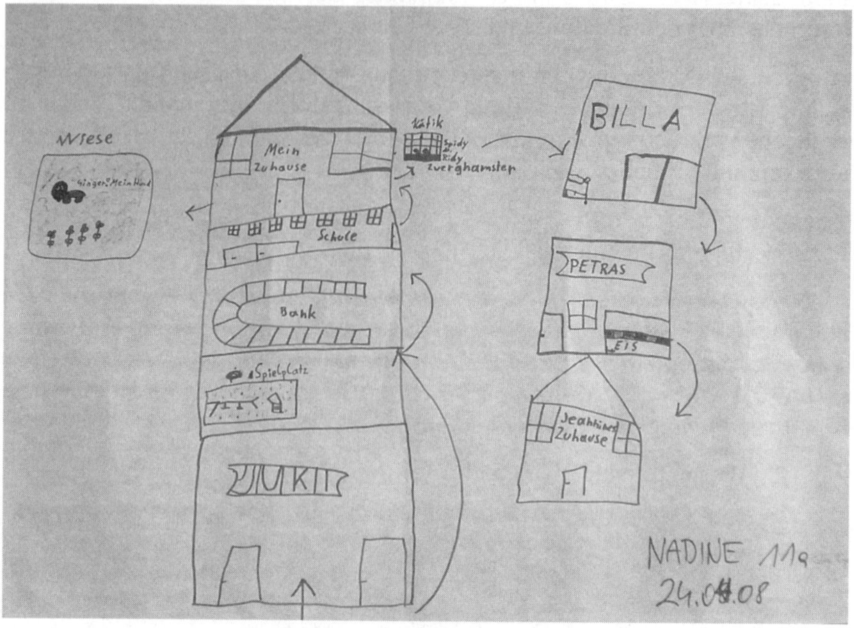

Abb. 14: Beispiel: Subjektive Landkarte

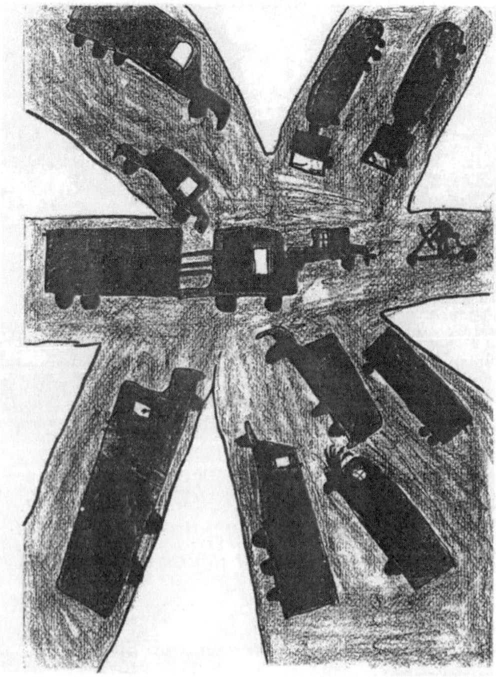

Abbildung 14 zeigt eine gefährliche Kreuzung. Nachdem der 12-jährige Julian in einer ersten Stegreifzeichnung eine Kreuzung besonders betont hatte, baten wir ihn diese genauer zu zeichnen. Er sieht sich dabei rechts oben als Fahrradfahrer, die Lastwagen drücken in seiner Darstellung Bedrohung aus.

Obwohl die Autofotografie eine völlig andere Technik und Methodik in den Vordergrund stellt, hat sie eine große Ähnlichkeit mit der Zielvorstellung des Verfahrens der Subjektiven Landkarten. Auch hier geht es darum, ausgewählte Orte subjektiv darzustellen.

3.4.4 Die Autofotografie

Kurzbeschreibung

Kinder und Jugendliche fotografieren ihre alltägliche Umgebung und kommentieren anschließend die entstandenen Fotos. Die Auswahl der fotografierten Objekte bzw. deren Darstellung bildet die subjektive Perspektive von Kindern und Jugendlichen ab und lässt die alltägliche Umgebung aus ihrem Blickwinkel plastisch werden.

Die Autofotografie ist ein spielerisches Verfahren, welches durch die Möglichkeiten der Bearbeitung am Computer und einer entsprechenden interpretativen Gestaltung seine besondere Qualität erlangt.

Fokus/Erkenntnisinteresse

Das animative Verfahren der Autofotografie (vgl. von Spiegel 1997:191) zielt darauf ab, dass Kinder (als ursprüngliche Zielgruppe) eigenständig bestimmte Orte auswählen, diese fotografieren und die Abbildungen in weiterer Folge auch interpretieren. Durch die Auswahl der fotografierten Objekte, wie auch durch die Form der Abbildung entsteht eine Sammlung von Eindrücken, was Kinder selbst in ihrem sozialräumlichen Bezug wichtig finden und wie sie bestimmte Orte und Räume bewerten.

Zwischen Erwachsenen, Kindern und Jugendlichen gibt es deutliche Unterschiede in der Bewertung, aber auch schon in der Wahrnehmung ihrer Lebensräume. Während Erwachsene diese sehr funktional und rational sehen und nutzen, erfolgt eine Bewertung aus Sicht von Kindern und Jugendlichen oft nach ganz anderen Kriterien.

Der trennende Zaun wird zur Kletterwand, die Überbrückungshilfe Rolltreppe wird zur Rutsche, der Abstellraum für Müllcontainer zum Ort des Versteckspiels. Schon der Weg zur Schule wird nicht unbedingt nach dem Kriterium der schnellstmöglichen Überwindung einer Strecke angelegt, sondern entpuppt sich beim näheren Hinsehen vielleicht als abenteuerlicher Weg mit interessanten, für Erwachsene nicht sichtbaren Orten. Um die Qualität bestimmter Räume im Prozess ihrer tätigen Aneignung der Umwelt erkennen zu können, braucht es Methoden, wie beispielsweise auch die

Subjektiven Landkarten, die den spezifischen Blickwinkel von Kindern auch abbilden. Hier gilt es zu entschlüsseln, welche Orte überhaupt für Kinder eine bedeutende Rolle in ihrem sozialräumlichen Lebensumfeld spielen.

Kinder und Jugendliche werden mit Hilfe dieser Methode aber auch zu ExpertInnen ihres Sozialraumes gemacht, weil ihre Perspektive, ihre Sichtweisen und ihre subjektiven Eindrücke etc. im Vordergrund stehen.

Die Abbildung von Orten mit Fotos wird auch als Form der Dokumentation von Stadtteilbegehungen genutzt. Deren Qualität liegt in der Unmittelbarkeit der Vermittlung von Eindrücken während des gemeinsamen Spazierganges.

Das Besondere der Autofotografie wiederum liegt in der eigenständigen und subjektiven Auswahl der Motive.

Die Methode in der Praxis

In der ursprünglichen Fassung (vgl. von Spiegel 1997, Deinet 1999, Krisch 2002) werden Heranwachsende gebeten Situationen und Plätze zu fotografieren, die für ihr Leben typisch sind. Von Spiegel schlägt beispielsweise vor, Kinder „Personen, Dinge oder Umgebungen fotografieren (zu lassen), die etwas von ihnen selbst ausdrücken oder Teil von ihnen sind“ (von Spiegel 1997:191). Die entstehenden Fotos vermitteln dann etwas über die Bedeutung der Orte, Personen oder Gegenstände. Bei der Auswertung ist besonders die Fähigkeit gefragt, die Kinder und Jugendlichen zum Sprechen zu animieren und nicht eigene Interpretationen der Fotos vorschnell vorzunehmen. Gerade in den Kommentaren der jungen FotografInnen sowie der anderen Kinder und Jugendlichen liegt die besondere Chance, die eigensinnigen Interpretationen ihrer Lebenswelten einzufangen.

Es können aber auch die wichtigsten ‚Stationen’ auf dem Weg zur Schule, zum Jugendzentrum, tatsächliche, wie auch gewünschte Aufenthaltsorte in einem Stadtteil, oder aber auch die fünf ‚Lieblingsorte[56]’ im Stadtteil oder in der Stadt zum Thema gemacht werden. Bei einer gemeinsamen Auswertung entsteht so auch eine Abbildung der Spiel-, Streif- und Gesellungsräume der Jugendlichen.

War die Methode der Autofotografie ursprünglich mit Einwegkameras und schriftlichen Dokumentationen als spezielles Projekt der Jugendarbeit anzusehen, so ist die Fotografie und die Bearbeitung von Fotos am PC heute

56 Im Rahmen einer Methoden-Übung mit Studierenden der Sozialpädagogik an der TU Dresden sollten die StudentInnen ihre beliebtesten (unbeliebtesten) Hörsäle, Aufenthaltsorte, präferierten Eingänge u.a. fotografieren. Dabei wählten sie eine Form, in der sie auf jedem Bild sich selbst positionierten und körpersprachlich ihren Zugang zum Raum darstellten. Diese Ausdruckform lässt sich auch gut in der Jugendarbeit anwenden.

Teil der Jugendkultur geworden. Dies lässt sich natürlich entsprechend aufgreifen, wobei die Bildausarbeitung am PC zum Medium der Auseinandersetzung über die subjektiven Lebensräume der Jugendlichen wird.

3.5 Cliquenraster

3.5.1 Kurzbeschreibung

Das Cliquenraster ist eine Auflistung von Beschreibungen von Jugendkulturen in Form einer übersichtlichen Tabelle und soll die Verschiedenartigkeit von Jugendcliquen dokumentieren. Die Unterscheidungskriterien sind zwar auch ‚objektive' Merkmale wie Gruppengrößen, Alter, Geschlecht etc. betonen aber vor allem lebens- und alltagsweltliche sowie sozialräumliche Dimensionen, die beispielsweise in der Nutzung von Treffpunkten, in ihrer Mobilität, in präferierten Musikstilen und jugendkulturellen Symbolen, in bedeutenden Themen, Weltbildern oder Abgrenzung gegenüber Anderen zum Ausdruck kommen. Durch die schriftliche Abbildung der Vielfältigkeit von Jugendkulturen in Form eines Cliquenrasters soll ein differenzierter Blick auf unterschiedliche Jugendcliquen und -szenen einer bestimmten Region ermöglicht werden.

Über die Methode der teilnehmenden Beobachtung und/oder Befragung von einzelnen Cliquen werden dabei die spezifischen Aneignungs- und Ausdrucksformen von Jugendkulturen in ihren sozialräumlichen Kontexten erkundet und sollten die Diversität von Jugend(en) und damit auch ihre unterschiedlichen Bedürfnisse, Problemstellungen und Sichtweisen abbilden.

Die vielschichtige Beschreibung der Jugendkulturen und ihrer wechselseitigen Beziehungen führt zu einem besseren Verständnis der sozialräumlichen Aneignungsprozesse der Jugendlichen und macht deutlich, wie sehr sie auf Räume verwiesen sind und welche Themen in den Räumen verhandelt werden. Aber auch die Veränderungen der NutzerInnengruppen eines Ortes, beispielsweise eines belebten Parks, können durch die Überprüfung der Cliquenportraits nach einem bestimmten Zeitraum erkannt werden.

3.5.2 Fokus/Erkenntnisinteresse

Das Wissen über die Vielfältigkeit und Unterschiedlichkeit von Jugendlichen und deren Vergesellschaftungsformen charakterisiert den Blickwinkel einer sozialräumlichen Jugendarbeit. Hinter der Verallgemeinerung ‚die Jugendlichen' stehen verschiedenste Individuen, Gruppen, Cliquen oder Szenen (vgl. Hafeneger/Jansen 2001, Ferchhoff 1999, Schröder/Leonhardt 1998, Baacke 1999 u.a.), die sich aufgrund ihrer Lebenslagen, Lebensformen und Lebensstile grundsätzlich von einander unterscheiden. Auch die eingangs beschriebenen gesellschaftlichen Entgrenzungsprozesse führen zu weiteren Ausdifferenzierungen. Dementsprechend unterschiedlich stellen sich auch deren Ausprägungen und Formen der Raumaneignung dar: Jugendliche halten sich ja nicht einfach in Räumen auf, sondern stellen sich – wie bereits ausführlich dargestellt – durch ein bestimmtes Verhalten im Raum als Clique dar. Böhnisch (1996:158f.) weist darauf hin, dass der Zusammenhang zwischen Raumaneignung und Stil deren jugendliche Subkultur bestimmt:

> „So geben die Peer-group und Clique dem Raum seine soziale Gestalt, in ihr spielen sich Abgrenzungs- und Widerspiegelungsprozesse ab. Sozialer Raum und Praxis der Peer-groups sind miteinander verbunden. Der Raum wird benutzt, genutzt, umgewidmet, besetzt. Gruppen und Cliquen drücken ihre Einheit und Zugehörigkeit vor allem über diese von ihnen gestalteten Räume und ihre symbolischen Markierungen aus." (Böhnisch 1996:159)

Vor diesem Hintergrund greift eine Unterscheidung von Jugendkulturen bezogen auf ihr Alter, ihre soziale Lage, ihren Wohnort oder ihren bevorzugten Tätigkeiten zu kurz. Um die sozialräumlichen Dimensionen eines Stadtteils zu verstehen, muss die lebensweltliche Bedeutung verschiedener Orte für Jugendliche genauso in Erfahrung gebracht werden, wie auch umgekehrt die Prägungen dieser Orte durch deren NutzerInnen. Es geht also weniger darum, die Hintergründe der Herausbildung bestimmter Handlungs-, Lebens- und Artikulationsformen zu analysieren, sondern Jugendliche in ihren vielfältigen, auch sozialräumlich vermittelten Ausprägungen differenziert zu betrachten.

Die differenzierte Beschreibung von Jugendszenen und deren Verhaltensweisen in Form eines Cliquenrasters stellt ein Verfahren dar, durch welches Cliquen und Zusammenschlüsse von Jugendlichen in einem Stadtteil oder einer Region (oder aber auch in einer Jugendeinrichtung) erfasst werden sollen und ihre Unterscheidungen auf lebens- und alltagsweltlichen Ebenen und in ihren jugendkulturellen Ausprägungen benannt werden. Dies führt nicht nur zu einer intensiven Form der Auseinandersetzung mit jenen Jugendlichen, die nicht als BesucherInnen der Einrichtungen bekannt sind, sondern bedingt auch einen beobachtenden – nicht gleich ‚pädagogisch-bewertenden' – Zugang der JugendarbeiterInnen. Schließlich geht es bei der Erstellung des Cliquenrasters weder darum, Probleme oder Konflikte vor Ort zu lösen, noch neue Zielgruppen für die Einrichtung zu sichten.

Die Erstellung von Cliquenporträts kann durchaus verschiedene Erkenntnisinteressen verfolgen. So kann die Eintragung von Cliquen in ein Raster am Ende einer umfassenden Beobachtung von Jugendlichen im Stadtteil angewandt werden und solcherart einen Überblick über die verschiedensten Zielgruppen darstellen, zum anderen kann aber das Ausfüllen von Cliquenrastern in einer assoziativen Form als Methode einen Prozess der Auseinandersetzung über die Ausdifferenzierung von Jugend(en) zwischen JugendarbeiterInnen ermöglichen.

3.5.3 Die Methode in der Praxis

Das vorgeschlagene Cliquenraster mit der Betonung bestimmter Unterscheidungskategorien hat methodisch zwei Funktionen. Es stellt einerseits einen Leitfaden für Beobachtungen und Befragungen der Jugendlichen dar, andererseits entstehen durch die Eintragungen der Beschreibung verschiedener Cliquen ein Aufriss von Jugendkulturen, der ihre Unterschiedlichkeit in den Vordergrund stellt.

Tab. 3: Das Cliquenraster

1. Gruppe, Clique oder Szene; Alter, Geschlecht, Gemeinsamkeiten; Cliquennamen	**2.** Verhalten, Tätigkeiten, Outfit, Musik, Weltbild, Sprache	**3.** Treffpunkte, Orte	**4.** Problemlagen, Bedürfnisse, Interessen, alltagsweltliche Themen; kommunikative Anknüpfungspunkte	**5.** Ansprüche, Anforderungen, Kontakte; mögliche Ansatzpunkte der Jugendarbeit

Dabei variiert natürlich der Differenzierungsgrad der Cliquenbeschreibungen abhängig von der Zielsetzung der Verwendung des Cliquenrasters und dem damit verbundenen Aufwand.

Anmerkungen zu den einzelnen Kategorien

- Ad 1: Gruppe, Clique oder Szene; Alter, Geschlecht, Gemeinsamkeiten; Cliquennamen

In der ersten Kategorie wird versucht, die spezifische Homogenität der jugendlichen Gesellungsformen, der unterschiedliche Grad des Angewiesenseins bzw. der Abhängigkeit voneinander zu beschreiben. In Anlehnung an Hafeneger/Jansen und Schröder/Leonhardt wurden dies drei Formen unterschieden. Als „Gruppe" wird eine „feste und kontinuierliche Gemeinschaft von Gleichaltrigen" (Hafeneger/Jansen 2001:13) beschrieben, die sich altersspezifisch – im öffentlichen Raum – oft über eine bestimmte Tätigkeit oder ein gemeinsames Interesse wie Fußball, Basketball o.Ä.m. bestimmt. Zwar gibt es auch bei einer „Clique" gemeinsame Tätigkeiten, im Vordergrund steht aber hier die Gemeinsamkeit und Geschlossenheit als homogener Zusammenhang, verbunden mit der deutlichen Abgrenzung nach Außen und „einem ausgeprägtes Wir-Gefühl nach innen" (Schröder/Leonhardt 1998:18). Und eine „Szene" (vgl. Baacke 1999) stellt ein loseres und größeres Geflecht von Jugendlichen mit sich ändernden Gruppenkonstellationen (Cliquen können Teile einer Szene sein) dar, die sich allerdings über ähnliches Verhalten, gleiche Lebensstilen und ähnlich identifizierbaren Merkmalen und gemeinsame Interessen definieren.

Leicht zu beobachten und zu vermerken ist das Alter bzw. das quantitative Verhältnis zwischen Mädchen und Jungen einer Clique. Manchmal lassen sich auch andere gemeinsame Merkmale erkennen, die Zugehörigkeit ausdrücken. Ebenso spielen mitunter ethnische oder religiöse Zugehörigkeiten in spezifischen Situationen eine Rolle. Die Kategorie ‚Migrationshintergrund' wird aber bewusst nicht verwendet, weil sie erfahrungsgemäß zu Verallgemeinerungen führt und damit den Blick auf die Diversität von Jugendkulturen einschränkt.

Um eine leichtere Zuordnung zu erreichen, erweist sich eine assoziative Zuschreibung eines Cliquennamens – den sich die Clique unter Umständen auch selber gibt – verbunden mit der ungefähren Anzahl der Jugendlichen, als von Vorteil.

- Ad 2: Verhalten, Tätigkeiten, Outfit, Musik, Weltbild, Sprache

In diese Kategorie werden vorherrschende und typische Aneignungstätigkeiten, bestimmte körpersprachliche Ausdrucksformen, spezifische und bezeichnende Kleidungsstücke, aber auch jugendkulturelle Symbole wie Insignien, Tatoos, Piercings, Schmuckstücke, Haarschnitte etc. eingetragen. Welche Musikstile spielen für diese Gruppe eine zentrale Rolle? Was ist das Spezifikum ihrer sprachlichen Ausdrucksform? Welche Rituale der Begrüßung und des körperbezogenen Umganges gibt es? Mitunter sind auch bestimmende Alltagstheorien und ‚Weltbilder', denen sich diese Gruppe verpflichtet fühlt, in Erfahrung zu bringen: Wofür oder zu was steht eine Gruppe? Welcher Sprachformen, Dialekte oder spezifischer Artikulationen bedienen sich die Jugendlichen?

- Ad 3: Treffpunkte, Orte

Hier geht es vor allem um die Beschreibung des ökologischen Nahraumes (vgl. Baacke 1999). Welcher Ort ist der zentrale Cliquentreffpunkt? Welche Orte werden regelmäßig oder unregelmäßig aufgesucht und welche Qualitäten bieten diese Sozialräume? Welche ökologischen Ausschnitte spielen eine Rolle? Wie gestaltet sich die ökologische Peripherie der Jugendlichen. Was lässt sich über die Mobilität der Clique und deren Verwiesenheit auf Räume aussagen? Wie sehr werden Räume territorial besetzt?

- Ad 4: Problemlagen, Bedürfnisse, Interessen, alltagsweltliche Themen; kommunikative Anknüpfungspunkte

In der vierten Kategorie werden die von den Jugendlichen selbst geäußerten, subjektiv oder objektiv definierten Themenstellungen und Problemlagen von Jugendlichen – auch im sozialräumlichen Kontext – beschrieben.

Sie können sich auf Familien- oder Wohnsituation, auf Ausbildung und Beruf, Konflikte mit Institutionen, Beziehungen etc. beziehen. Aber auch Chancen und Barrieren sich Räume anzueignen spielen eine Rolle. Ebenso – oft in Abhängigkeit zu Problemstellungen – werden elementare Bedürfnisse und Interessen angeführt. Darüber hinaus erscheint interessant, welche Themen immer wieder genannt werden, über die sich die Gruppe auch ein Stück weit definiert. Über diese Themenkreise kommen dann auch andere JugendarbeiterInnen mit den Jugendlichen ins Gespräch.

- Ad 5: Ansprüche, Anforderungen, Kontakte; mögliche Ansatzpunkte der Jugendarbeit

Die letzte Kategorie unterscheidet sich von den anderen vier Dimensionen, weil sie bereits auf Ansatzpunkte möglicher pädagogischer Interventionen oder Ansatzpunkte der Jugendarbeit abzielt: Welche Ansprüche und Forderungen mit großer lebensweltlicher Priorität haben die Jugendlichen? Welche Anforderungen würden sich hier an die Jugendarbeit ergeben? Mit wem haben die Jugendlichen im Bereich der sozialen Arbeit Kontakte? Über welche Personen findet man auch Kontakte zur Gruppe? Über welche Jugendlichen könnte der Kontakte hergestellt werden? Wo liegen Ansatzpunkte von Angeboten der sozialräumlichen Jugendarbeit oder anderen möglichen AnbieterInnen?

Die letzte Fragestellung weist bereits auf konkrete Überlegungen zur Arbeit mit angetroffenen Cliquen hin. Dies ist aber nicht das erkenntnisleitende Interesse der Beobachtung, sondern könnte am Ende der Auseinandersetzung mit einer Clique denkmögliche sozialpädagogische Interventionen benennen. Das primäre Ziel des Verfahrens ist es, möglichst differenziert Gruppenzusammenhänge im sozialräumlichen Kontext zu beschreiben. Diese Kategorie spielt daher bei der Beobachtung und Befragung nur insoweit eine Rolle, wie von Jugendlichen selbst Bedarfe an die Jugendarbeit genannt werden.

Naheliegende Unterstützungsformen müssen aber auch nicht zwangsläufig von der Jugendeinrichtung selbst angeboten werden. Ins Kalkül zu ziehen wäre ebenso – im Sinne des sozialräumlichen Ansatzes –, wie in Vernetzung mit anderen Institutionen Problemstellungen oder Interessenslagen aufgegriffen werden könnten.

Anwendung des Cliquenrasters

Die ersten drei Kategorien – teils auch die vierte – können sehr gut durch die Methode der teilnehmenden Beobachtung erfasst werden. Für Aussagen über Bedürfnisse, Ansprüche, Interessen etc. ist es notwendig mit den Jugendlichen Gespräche zu führen.

Wird die Methode der Beobachtung gewählt, so muss diese öfters durchgeführt werden, um zu aussagekräftigen Portraits zu gelangen. Ein intensiverer Einblick ist natürlich durch die Kontaktaufnahme und das Gespräch mit den Jugendlichen zu erreichen, wobei die Kategorien des Rasters als Leitfaden für Fragestellungen dienen können.

Erfahrungsgemäß ergibt sich dieser Kontakt meist von selbst, wenn der/die JugendarbeiterIn öfters beobachtend in der Nähe einer Clique sitzt und von dieser dann über die Motive der Präsenz an einem bestimmten Ort befragt wird. Erfahrungsgemäß wird das Interesse an den Lebenswelten der Jugendlichen seitens der JugendarbeiterInnen zumeist positiv aufgenommen. Von Bedeutung ist jedenfalls der Hinweis, dass die hier gesammelten Informationen nicht oder nur in beschränkter Form veröffentlicht werden.

Die Cliquenraster sind als Dokumentationsunterlagen – in verschiedenen Formatierungen – für MitarbeiterInnen sehr leicht handhabbar, da die Kategorien übersichtlich und die Spalten je nach Grad der erfolgten Auseinandersetzung relativ schnell und einfach auszufüllen sind. Sie können auf Packpapier an der Wand befestigt werden und laden so zur Auseinandersetzung ein. Schließlich können die Cliquenporträts nach einem bestimmten Zeitraum, beispielsweise bezogen auf einen bestimmten Stadtteil oder Park, wiederholt werden, um damit Veränderungen bei Jugendkulturen und deren Aufenthaltsorten feststellen zu können. Die Aktualisierung, Erweiterung und Präzisierung der Cliquenraster wird so zum reflexiven Instrument der Arbeit.

Über die Beschreibung von Gleichaltrigengruppen, Cliquen oder Szenen in Form von Beobachtungen und Befragungen durch JugendarbeiterInnen hinaus, kann die Erstellung von Cliquenrastern auch andere Ziele verfolgen. Dies macht u.U. veränderte Beobachtungskategorien erforderlich und verändert natürlich auch den Grad der Ausdifferenzierung der Beschreibungen. Einige Varianten, die sich in der Praxis der Jugendarbeit bewährt haben sind *assoziative Cliquenraster*, sowie die *kontinuierlichen Cliquenbeobachtungen an einem bestimmten Ort*, beide werden anhand von Beispielen beschrieben. Das *Jugendkulturenraster*, welches von Jugendlichen selbst gestaltet wird, wird anschließend etwas umfangreicher dargelegt.

Ein Beispiel aus der Praxis: Das Cliquenraster des Jugendtreffs Donaustadt (Tabelle 4)

In der folgenden Darstellung (vgl. Liska/Lehner/Lenzner 2006:58) ist ein Ausschnitt der Beschreibung verschiedener Jugendkulturen seitens des Jugendtreffs Donaustadt zu sehen. In diesem Projekt wurden die Jugendlichen in einem Stadtteil über einen längeren Zeitraum beobachtet. Die Erkenntnisse aus Beobachtungen und Gesprächen wurden zusammengetragen und verschriftlicht. Nachdem in weiterer Folge ein Konzept entsprechender Jugendarbeit entwickelt werden sollte, finden sich hier in der fünften Spalte schon Anregungen für mögliche Angebote der Jugendarbeit.

Tab. 4: Beispiel: Cliquenraster Jugendtreff Donaustadt

Gruppe, Clique, Szene (Geschlecht, Alter, Gemeinsamkeiten)	Verhalten, Outfit, Musik, Weltbild, Sprache	Treffpunkte, Orte	Problemlagen, Bedürfnisse, Interessen, Anknüpfungspunkte	Ansprüche, Anforderungen, Kontakte, Ansatzpunkte
„Gruppe A“ 15 – 30 vorwiegend österr. Mädchen und Burschen (1:1) im Alter von 14–20 Jahren; befinden sich in Ausbildung oder gehen noch zur Schule, einige sind arbeitslos	„cooles“ Auftreten, „abhängen“, teilweiser Umgang mit „weichen“ Drogen; breitgefächerter Musikgeschmack (Techno, Schranz, Hip Hop, Austro Pop); Skaten, Fußball	Skateranlage an der Polgarstraße „Ramp“, alte Donau	Langeweile, Interessen- und Orientierungslosigkeit, Arbeitslosigkeit, familiäre Probleme; alternative Aufenthaltsmöglichkeiten	Alternative Freizeitangebote aufzeigen, Zuwendung, erlebnispädagogische Angebote, Berufsberatung, Räume, Sportangebote, Disko
„Gruppe B“ 15 – 20 vorwiegend türkische Burschen 2. Generation, wohnen alle im anliegenden Wohnblock, häufig viele der Eltern und Geschwister auf dem angrenzenden Spielplatz	Fußballspielen, „Murmeln“, immer aktiv, sportlich	Wiesen am Strakaweg: 4 Tore ohne Netz, ohne Spielfeldmarkierungen, angrenzender Spielplatz	Probleme mit älteren Jugendlichen, Verdrängung, Konflikte; Fußball	Sport, freizeit- und erlebnispädagogische Angebote, Verbesserung ihres Spielfeldes (Tore, Markierungen), Fußballturniere
„Gruppe C“ 6 – 15 vorwiegend österr. Burschen (vereinzelt Mädchen), Schüler der angrenzenden Schulen an der Polgarstraße, wohnen nicht in der unmittelbaren Umgebung	„chillen“; Musik: Metal, Hardcore, Punk; humorvoll, zugänglich, immer für einen Spaß zu haben; sportlich (Fußball), Tragen von Band-T-Shirts	Wiese Rugierstraße/ Ecke Polgarstraße, alte Donau, bei Freunden, Donauzentrum/ Donauplex(Lokal Köö), Kagran	Orientierungslosigkeit, Probleme mit Schule und Eltern, Umgang mit Alkohol und „weichen“ Drogen, alternative „Abhängmöglichkeiten“; Sport	Aufzeigen alternativer Freizeitangebote, Bereitstellen von Räumen, Beratung, Ansprechpartner, Unterstützung Schulabschluss; Sport- und erlebnisorientierte Angebote

Ein Beispiel aus der Praxis: das ,assoziative' Cliquenraster – ein Verständigungsmuster zwischen JugendarbeiterInnen (Tabelle 5)

JugendarbeiterInnen, die viel im Stadtteil bzw. in der Region unterwegs sind, kennen natürlich auch Jugendliche, die nicht zu den BesucherInnen der Einrichtung zählen. Dies sind mitunter auch anderen KollegInnen bekannt, oft werden sie aber von einzelnen JugendarbeiterInnen ganz unterschiedlich wahrgenommen. Nicht nur bei gemeinsamen Einschätzungen über die Situation von Jugendlichen, auch bei gemeinsamen Überlegungen zu sozialräumlichen Konzeptentwicklungen ist es hier von Bedeutung, die verschiedenen Wahrnehmungen von Cliquen zielgerichtet auszutauschen.

Auch in diesen Fällen bietet sich das Cliquenraster als Schablone der gemeinsamen Verständigung zwischen JugendarbeiterInnen (oder anderen VertreterInnen von Institutionen) an. Ähnlich wie bei der Erstellung eines Jugendkulturenrasters werden alle bekannten Cliquen und Jugendkulturen assoziativ beschrieben und in einen Raster eingetragen. In Einzelarbeit oder in Kleingruppen wird zuerst versucht, möglichst differenziert Jugendliche des Stadtteils entsprechend der Unterscheidungskategorien des Cliquenrasters zu beschreiben. In einem zweiten Schritt werden alle Cliquenbeschreibungen auf einer Pinwand aufgelistet und in einer „Verständigungsrunde" vorgestellt: Welche Cliquen werden von allen genannt und ähnlich eingeschätzt? Wo gibt es verschiedene Wahrnehmungen? Werden auch immer die selben Cliquen gemeint? Welche Cliquen werden nur vereinzelt wahrgenommen? Etc.

Über diese intensive Auseinandersetzung kann das Cliquenraster Stück für Stück präzisiert werden und führt zu einer gemeinsamen Verständigung über die Jugendkulturen und deren Aneignungsformen im Stadtteil. Dieses Verfahren kann aber auch für die BesucherInnen und gegenwärtigen Zielgruppen der Jugendeinrichtung angewandt werden. Über den Aushandlungsprozess zwischen den Fachkräften der Jugendarbeit, der bei der Beschreibung aller Jugendkulturen der Einrichtung entsteht, kann eine intensive Reflexion der sozialräumlichen Qualitäten der Jugendeinrichtung für die einzelnen Cliquen initiiert werden.

Das folgende Cliquenraster wurde von den MitarbeiterInnen des Teams des Jugendprojekts ,19 KMH' angefertigt (vgl. Haschka 2004:17). Nachdem die Cliquen – hier mit A, B, C und D gekennzeichnet – allen MitarbeiterInnen sehr gut bekannt waren, wurden statt der ,äußeren' Beschreibung typische Verhaltensweisen und Ausprägungen beschrieben.

Die kontinuierlichen Cliquenbeobachtungen an einem bestimmten Ort

Eine Abwandlung des oben beschriebenen Cliquenrasters stellt das vereinfachte Beobachtungsschema zur Beschreibung der BesucherInnengruppen von belebten Stadtteil-Treffpunkten dar.

Tab. 5: Beispiel:Assoziatives Cliquenraster ‚19 KMH'

Gruppe, Clique, Szene (Geschlecht, Alter, Herkunft)	Verhalten, Outfit, Musik, Weltbild, Sprache	Treffpunkte, Orte	Problemlagen, Bedürfnisse, Interessen, Anknüpfungspunkte	Ansprüche, Anforderungen, Kontakte, Ansatzpunkte
Gruppe A Ca. 25 Teenies und Jugendliche; Alter: 12–19 J. 20 % Mädchen 60 % türkis. Herkunft 40 % multik. Herkunft	Spiel- und fußballorientiert, multikulturelle Gruppe mit hoher Toleranz, hält sich nahezu ausschließlich im eigenen Gemeindebauhof auf, haben außer Bällen kein eigenes Spielmaterial; Themen sind Konflikte mit erwachsenen BewohnerInnen und Geld	Hof I des Karl Marx Hofes	Bewegung; Spaß haben, im Hof akzeptiert werden; spielen, Abwechslung vom Alltag	Aktionen mit Animationsmaterial und dem Tischfußballtisch, Feste, Turniere; Lobbyarbeit gegenüber erwachsenen BewohnerInnen
Gruppe B Ca. 50 Teenies und Jugendliche; Alter: 12 bis 20 J. 30 % Mädchen 40 % multik. Herkunft 60 % österr. Herkunft	Teenies: offen, kontaktfreudig, mitteilungsbedürftig, konkret, auf das „Hier und Jetzt" konzentriert, kulturell offen, mobil innerhalb des Bezirks. Jugendliche: angepasst, kulturell einseitig, mobil, an Erwachsenen orientiert	Hof IV des Karl Marx Hofes	Teenies: Bewegung, Sport, Spiel, sich untereinander messen, Ansprache, Gruppe, Auseinandersetzung mit empathischen Personen Jugendliche: Tratschen, Disco, Autos, Beziehungen, Arbeit	Teenies: Aktionen mit Animationsmaterial und dem Tischfußballtisch, Feste, Turniere; Einzelgespräche Jugendliche: Feste, Turniere
Gruppe C Ca. 15 Jugendliche Alter: 20–25 J. 10 % Mädchen 70 % österr. Herkunft 30 % multik. Herkunft	Sprunghaft, einerseits starkes Beziehungsgeflecht in dieser Gruppe, andererseits wenig Kontinuität in anderen Lebensbereichen (Arbeit, Freizeit), körperbetont, kommunikativ, bewegen sich gerne außerhalb der Norm, teilweise kulturell nicht offen und ausländerInnenfeindlich, Themen sind Arbeit und Alkoholkonsum	Sonnenbadkäfig/Käfig Hintergärtner/ Karl Marx Hof: Stiegenabgang 28/4	Ansprache, Unterhaltung, Gruppenerlebnisse, Geborgenheit, Gruppengefühle, Ausleben von Körpergefühlen	Treffpunkt Käfig und Bahnhof, Einzelgespräche
Gruppe D Ca. 20 Jugendliche Alter: 17–23 J. 20% Mädchen Österr. Herkunft	Aufmerksam gegenüber Ereignissen und Menschen in ihrem Umfeld, sehr mobil, begeisterungsfähig, humorvoll; AusländerInnen gegenüber und kulturell nicht sehr offen, leicht arrogant, stark konsumorientiert sozial angepasst, leicht motivierbar, brauchen für Betätigung Anstoß von außen; Konkurrenz und Alkohol sind große Themen	‚Bunter Gemeindebau'/Kreilplatz/Boschstraße 24	Sportliche Betätigung, Diskussionen über gesellschaftliche und zwischenmenschliche Ereignisse, Interessen sind Autos, das jeweils andere Geschlecht, Spaß haben, sich mit anderen messen; „Die Arbeit von ‚19 KMH'", Gruppenerlebnisse	Sport (Volleyball und Fußball) Austausch von Gemeinsamkeiten; Einzelgespräche; Mitarbeit bei ‚19 KMH'

Das Ziel ist hier, eine Momentaufnahme der vielfältigen BenutzerInnen eines öffentlichen Ortes, sehr oft eines Parks zu tätigen und die verschiedenen Nutzungsformen sowie mögliche Konfliktlinien und Bedürfnisse zu beschreiben. Die vorgeschlagenen Unterscheidungen des Rasters ermöglichen den Vergleich der Wahrnehmungen von verschiedenen JugendarbeiterInnen. Diese Beschreibungen erlauben es auch, die Beobachtung zu einem anderen Zeitpunkt zu wiederholen und so Veränderungen eines öffentlichen Ortes zu erkennen.

Tab. 6: Beobachtungsraster für BenutzerInnengruppen eines Parks

1. Gruppe, Clique, Szene, Einzelne; Alter, Geschlecht, Gemeinsamkeiten; Cliquennamen	**2.** Verhalten, Tätigkeiten, Outfit, Musik, Weltbild, Sprache	**3.** Wo halten sie sich im Park auf? Wie sehr besetzen sie Plätze? Welches Verhältnis haben sie zu anderen NutzerInnen?	**4.** Bedürfnisse, Interessen: Was tun sie? Wie betätigen sie sich? Anknüpfungspunkte für Gespräche	**5.** Assoziationen: mögliche Ansatzpunkte der Jugendarbeit

Das Raster unterscheidet sich vom Cliquenraster dadurch, dass in den Spalten drei, vier und fünf nicht Personengruppen, sondern Aneignungs- und Nutzungsformen bzw. -konflikte beschrieben werden.

Neben der Beschreibung der Personengruppen sollten jeweils auch subjektive Anmerkungen über die Vorgänge während der Beobachtungszeit notiert werden. In Form einer Skizze[57] könnten auch die Aufenthaltsräume der NutzerInnengruppen eingezeichnet werden.

Diese Protokolle, die gleich – möglichst deutlich – verfasst werden sollten, werden abgelegt und können jederzeit verglichen, aber auch zur Vorbereitung für den Parkbesuch herangezogen werden.

Bei der Untersuchung eines neuen Parks können die MitarbeiterInnen als Einstieg diesen unabhängig voneinander besuchen und jeweils diese Parkprotokolle anfertigen. Anschließend werden die Eindrücke gegenseitig referiert. Über die Diskussion von gleichen bzw. unterschiedlichen Einschät-

57 Exemplarisch wurde eine Parkbeschreibung von StudentInnen aus der Forschungswerkstatt 2005 (vgl. Krisch/Reinprecht 2005) eingefügt. Die Skizze ist von Wolfgang Zapata.

zungen entsteht ein gemeinsames sozialräumliches Verständnis bzw. eröffnen sich Aspekte, die in Hinkunft genauer betrachtet werden müssen.

Abb. 15: Beispiel: Parkbeobachtungsprotokoll

Ort:	Datum: Uhrzeit: Wetter:
Betätigungen und Verhalten: Was wird wie von wem genutzt, was nicht?	
Atmosphäre, Stimmung, Nutzungskonflikte	
Skizze: Der Park - BesucherInnengruppen werden jeweils eingefügt	

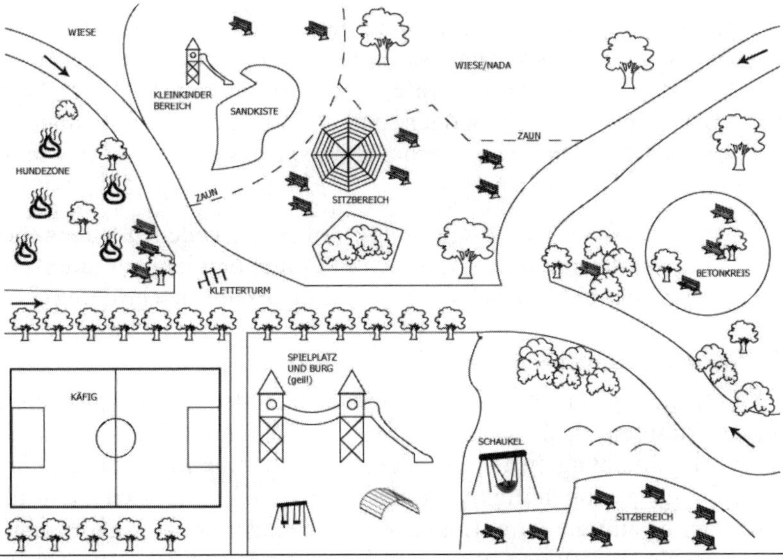

Auswertung und Präsentation

Prinzipiell ist vor einer öffentlichen Präsentation der differenzierten Cliquenbeschreibungen zu warnen. Tatsächlich ist es so, dass die Beschreibungen von Cliquen auf größtes Interesse von Seiten der Stadt(teil)-Öffentlichkeit stoßen und von Außenstehenden in der Regel mit Spannung und großem Interesse aufgenommen werden. Hier gilt es zu sehen, dass die Kompetenz der Jugendarbeit, sehr differenzierte Aussagen über Handlungsformen und die Nutzung von öffentlichen Räumen etc. zu treffen, aber Wissensbestände schafft, die sich gegen Jugendliche richten können. Präzise Cliquenraster beinhalten Informationen, die beispielsweise der Polizei Ansatzpunkte für Intervention bieten könnte oder benennt informelle Treffpunkte, die für Jugendliche eine große Bedeutung haben und die so entwertet würden etc.

Dementsprechend empfiehlt es sich bei Veröffentlichungen die Angaben über Treffpunkte und Orte überhaupt wegzulassen bzw. Angaben, die Jugendliche diskreditieren oder kriminalisieren könnten, nicht preiszugeben.

3.6 Jugendkulturenraster

3.6.1 Kurzbeschreibung

Das Jugendkulturenraster ist ein stark vereinfachtes Cliquenraster, welches von den Jugendlichen selbst ausgefüllt wird. Jugendliche werden gebeten – in einer kleinen Gruppe – andere ihnen bekannte Jugendkulturen zu beschreiben.

Die so entstehenden Darstellungen sind natürlich assoziative Interpretationen, bilden aber Einschätzungen, Vorurteile und eigene Identitäten der Befragten ab. Die Frage nach den präferierten Orten verschiedenster Jugendszenen ergibt gute Beschreibungen der sozialräumlichen Qualitäten bestimmter Plätze und Stadtteile. Verdrängungsprozesse etc. werden deutlich und verständlich.

Führt man dieses Projekt gleichzeitig mit verschiedenen Jugendlichen durch, kann man bei einer gegenseitigen Präsentation viel über unterschiedliche jugendkulturelle Wahrnehmungen und Lebensformen erfahren.

3.6.2 Fokus/Erkenntnisinteresse

Die Wahrnehmung und Ausbildung eigener Identität findet typischerweise bei Jugendkulturen oft über den Prozess der Abgrenzung zu Anderen statt. Über die Beschreibung ‚was man nicht ist' und ‚was man ablehnt' lassen sich leicht eigene ‚Zugehörigkeiten' darstellen. Dies bildet sich auch sozialräumlich ab: bestimmte Orte, Lokale oder Gegenden werden gemieden, andere aufgesucht, Konflikte über territoriale Festschreibungen ausgetragen – Identitäten werden – räumlich vermittelt – hergestellt.

Daher eröffnen Gespräche ‚über die Anderen' und deren Aneignungsformen nicht nur Einblicke über die differenzierten Einschätzungen und Wahrnehmungen anderer Jugendkulturen, sondern bilden auch – als Unterscheidung zu diesen – die eigenen Weltbilder, Alltagstheorien und Aneignungsformen ab.

Im Gegensatz zur Erstellung von Cliquenbeschreibungen, ist die (halb-)öffentliche Anfertigung eines Jugendkulturenrasters eine eigenständige Methode: Deren Erstellung mit Heranwachsenden ist eine spielerische Form der Auseinandersetzung über Jugendbilder, eröffnet Diskussionen über unterschiedliche Formen der Mobilität, der vielfältigen Qualität von Räumen, über verschiedene jugendkulturelle Sinnzusammenhänge und Verhaltensweisen und gibt wesentliche Einblicke in sozialräumliche Zusammenhänge wieder. Dies führt nicht nur zu einem Einblick in die verschiedenen Cliquenzusammenhänge, sondern erlaubt – über den Diskussionsprozess beim Ausfüllen des Rasters – auch wesentliche Einblicke in alltagsweltliche Deutungen und das Selbstverständnis der Beteiligten.

Die Idee dieses Verfahrens basiert auf dem von Ortmann entworfenen Jugendkulturen-Katasters (vgl. Deinet 1999:79, Ortmann 1996:30f.) bei dem Jugendliche gebeten wurden, andere Cliquen im Stadtteil zu beschreiben. Kernstück der Methode ist nach Ortmann „ein Raster, in dem Eindrücke zu unterschiedlichen Jugendkulturen erfasst werden und das auffordert, zu bestimmten Kategorien Stellung zu beziehen“ (Ortmann 1996:31). Das Cliquenkataster soll, so der Vorschlag Ortmanns, auf einer großen Pinwand aufgelistet werden. Kategorien sind in seinem Entwurf: Äußeres, Verhalten, Musik, Politik, Weltbild und Menschenbild. Ortmann beschreibt die Chancen der Methode darin, „dass der Blickwinkel beispielsweise der Hauptamtlichen einer Jugendeinrichtung wesentlich erweitert wird und sie so Zielgruppen und Szenen in den Blick bekommt, die weit über das Jugendhaus-Spektrum hinaus gehen“ (Ortmann in Deinet 1999:78).

Mit Hilfe des Jugendkulturenrasters werden aber nur subjektive Eindrücke eingefangen. Führt man die Erstellung eines Jugendkulturenrasters an mehreren Stellen – wie z.B. dem Jugendzentrum, mehreren Schulen bzw. Klassen usw. – durch, so kann man aber sehr schnell einen Überblick über vorhandene Jugendkulturen im Sozialraum erhalten und weitere Methoden zu seiner Erkundung planen. Dieses Verfahren – beispielsweise in mehreren Schulklassen durchgeführt – kann daher auch als Einstieg für eine Erkundung eines nicht bekannten Sozialraumes genutzt werden.

3.6.3 Die Methode im Feld

Ähnlich wie beim *Cliquenraster* werden Jugendkulturen unter der Vorgabe bestimmter Blickwinkel auf einem großen Flip-Chart beschrieben. Die Kategorien sind dabei bewusst viel einfacher gehalten.

Die Jugendlichen werden gebeten jene Jugendkulturen, die sie kennen, zu beschreiben. Dies macht erfahrungsgemäß Spaß, führt zu Diskussionen während des Ausfüllens, aber auch zu interessanten Auseinandersetzungen über Anderssein, verschiedene Wahrnehmungen und eigene Bewertungen.

Führt man das ‚Projekt Jugendkulturenraster des Stadtteils (der Region, der Stadt...)' in einer Schulklasse oder mit mehren Jugendlichen im Zentrum durch, so hat sich folgendes Verfahren sehr bewährt:

Tab. 7: Das Jugendkulturenraster

1. Bezeichnung	2. Äußeres	3. Verhalten	4. Treffpunkte	5. Musik	6. Weltbild

Jeweils drei bis vier Jugendliche erhalten ein Flipchartpapier auf dem das Jugendkulturenraster quer aufgetragen ist. Das Raster bietet so Platz für drei bis vier Jugendszenen, die mit Stiften beschrieben werden. Ist eine Clique festgehalten, werden die Jugendlichen aufgefordert, weiter Jugendszenen zu beschreiben. Dies soll durchaus assoziativ passieren. Vorurteile und Verallgemeinerungen sind durchaus erlaubt und erwünscht. Nach Ende der Verschriftlichung (der Zeitraum von 45 Minuten ist erfahrungsgemäß sehr passend) werden die Beschreibungen nun gegenseitig präsentiert.

Dies geschieht so, dass Cliquenbeschreibungen mit einer Schere aus dem Flipchartpapier ausgeschnitten werden und so als „Streifen“, der jeweils ein Cliquenportrait beinhaltet, an die Wand geklebt werden können. So kann nun abwechselnd von jeder Gruppe eine Clique präsentiert werden bzw. ähnliche Beschreibungen untereinander aufgeklebt werden.

Die Präsentationen führen erfahrungsgemäß zur Frage, ‚wer' oder ‚was' denn zu den ‚Normalos' gezählt werden könnte, bzw. wie man sich selbst darstellt, aber auch zu Diskussionen über Vorurteile und Wahrnehmungsformen.

Die Erstellung des Jugendkulturenrasters sagt nichts über die tatsächliche Lebenslage, Lebensformen oder das Selbstverständnis der Cliquen selber aus. Es bildet aber Meinungen und Vorurteile über bestimmte soziale Gruppen ab.

Beispiele für Jugendkulturenraster

Die folgenden zwei Darstellungen zeigen unterschiedliche Jugendkulturenraster die von 15- bis 16-jährigen SchülerInnen angefertigt wurden.

Im ersten Beispiel wurden Jugendliche des Gymnasiums in Donaustadt von den JugendarbeiterInnen des Jugendtreffs Donaustadt nach Jugendkulturen befragt, die sie aus ihrem nächsten Umfeld kennen. Dementsprechend wurden sehr individuelle Portraits angefertigt, die sich auf Jugendliche beziehen, die zumeist auch an ihre Schule gehen (vgl. Liska/Lehner/Lenzner 2006:44).

Im anderen Beispiel wurden SchülerInnen aus einem Wiener Vorort von StudentInnen des Studiengangs Sozialarbeit der Fachhochschule Campus Wien nach Jugendkulturen befragt, die in ihrer Ortschaft anzutreffen sind. Dementsprechend wurden typische österreichische Jugendkulturen zwar genau, aber doch sehr verallgemeinernd beschrieben.

In Tabelle 8 und Tabelle 9 wurden die Aussagen der Jugendlichen wörtlich übernommen, was zwar manches etwas schwer verständlich macht, andererseits aber jugendkulturelle Ausdrucksformen abbildet.

Tab. 8: Beispiel: Jugendkulturenraster Gymnasium

Clique	Äußeres	Verhalten	Treffpunkte	Musik	Weltbild & Politik
„Hard Style Group“ (ca. 5)	Markenkleidung, Solarium-Bräunung, blondgefärbt	Selbstbewusst, manchmal aggressiv, naiv, stur, lieb, lustig	Nachtschicht, Feste, zu Hause, Donauplexx	Techno, Hard Style, Schranz, Bushido, House	Unpolitisch, etwas rassistisch
„Hardstyle-Technofan“ (ca. 13)	Sportlich, elegant, Markenkleidung	Lustig, offen, ohne Vorurteile	Kagran, Schwedenplatz, Donauzentrum/Donauplex, Bad Gänsehäufl (im Sommer)	Techno/Tekkno, Hardstyle, House, Schranz, Charts (teilweise)	Links orientiert, in einigen Fällen auch leicht rechts
„Alternative“ (ca. 4)	Normal, sportlich gekleidet	Zurückhaltend, „Großmaul“, lieb, lustig	Zu Hause, bei Freunden, Lokale Rock Pup, Check Point, Schwedenplatz	Alles (außer „Hard Style Group“, Volksmusik, Klassik, Pop)	Mitte rechts
„Die Alternativen“	Gegen den Strom	Gechillt aber offen, pazifistische Veranlagung	Bei der alten Eiche in der Lobau	Facettenreich: Hard Rock, 70er Jahre, Reggae, Cypress Hill, House of Pain	„Wer will, dass die Welt so bleibt wie sie ist, will nicht, dass sie bleibt“
„Natural Style“ (ca. 2)	Bequem, sportlich, modern, elegant	Lustig, zivilisiertes Verhalten, zurückhaltend/aufdringlich, lieb	Stadt, Donauplexx, zu Hause, bei Freunden, Schwedenplatz	Techno, span. Musik, Klassik, Pop, Trance	Mitte rechts
„Skater“	Skaterkleidung	Leicht reizbar (gesellschaftskritisch)	Asperner Friedhof, Polgarteich, Kagran	Ska, Punk, Metal (Hardcore)	
„Wilco“ (christliche Jugendgruppe) (40-60)	Man zieht sich an wie man will (keine Vorschriften)	Versuchen für neue Leute offen zu sein, versuchen so zu leben wie Jesus wie es in der Bibel steht	Am Haidjöchl (Jugendgruppenraum)	Christliche Musik, alles mögliche, eigene Jugendgruppenband: Workshop-Musik	Grundlage: Bibel, politisch verschieden, als Gruppe keine allgemeine politische Meinung
„MJÖ“ (muslimische Jugend Österreich) (8 im 22. Bezirk)	Man zieht sich an wie man will (Keine Vorschriften)	Soll den Islam repräsentieren	Moschee, andere Plätze	Musik mit islamischen Inhalt, alles mögliche	Kaum (noch nie) über Politik gesprochen in der Ortsgruppe, MJÖ handelt auf der Grundlage vom Islam

Tab. 9: Beispiel: Jugendkulturenraster Wiener Vorort

Clique	Äußeres	Verhalten	Treffpunkte	Musik	Weltbild & Politik
EMO	Pink und schwarz; Totenköpfe; Vans; Gürtel bei den Knien; Haare im Gesicht; stark geschminkt; auch Burschen sind geschminkt; Neu: Platin blond	Ritzen; heulen; suizidal; masochistisch; sadistisch; depri	Dunkle Räume; Emo Konzerte; Hörsturz; Skaterpark; Au; H&M; Pimkie	Bullet for my Valentine; Good Charlotte; 30 Seconds to Mars; HIM; Screamo; Emo-Core;	Alles ist Scheiße!!!
KROCHA I	Vokuhila (Vorne kurz – hinten lang); Ed Hardy und Lacoste Kleidung und Schuhe; viel weiße Kleidung; meistens Solarium gebräunt; Neon- Kappen	Haare glätten; Krochen; ständig laute Musik hören; 100 beste Freunde; bestimmte Schriftart; eigene Sprachen (bam, oida; bestää; einekrochen; soli;...)	Solarium; McDonalds; Lokal Bergdoktor; Lokal Till Eulenspiegel; Hauptschule	Techno; House; Trance	Türken an die Macht!!!
KROCHA II	Vokuhila; gold und silber; weiß; Rosenkränze als Schmuck; Ed Hardy; Markengewand; Neon	Aggressiv; ausländerfeindlich	Niedermarkt; manchmal auch Obere Stadt; Lokale: Nachtschicht, Gray, Millennium; Empire	Techno; Gabry Dante; GIGI; DJ Tiesko	Haben keine; über so was denken die nicht nach
GABBA	Flash-/Ed Hardy Kappen; Markenkleidung (bevorzugt); enge Hosen; Vokuhila; (schiefe) Stirnfransen; Frauen stark geschminkt; knapp gekleidet, viel weiß	Besonderes Sprachverhalten; laut; frech; reden Blödsinn; oft im Gefängnis; rauchen alle; saufen alle	Niedermarkt; Bahnhofsparkplatz; Strandbad (Sommer); Fußballplätze; Lokale Nachtschicht, Gray	Hardcore; Hardstyle; Techno; Schranz; House; Trance	Ausländerfeindliche Ausländer; FPÖ-Anhänger
GOTH	Langer Ledermantel; meistens schwarz gekleidet; Ledermini und Netzstrümpfe; schwarzer Lippenstift	Mangas lesen; japanisch sprechen (ständig „osari" sagen); Victoria Frances besessen	In Buchgeschäften, wo es Mangas gibt	Mittelalterrock; Folk; Matal; Punk; Opera-Gothic; Alternative	Gegen den Mainstream !!! (peinlich ist cool)
KIFFER	Abgefuckt; Sandlerlook; Dreadlocks	Bekifft; high; saufen	Shisha-Café oder privat; Bahnhof; Karlsplatz	Reggae; Punk; Rock	Kiffen, Saufen!!!

3.7 Zeitbudgets von Jugendlichen

3.7.1 Kurzbeschreibung

Mit dieser Methode wird das Freizeitverhalten von Jugendlichen mit Hilfe spezieller Zeitbudgetdiagramme untersucht. Jüngere Jugendliche und Jugendliche tragen in einer entsprechend strukturierten Vorlage ihren Tagesablauf an mehreren ausgewählten Tagen ein. Dabei werden in einem – an einem Koordinatensystem angelehnten – Raster mit Stundeneinteilungen sowohl die Tätigkeiten wie auch die damit verbundenen Orte oder Regionen festgehalten.

Die so gewonnenen Zeitbudgets geben dabei nicht nur Aufschluss über die Aufteilung der gesamten Tageszeit, der zur Verfügung stehenden pflichtfreien Zeit, sondern auch darüber, wo und wie Jugendliche ihre Freizeiten verbringen und wie sehr sie dabei mobil sind.

Beschreiben die Jugendlichen ihre Zeitraum-Diagramme auch stichwortartig, so liefern die Eintragungen auch bedeutende Informationen über ihre präferierten Freizeitorte bzw. aber auch über ihre Aktivitäten.

Über diese Methode gelingt es auch – ähnlich wie bei den *Subjektiven Landkarten* – Aussagen über Handlungs- und Lebensräume von jenen zu erhalten, die nicht oder nicht leicht im öffentlichen Raum angesprochen werden können.

3.7.2 Fokus/Erkenntnisinteresse

Viele Jugendliche, besonders auch Mädchen, sind im öffentlichen Raum nicht so auffällig wie manche andere Gruppen, Szenen oder Cliquen und insofern für manche der hier vorgestellten Methoden ‚unsichtbar'. Mit den anderen sozialräumlichen Methoden werden ja oft BesucherInnen der Jugendarbeit angesprochen – und mit ihnen Projekte durchgeführt –, bzw. jene erreicht, die zu bestimmter Zeit im öffentlichen Raum sind.

So können aber Jugendliche, die beispielsweise sehr mobil sind, mitunter nur dann angesprochen werden, wenn sie sich länger an einem Ort aufhalten. Kaum kontaktiert, werden erfahrungsgemäß aber auch jene Jugendkulturen, die kaum ‚territoriale Aneignungsformen' aufweisen und sich eher an der Peripherie öffentlicher Orte aufhalten oder aber durch ihr Verhalten nicht sofort wahrgenommen werden.

Darüber hinaus kennen wir auch das Phänomen der sogenannten „Drinnen"-Kinder und -Jugendlichen (vgl. Deinet 1999:56), welche oft eine verhäuslichte Kindheit (vgl. Nissen 1998:164f., Zinnecker 2001:27f., Krones 2006:21f.) verbringen und die auch als Jugendliche kaum im öffentlichen Nahraum präsent sind. Sie verabreden sich vielmehr meist in der Schule, in einem Zweier- oder Dreiergeflecht und verbringen ihre Zeit oft zuhause bzw. an wenigen, ausgewählten Orten. Dies heißt aber nicht, dass sie nicht an weiteren Außenkontakten und Angeboten der Jugendarbeit interessiert wären, die auf der Ebene ihrer präferierten Aneignungsformen angesiedelt sein könnten.

Die Methode der Zeitbudgets verfolgt so das Ziel auch an Aussagen von jenen zu kommen, die entweder nicht Gäste der Jugendarbeit sind bzw. im öffentlichen Raum kaum präsent sind. Die Gestaltung von *Zeitbudgets* an Orten, wo diese Jugendliche anzutreffen sind – wie beispielsweise in der Schule – erweist sich dabei als Möglichkeit, auch von diesen Zielgruppen Auskünfte über ihr Freizeitverhalten und die Qualitäten ihrer sozialräumlichen Zusammenhänge zu erhalten.

Diese Methode wird in einem eher ungestörten Rahmen durchgeführt, ist durchaus animativ, setzt keine persönlichen Kontakte zwischen BefragerInnen und Befragten voraus und kann daher auch gut in Schulen angewandt werden.

Eine weitere Qualität dieses Verfahrens eröffnet sich, wenn Zeitbudgets von einer großen Anzahl von Jugendlichen bezogen auf mehrere Wochentage bzw. durch Betätigungen an Wochenenden gefertigt werden. Werden beispielsweise viele BesucherInnen eines Jugendzentrums oder aber mehrere Schulklassen befragt, dann lassen sich sehr ‚dichte Beschreibungen' der Tagesabläufe von Jugendlichen in ihrer sozialräumlichen Dynamik abbilden (vgl. Beispiel Donaustadt).

Für die Jugendarbeit ist auch ein Einblick über das Verhältnis der verplanten Zeit – z.B. durch Hausaufgaben, Nachmittagsunterricht, Kurse usw. – zur tatsächlich freien Zeit interessant und/oder zu welchen Uhrzeiten bzw. an welchen Wochentagen Jugendliche überhaupt Möglichkeiten hätten, Angebote in Anspruch zu nehmen.

Die Methode vermittelt Einblicke in den – nicht öffentlich sichtbaren – Teil des Lebens von Kindern und Jugendlichen, allerdings über deren eigene Wahrnehmung und Selbstinterpretation. Man/frau ist sozusagen angewiesen auf das, was Kinder und Jugendliche in die Tages- und Wochenpläne eintragen usw. Da Kindern und Jugendlichen klar ist, dass ihre Wochen- und Tagespläne ausgewertet werden, fließen möglicherweise gesellschaftliche Wertungen, familiale Rituale und Routinen in diese Selbstthematisierung ein. Dies kann zu bewussten oder unbewussten ‚Fehleinschätzungen' führen, etwa bei der Bewertung der Zeit des Fernsehkonsums.

3.7.3 Die Methode im Feld

Zeitbudget-Diagramm für Jugendliche

Das folgende *Zeitbudget*-Raster[58] eignet sich als Vorlage für Jugendliche. Auf der einen Seite ist der Zeitplan eingetragen, die untere horizontale Ebene ist entsprechend der angenommenen Mobilität der Jugendlichen in Handlungsräume unterteilt. In Analogie zum Zonenmodell Baackes mit der Unterteilung in ökologisches Zentrum, dem Nahraum, der Peripherie und den Ausschnitten haben wir in unserem Fall Wohnung – Nahraum – Bezirk – Stadt – Region gewählt. Diese räumlichen Dimensionen können je nach Region, Jugendkultur oder Alter der Befragten durch andere Kategorien belegt werden.

Abb. 16: Zeitbudgetdiagramm – Vorlage und konkretes Beispiel

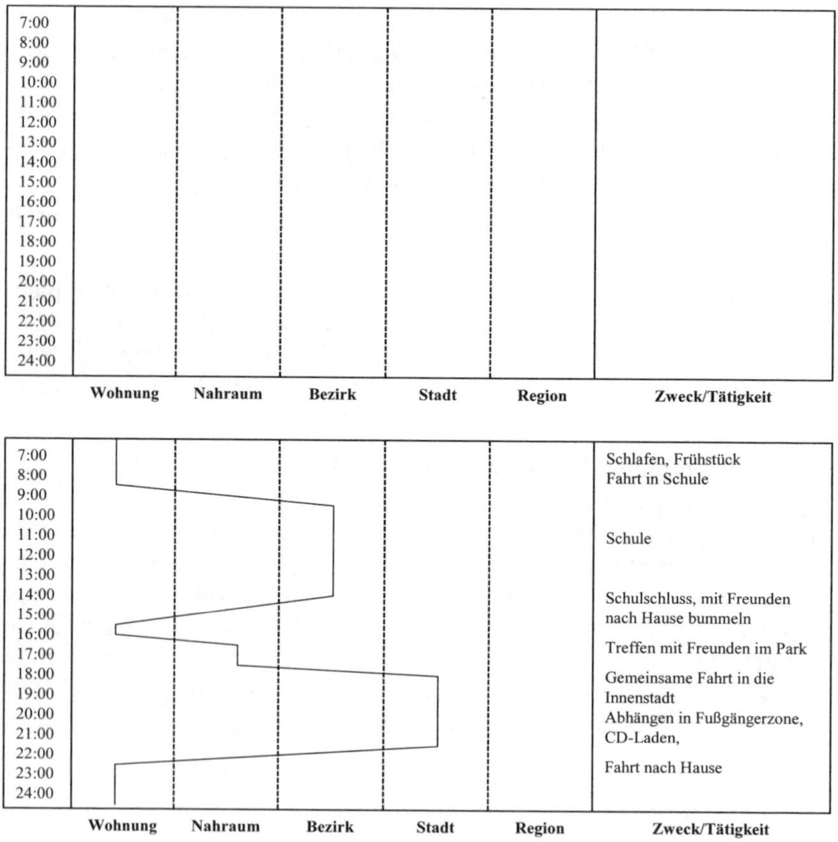

58 Der Raum/Zeit-Raster wurde von Reinprecht in Anlehnung an Friedrichs/Blasius (2000) entworfen. Ich strukturierte dann die Raumdimension über das Zonenmodell von Baacke und führte die zusätzliche Beschreibung der Tätigkeiten ein.

Die Jugendlichen werden – nach einer einleitenden Erklärung – gebeten, ihre Tagesaktivitäten mittels einer durchgehenden Linie einzutragen und sie abschließend auch in der rechten Spalte zu dokumentieren. So erhält man nicht nur einen Eindruck über die Tagesstruktur, die sich zumeist am Wochenende stark verändert, sondern auch ein präzises Bild über Handlungsräume und Mobilitätsformen einzelner Jugendlicher. Vergleicht man die *Zeitbudgets* der verschiedenen Jugendlichen, so lassen sich auch verschiedene Typen von „‚Drinnen-' und ‚Draußen'-Jugendlichen" (Deinet 1999:56), aber auch alters-, und vor allem geschlechtsspezifische Unterschiede festmachen.

Durchführung

Als erfolgreich erweist sich die Arbeit in Gruppen in einem eher geschlossenen Rahmen, wie in einem Klassenzimmer oder einem Raum der Jugendeinrichtung. Zeitbudgets können natürlich aber auch im offenen Bereich durchgeführt werden.

Auf einem A4-Blatt sind jeweils drei Zeitbudgetdiagramme vorgefertigt; auf diesem füllen die Jugendlichen einen typischen Vormittag und das Wochenende aus. Es kann aber auch Sinn machen, mehrere Wochentage oder nur Freitag, Samstag und Sonntag zu bewerten.

Über den Blick auf die zeitliche Dynamik – mit Hilfe motivierender und spannender Unterlagen – können sozialräumliche Zusammenhänge erarbeitet werden, ohne dass diese im Vordergrund der Abfrage stehen.

Um interessante Ergebnisse zu erhalten, ist es sinnvoll, die Methode mit unterschiedlichen Gruppen von Jugendlichen, etwa mehreren Schulklassen oder verschiedenen Jugendkulturen des Jugendzentrums durchzuführen.

Beispiel: Projekt Zeitbudgets in Donaustadt

Die KollegInnen des Jugendtreffs Donaustadt führten die Methode Zeitbudgets in mehren Schulklassen durch und konnten über 215 ausgefüllte Diagramme gewinnen, die sie dann mit der Perspektive der präferierten Freizeitaktivitäten, Freizeitorte und Mobilität jeweils geschlechtsspezifisch auswerteten.

Ausgangspunkt dieser beispielhaften Befragung war eine umfangreiche Sozialraumanalyse, welche das Team des Jugendtreffs Donaustadt über mehrere Monate hindurch durchführte (vgl. Liska/Lehner/Lenzner 2006).

Nachdem das sehr große Einzugsgebiet des geplanten Jugendzentrums wie auch die Situation der Jugendlichen völlig unbekannt waren, wurde neben der *Strukturierten Stadtteilbegehung* der Kontakt zu Schulen des Bezirkes gesucht. Dies erschien als beste Möglichkeit mit Jugendlichen aus dem Bezirk in Kontakt zu treten und Bilder über die Aneignungsformen und die Situation Jugendlicher zu erhalten. In mehreren Klassen verschiedenster

Schultypen konnten während des Unterrichts Zeitbudgets angefertigt werden. Abschließend wurden in den Klassen auch die beliebtesten/-gemiedensten Orte mittels *Nadelmethode* genadelt bzw. *Jugendkulturenraster* angefertigt.

Den Jugendlichen wurden auf einem A4-Blatt jeweils drei Zeitbudgetdiagramme vorgelegt, auf denen sie einen typischen Vormittag und das Wochenende ausfüllten.

Abb. 17: Beispiel: Zeitbudget Donaustadt

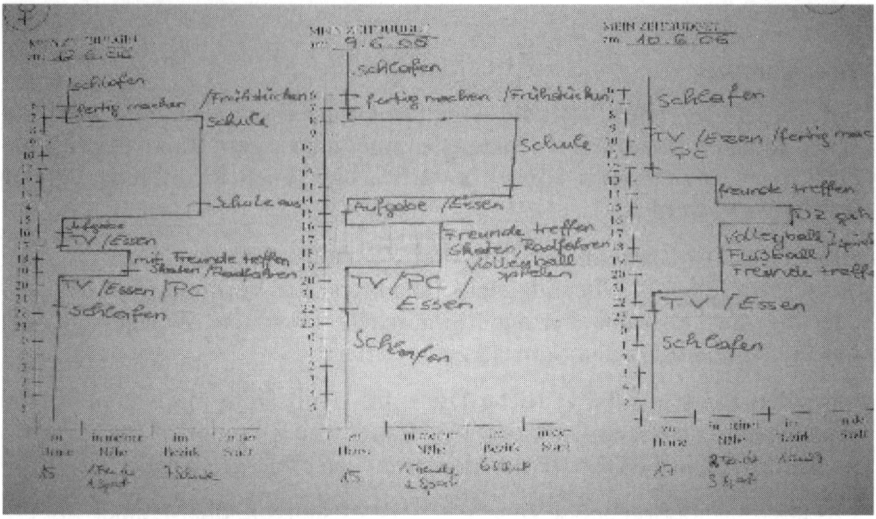

(Liska/Lehner/Lenzner 2006:40)

Bei der Auswertung galt das besondere Interesse den Formen der Freizeitgestaltung, wobei Mädchen und Buben getrennt – bezogen auf Wochentag/Wochenende – ausgewertet wurden. Hier wurden auch die Anzahl der Stunden im öffentlichen Raum bzw. die besuchten Zonen bewertet. Damit verbunden war die Frage, wie viel Zeit sie zuhause verbringen und was sie dort tun. Letztlich erhofften wir uns auch Aussagen über präferierte Orte im Nahraum, die wir im Rahmen Herausreichender Arbeit besuchen würden.

Hier einige Aussagen über das Freizeitverhalten, die Mobilität und Freizeit zu Hause aus der Auswertung der 215 Zeitbudgets im Rahmen der Sozialraumanalyse des Jugendtreffs Donaustadt (Liska/Lehner/Lenzner 2006: 40f.), die sich auf geschlechtsspezifische Unterschiede beziehen:

- *„Freizeitverhalten*

Die Angaben der Jugendlichen über Tätigkeiten, die sie in ihrer Freizeit ausüben, wurden in die Kategorien Sport, Freunde und ‚Ausgehen' eingeteilt. Diese drei Bereiche decken den Großteil der Freizeit ab. Da nach un-

seren Erkenntnissen die Jugendlichen sehr viel Zeit in den eigenen vier Wänden verbringen, wird auf diesen Punkt gesondert eingegangen.

Beim Sport besetzt Fußball den ersten Platz bei den männlichen Jugendlichen, aber auch bei den weiblichen wird nur das Skaten vor Fußball genannt. Durch die Weitläufigkeit des 22. Bezirks steht auch Fahrrad fahren hoch im Kurs. Die häufige Angabe von ‚Training' lässt auf eine hohe Vereinstätigkeit schließen. Dabei ist jedoch unklar, um welche Sportarten es sich handelt. Durch die lokalen Gegebenheiten wie z. B. die alte Donau oder die Albert-Schultz-Halle, wird auch verhältnismäßig oft Surfen/Kiten bzw. Eishockey genannt.

Wie eingangs kurz erwähnt verbringen die Jugendlichen relativ viel Zeit zu Hause. Das schlägt sich auch in ihrem Freundeskreis nieder, da vermehrt Freunde ‚besucht' werden, als sich mit ihnen im öffentlichen Raum ‚zu treffen'. Des Weiteren werden noch ‚im Hof' oder ‚im Park' genannt, wobei sich im Einzugsgebiet der Donaustadt keine Parks im eigentlichen Sinn befinden. Bei Begehungen konnten jedoch in den Höfen keine oder nur vereinzelt Jugendgruppen ausgemacht werden.

Beim ‚Ausgehen' erreicht das Donauzentrum/Donauplex höchste Attraktivität. Eine hohe Konsumorientierung ‚essen/trinken gehen' ist festzustellen. Dabei kann davon ausgegangen werden, dass ein Großteil dessen auch im DZ/DX stattfindet. [...]

Geschlechtsspezifische Unterscheidung:

Mädchen und Jungen verbringen ihre Freizeit im öffentlichen Raum in etwa gleichviel. Am und vor dem Wochenende ist bei den Mädchen jedoch eine etwas höhere Präsenz zu erkennen.

Sowohl Mädchen als auch Jungen verbringen einen Großteil ihrer Freizeit damit, Freunde zu besuchen und zu treffen. Während bei den Jungen eine große sportliche Aktivität zu verzeichnen ist, was sich besonders im gemeinsamen Fußballspiel wiederfindet, rückt der sportliche Anteil bei Mädchen ein wenig in den Hintergrund. Man kann jedoch nicht sagen, Mädchen seien unsportlich. Skaten und Radfahren sind die beliebtesten Sportarten, aber auch Fußball stößt auf großes Interesse.

Mädchen verbringen ihre Freizeit gerne mit Einkaufen, wobei dies häufig auch mit Freund/innen geschieht.

Für beide Geschlechter ist das Ausgehen sowohl am Wochenende als auch vor dem Wochenende von großer Bedeutung. [...]

- *Mobilität*

Beim Ausfüllen des Zeitmanagements wurde unterschieden in ‚in der Nähe', ‚im Bezirk' und ‚in Wien'. Die Nähe bezieht sich auf die unmittelbare Umgebung, welche die Jugendlichen zu Fuß erreichen können. Alles, was dar-

über hinaus geht, aber noch im 22. Bezirk stattfindet, ist, wie der Name schon sagt, ‚im Bezirk'. Unter ‚in Wien' fallen alle Aktivitäten, die außerhalb des 22. Bezirks stattfinden. [...]

Geschlechtsspezifische Unterscheidung:

Vom zeitlichen Rahmen ausgehend ist auffällig, dass Mädchen mobiler sind. Während bei Jungen die ‚in der Nähe' verbrachte Freizeit überwiegt, halten sich Mädchen vermehrt ‚im Bezirk', aber auch ‚in Wien' auf.

Freunde treffen/besuchen, ist bei beiden Geschlechtern von großer Bedeutung, wenn man das Freizeitverhalten ‚in der Nähe' betrachtet. Bei Jungen findet auch der Sport große Beachtung.

‚Im Bezirk' wird von beiden Geschlechtern unter der Woche verhältnismäßig wenig angegeben. Die jedoch dort recht hohe verbrachte Zeit lässt sich darauf zurückführen, dass die Schule nicht zu Fuß erreichbar ist, aber dennoch im eigenen Bezirk liegt. Am Wochenende hat für die Jungen das Ausgehen im Bezirk die höchste Priorität, bei Mädchen: FreundInnen treffen/besuchen.

Außerhalb des eigenen Bezirks halten sich die Jungen nur am Wochenende bzw. vor dem Wochenende in erster Linie zum Ausgehen auf. Mädchen sind dort auch unter der Woche vertreten, vorwiegend zum Einkaufen. Am Wochenende werden die Bezirksgrenzen von beiden Geschlechtern hauptsächlich zum Ausgehen verlassen. Bei Mädchen vermehrt auch um Sport zu treiben. [...]

- *Freizeit zu Hause*

Die befragten Jugendlichen hatten natürlich nicht nur die Möglichkeiten, ihre Freizeit „in der Nähe", „im Bezirk" und „in Wien" zu beschreiben, sondern auch ihre Tätigkeiten zu Hause. Bei der Auswertung war es jedoch schwierig, genaue Zeitangaben über bestimmtes Freizeitverhalten zu machen, da viele Tätigkeiten von den Jugendlichen nicht differenziert genug angegeben wurden.

Geschlechtsspezifische Unterscheidung:

Vom zeitlichen Aspekt verbringen die Jungen am Wochenende und vor dem Wochenende mehr Zeit zu Hause als die Mädchen. Im Durchschnitt sind sie vor dem Wochenende 1,5 Stunden und am Wochenende eine Stunde länger zu Hause. Unter der Woche verbringen die Mädchen im Durchschnitt eine Stunde länger zu Hause.

Die Angaben über das Freizeitverhalten zu Hause sind recht ähnlich. Auch Mädchen verbringen sehr viel Zeit vor dem PC, jedoch nimmt das ‚Fernsehen' bei ihnen einen höheren Stellenwert ein." (Liska/Lehner/Lenzner 2006:40f.)

Diese Form der ausdifferenzierten Auswertung, wie auch die große Anzahl und Auswahl der Befragten stellt natürlich ein außergewöhnliches Projekt im Rahmen der Jugendarbeit dar; wurden doch auch noch alle Tätigkeiten kategorisiert und auch quantitativ ausgewertet. Dies zeigt aber eindrucksvoll welche Möglichkeiten dieses Verfahren bietet. Als überschaubares Projekt im Alltag der Jugendarbeit kann die gemeinsame Auswertung der Zeitbudgets gemeinsame Gespräche über das Verhältnis von zeitlichen Ressourcen, Mobilitätsformen und präferierten Tätigkeiten eröffnen. Als Projekt in der Schule kann aber auch in einem größeren Zusammenhang die Vielfältigkeit von Lebensformen und Lebensstilen in sozialräumlichen Kontext abgebildet werden.

3.8 Fremdbilderkundung

3.8.1 Kurzbeschreibung

Die Fremdbilderkundung ist eine Form der Befragung von PassantInnen im öffentlichen Raum, in der es um die subjektive Bewertung der Jugendeinrichtung und deren Angebote geht.

Über die Abfrage von Außenwahrnehmung und Image der Jugendeinrichtung soll deren Bedeutung als Teil der Jugendinfrastruktur in der Region erforscht werden. Dies geschieht unter der Annahme, dass das Image einer Jugendeinrichtung in der Stadtteilöffentlichkeit nicht nur großen Einfluss auf den Zugang von Kindern und Jugendlichen zu den Angeboten der Jugendarbeit hat, sondern mitunter auch generell die Einstellungen zu den verschiedenen Jugendkulturen des Stadtteils widerspiegelt.

Es werden bewusst sehr wenige und allgemeine Fragen gestellt, um einerseits Vorurteile, Assoziationen und Fremdbilder abzubilden, zum anderen um die Angesprochenen für die kurzen Interviews zu gewinnen. Über den zugeordneten Wohnort der Befragten, aber auch deren Alter und Geschlecht, lassen sich regional differenzierte Images festlegen und geschlechts- und altersspezifische Unterscheidungen treffen.

Das Verfahren ist sehr schnell durchführbar, rasch und einfach auszuwerten und liefert – bei genügender Anzahl von Befragten – ein signifikantes Fremdbild der Jugendeinrichtung.

Wertvolle Hinweise kann die Fremdbilderkundung aber auch bieten, wenn gezielt Jugendliche des Stadtteils, welche die Einrichtung nicht besuchen, befragt werden. So erhält man Auskünfte darüber, welche Interpretationen und Deutungen der sozialräumlichen Qualitäten der Jugendeinrichtung dessen ‚Nichtnutzung' begründen.

3.8.2 Fokus/Erkenntnisinteresse

Charakteristisch für die sozialräumliche Perspektive ist es, nach den subjektiven Wahrnehmungen der Qualitäten von Räumen seitens der Zielgruppen zu fragen. Während unter diesem Blickwinkel öffentliche Räume, Treffpunkte etc. betrachtet werden, wird erstaunlicherweise der ‚Raum Jugendzentrum' kaum unter diesem Gesichtspunkt reflektiert. Zumeist gehen JugendarbeiterInnen doch eher von einer gewissen Bekanntheit der Einrichtung und deren sozialpädagogischer Zielsetzungen aus und setzen die prinzipielle Zugänglichkeit der Einrichtung für alle Zielgruppen voraus.

Tatsächlich zeigt sich, dass das Image der Jugendarbeit in der Öffentlichkeit mitunter oft sehr schlecht ist und Jugendeinrichtungen von Erwachsenen oft als diffuse Orte gesehen werden, an dem sich meist benachteiligte und auffällige Jugendliche aufhalten; mitunter wird Jugendarbeit als Auslöser und Ursache von Problemen mit Jugendlichen gesehen, oder gar als Anziehungspunkt für Jugendliche in Randlagen interpretiert.

Das Image einer Einrichtung in der Stadtteilöffentlichkeit ist nicht nur für die Inanspruchnahme seitens der Kinder und Jugendlichen von großer Bedeutung. Es bestimmt auch die Chance der MitarbeiterInnen der Einrichtung, die Interessen von Kindern oder Jugendlichen zu vertreten. Das Jugendzentrum als Teil der sozialen Infrastruktur kann im Stadtteil schließlich nur dann Wirkung entfalten, wenn den JugendarbeiterInnen auch ein Status als Fachleute für Kinder- und Jugendanliegen zugeordnet und der Jugendarbeit so ein jugendpolitisches Mandat zugeschrieben wird.

Die Ergebnisse vieler Fremdbilderkundungen weisen darauf hin, dass die fachlich entsprechende Arbeit in den Einrichtungen außerhalb oft kaum wahrgenommen (vgl. Heissenberger 1998) und somit auch die Bedeutung und Funktion der Jugendarbeit im sozialräumlichen Zusammenhang nicht verstanden wird.

Das schlechte Image stellt – sozialräumlich betrachtet – eine Barriere dar, die nicht nur Kindern und Jugendlichen den Zugang zur potentiellen Ressource Jugendarbeit verwehrt. Auch potentiellen Anspruchsgruppen für Vernetzung und Kooperation könnten durch eine diffuse Einschätzung der Qualität der Jugendarbeit an der Zusammenarbeit gehindert werden.

Die Meinungen von Erwachsenen über die Jugendeinrichtung beeinflussen natürlich auch den Zugang von Kindern und Jugendlichen. Darüber hinaus wirken aber auch andere, typisch jugendkulturell geprägte Raumbestimmtheiten. Gleichwohl der Anspruch der Offenheit auf die prinzipielle Zugänglichkeit abstellt – und diese auch vorausgesetzt wird – werden die Jugendeinrichtungen oft nur von bestimmten Cliquen, Szenen oder einzelnen Jugendlichen besucht. Dies hat viele Gründe, die sich als Wechselwirkung zwischen räumlichen Zuschreibungen und Handlungsformen von Jugendlichen erklären lassen: Beispielsweise führt die typische jugendkulturelle

Dynamik dazu, dass Orte nicht aufgesucht werden, weil man dort andere Cliquen vermutet oder diese die Jugendeinrichtung – im jugendkulturellen Sinn – tatsächlich ‚besetzen'. Mitunter hat das Jugendzentrum aber auch ein bestimmtes Image, das sich auf bestimmte Vorgänge, handelnde Personen oder oft zurückliegende Ereignisse bezieht und dazu führt, dass der Besuch einer Einrichtung nicht einmal (mehr) in Betracht gezogen wird. Eine Jugendeinrichtung kann aber auch für Jugendliche als mögliche Ressource in bestimmten Situationen eine Option sein, oder aber auch gänzlich unbekannt oder als Treffpunkt einer in sich geschlossenen Gruppe verstanden werden.

Eine Befragung von Jugendlichen, welche die Einrichtung offensichtlich nicht besuchen, kann hier wertvolle Hinweise liefern. Bedeutend ist es dabei, als JugendarbeiterIn nicht den Versuch zu unternehmen, Richtigstellungen zu treffen, sondern die sozialräumlichen Interpretationen wahrzunehmen, die sich mitunter aus der Sicht der Fachkräfte der Jugendarbeit ganz anders darstellen.

3.8.3 Die Methode im Feld

Ziel der Fremdbilderkundung ist es, die Meinungen und subjektiven Beurteilungen seitens der Bevölkerung mittels bewusst allgemein gehaltener und einfacher Fragestellungen in Erfahrung zu bringen. Es geht hier um einen Einblick in die Einschätzung der jugendlichen bzw. der erwachsenen StadtteilbewohnerInnen über den Jugendtreff, was dort passiert, wer sich dort aufhält bzw. dort arbeitet – es werden aber keine differenzierten Aussagen erzwungen oder aber Vorurteile richtig gestellt. Auch wenn das begreiflicherweise schwer fällt, würde das die Konzentration auf die Wahrnehmung der Einstellung des/der Interviewten verhindern. Hier ist es mitunter von Vorteil, wenn einrichtungsfremde Personen (beispielsweise KollegInnen aus anderen Einrichtungen oder StudentInnen) die Befragungen durchführen.

Die Auswahl der Befragten, wie auch die Anzahl der Interviews richtet sich nach dem jeweiligen Erkenntnisinteresse: Will man ein erstes Stimmungsbild erheben, werden an belebten Orten beliebig viele Personen angesprochen – die Auswahl der Befragten ist zufällig. Soll die Meinung bestimmter Bevölkerungsgruppen – z.B. Erwachsene der nächsten Wohnumgebung, Mütter mit älteren Kindern, Jugendliche des erweiterten Stadtteils – eingeholt werden, wird die Auswahl der zu Befragenden entsprechenden Kriterien unterliegen.

Als Befragungsort werden belebte Plätze in der nächsten Umgebung des Jugendtreffs gewählt. Dies können die nächste Geschäftsstraße, das Einkaufszentrum, eine Busstation oder ein Park in der Nähe genauso sein, wie ein belebter Gehsteig in Sichtweite der Jugendeinrichtung. Zielgruppe sind PassantInnen, die mit der Bitte um ein kurzes Interview angesprochen werden. Das Interview wird mit der Frage: „Wohnen Sie hier in der Nähe?“ eingeleitet.

Tab. 10: Standardisierte Fragestellungen der Fremdbilderkundung (vgl. Krisch 1999)

Fragestellungen der Fremdbilderkundung
Vorgeordnete Fragestellung: Wohnen Sie in der Nähe?
1.) Wissen Sie, wo der Jugendtreff ist?
2.) Wer geht dort hin?
3.) Was passiert dort?
4.) Wer sind die MitarbeiterInnen dort? (Welchen Beruf haben diese erlernt?)
5.) Kennen Sie jemanden, der ins das Jugendzentrum geht?

Da für die Fremdbilderkundung nur BewohnerInnen von Bedeutung sind, die auch im Stadtteil wohnen, ist die Frage nach dem Wohnort der PassantInnen (s.o.) voranzustellen, um dann lediglich die im Stadtteil Ansässigen um ein Interview zu bitten.

Die wenigen, einfachen und offen gestellten Fragen stellen ein niedrigschwelliges Gesprächsangebot dar und erhöhen somit die Bereitschaft zum Interview. Die zu Befragenden werden nicht mit komplexen Fragestellungen konfrontiert und können in narrativer Form Auskunft geben. Umgekehrt wird ein evtl. vorhandenes Mitteilungsbedürfnis durch die geringe Anzahl der Fragen nicht begrenzt, sodass bei Interesse ein längeres Gespräch stattfinden kann.

Nach Beendigung des Gespräches wird der Befragungsort, die -zeit, das geschätzte Alter der Befragten und deren Geschlecht, deren Wohnort bzw. besondere Angaben zur Person – wie z.B. Mutter mit Kleinkind – in das Protokoll eingetragen respektive mit dem Diktaphon festgehalten. Wird die Befragung alleine durchgeführt, wird das Interview mit einem Aufnahmegerät aufgezeichnet. Ist es möglich die Gespräche zu zweit zu führen, können die wesentlichen Aussagen gleich protokolliert werden.

Die Befragung ist nicht sehr zeitaufwendig, in einer Stunde können 10 bis 15 PassantInnen befragt werden. Es ist daher durchaus möglich, z.B. während einer Betriebspause eine halbe Stunde lang Befragungen durchzuführen.

Da es bei der Fremdbilderkundung darum geht, Einstellungen und Vorurteile abzufragen, ist eine wörtliche Transkription des gesamten Gespräches nicht notwendig. Wesentlich ist es, die zentralen Aussagen zusammenzufassen und diese gleich in schriftlicher Form nach Beendigung der Interviews festzuhalten.

Als übersichtliche Form der Dokumentation erweist sich die Eintragung aller Befragungsergebnisse in ein Raster, entsprechend der oben genannten Fragestellungen. Dies erlaubt dann eine vielschichtige Auswertung, beispielsweise ob das Image vom Alter oder vom Wohnort, von persönlichen Erfahrungen etc. abhängig ist

Tab. 11: Auswertung mit Hilfe des Fremdbildrasters

Angaben zur Person (Alter, Geschlecht, evtl. Wohnort	**1.** Wissen über den Standort der Jugendeinrichtung	**2.** Einstellung zu BesucherInnen der Jugendeinrichtung	**3.** Bekanntheitsgrad der Angebote der Jugendeinrichtung	**4.** Angaben über die (Qualifikation der) JugendarbeiterInnen der Jugendeinrichtung	**5.** Aussagen über „die Jugendlichen“

Die Ergebnisse können dahingehend untersucht werden, ob sich bei den Einschätzungen bestimmter Bevölkerungsgruppen signifikante Unterschiede feststellen lassen. Von elementarer Bedeutung ist bei der Auswertung daher die Zuordnung von Meinungen zu Altersgruppen, Geschlechterzugehörigkeit, Wohnblöcken oder Stadtteilsegmenten. Denn es ist erfahrungsgemäß möglich, dass die BewohnerInnen eines bestimmten Stadtteils ein ganz spezifisches Bild von der Einrichtung haben oder auch jene, die besonders nahe bei der Einrichtung wohnen, die schlechteste Meinung und das geringste Wissen über die Einrichtung. Dies wäre dann der Ausgangspunkt für eine weitere, präzisierende Befragung. Zu beachten gilt natürlich, dass durch den Zeitpunkt des Interviews auch nur bestimmte Personengruppen zu erreichen sind.

Die Ergebnisse der Fremdwahrnehmung werden nicht nach außen transportiert oder veröffentlicht. Sie können aber wesentliche Ansatzpunkte für die Reflexion mit Jugendlichen oder zielgerichteter Image-Kampagnen der Jugendeinrichtung sein.

Natürlich werden, je nach Zielsetzungen des Projektes, verschiedene Formen der Auswertung vorgenommen. Im folgenden Beispiel wurde eine sehr differenzierte Auswertung durchgeführt, bei der signifikante Aussagen codiert und ausgewertet wurden.

Beispiel: Fremdbilderkundung Hirschstetten

Im folgenden Modell der Fremdbilderkundung Hirschstetten wird beispielhaft eine differenzierte Auswertung auszugsweise dargestellt. Bei dieser Befragung wurden an vier aufeinander folgenden Nachmittagen insgesamt 131 Personen, zur Hälfte männlich bzw. weiblich sowie zur Hälfte Jugendliche und Erwachsene angesprochen.

Das Jugendzentrum Hirschstetten liegt in einer Stadtrandsiedlung Wiens, arbeitet seit vielen Jahren sehr gemeinwesenorientiert und betreibt vor dem Jugendzentrum auch den sogenannten ‚ActIn Park', einen großen Spiel- und Sportplatz für Kinder und Jugendliche. Das sozialräumlich orientierte Konzept der Jugendeinrichtung sieht umfangreiche Initiativen zur Förderung von kinder- und jugendgerechter Infrastruktur vor. Ebenso initiiert und beteiligt sich das Jugendzentrum an Stadtteilplattformen und arbeitet sehr stark nach dem herausreichenden Arbeitsansatz.

Fremdbilderkundung Hirschstetten[59]

Entsprechend der standardisierten Fragestellungen der Fremdbilderkundung wurden 131 Personen zu ihrer Einschätzung über das Jugendzentrum Hirschstetten, dessen BesucherInnen und BetreuerInnen befragt. Dabei wurden sechs Befragungsorte gewählt, an denen erfahrungsgemäß BewohnerInnen der Siedlung verkehren. Um eine aussagekräftige Auswertung zu bekommen, wurden die Wohnorte ebenfalls festgehalten.

Auszüge aus der Auswertung:

Auf die Frage „Wissen sie, wo das Jugendzentrum ist?" kannten von den 131 Befragten immerhin 112, also 85%, die Lage des Jugendzentrums, einige Erwachsene kannten die Einrichtung nicht.

Auf die Frage „Wer geht dort hin?" wurden zwar von allen die Zielgruppen Kinder und Jugendliche genannt. Es wurden den BesucherInnen des Jugendzentrums Hirschstetten aber auch ganz andere Merkmale zugeordnet: 25 Befragten meinten, dass „Ausländer" die Einrichtung besuchen, 22 sprachen von „sozialen Problemfällen", die für die Zentrums-BesucherInnen charakteristisch sind. Diese Festlegungen wurden vor allem von Jugendlichen, welche die Einrichtung nicht besuchen, getroffen.

Die befragten Jugendlichen beschreiben weiters die BesucherInnen der Einrichtungen auch über deren Jugendkultur, beispielsweise Skater, Punks, Sportler, Prolos etc., während Erwachsene hingegen eher sehr allgemein von den „Jugendlichen" sprechen. Sie unterscheiden aber zwischen Ju-

59 Die Fremdbilderkundung wurde vom Team des Jugendzentrums Hirschstetten durchgeführt und von Ruth Lindtner und mir zusammengefasst.

gendlichen „aus der Siedlung" und solchen, „nicht aus der Siedlung", welche die Einrichtung besuchen. Erwachsene differenzieren also nicht zwischen Jugendkulturen, sondern stellen sozialräumliche Bezüge in den Vordergrund. Dies weist darauf hin, dass Jugendliche sehr stark in jugendkulturellen Ausformungen und Abgrenzungen denken, Erwachsene eher in institutionellen Bezügen.

Auf die Frage „Was passiert dort?" werden sehr viele Aktivitäten, wie Spiele, Wuzzeln, Billard, Disco, Musik (besonders von den Jugendlichen), Sportturniere, Internet, Jugendcafe, Musik hören, aber auch Projekte genannt.

Interessant erscheint unter dem geschlechtsspezifischen Aspekt, dass Befragte männliche Jugendliche der Jugendeinrichtung eher „wuzzeln, sporteln" zuordnen, Mädchen und Frauen der Jugendeinrichtung eher kommunikative Arrangements wie „spielen", „Musik hören" etc.

Bei den Erwachsenen wird das Jugendzentrum sehr stark als Infodrehscheibe und als Anlaufstelle genannt, was sicher Ausdruck der intensiven gemeinwesenorientierten Arbeit ist, die eben auch Erwachsene anspricht; aber auch Feste und Veranstaltungen werden dem Jugendzentrum zugeschrieben.

Besonders interessant erscheinen in diesem Beispiel die Zuschreibungen der Qualitäten der MitarbeiterInnen und deren Berufe (Wer sind die MitarbeiterInnen der Einrichtungen? Was machen sie, welchem Beruf gehen sie nach?).

Bei der Frage nach der Tätigkeit der Mitarbeiterinnen der Einrichtung können weniger als ein Drittel – zumeist Erwachsene – keine Auskunft geben. Von weit über zwei Drittel der Befragten werden mannigfaltige Tätigkeiten der JugendarbeiterInnen genannt.

Sehr viele Nennungen weisen auch darüber hinaus auf Tätigkeiten hin, die man im weiteren Sinn als sozialpädagogische/sozialarbeiterische Betätigung bezeichnen könnte: Beispielsweise wurden Kommunikation, Gespräche, Organisieren, Projekte betreuen, Drogenprävention, Konflikt lösen, ums Grätzl kümmern etc. genannt.

Abb. 18: Tätigkeiten der JugendarbeiterInnen

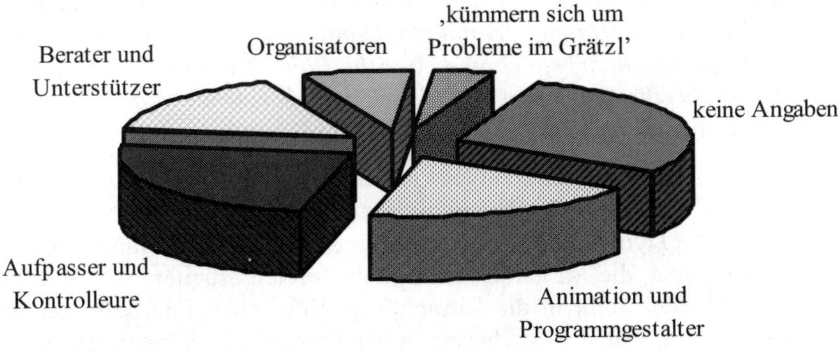

Aber auch bei der Frage nach dem Beruf der JugendarbeiterInnen finden sich sehr differenzierte Zuordnungen.

Abb. 19: Welchen Beruf haben die JugendarbeiterInnen erlernt?

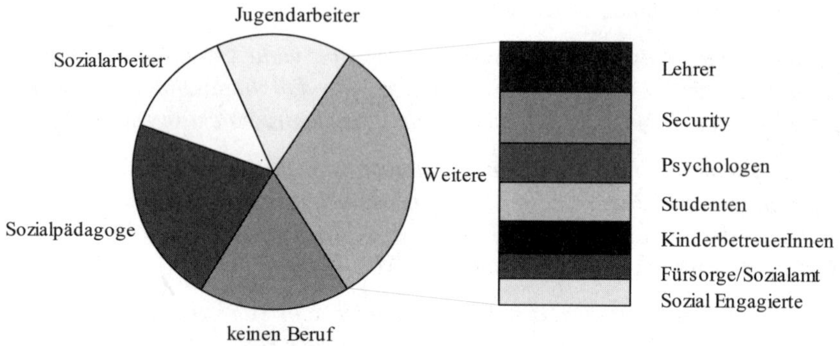

Dies weist darauf hin, dass die Arbeit in diesem Jugendzentrum doch mit einer spezifischen pädagogischen oder sozialarbeiterischen Qualifikation der MitarbeiterInnen verbunden wird. Offensichtlich wird „Animation, Programmgestaltung, Kontrolle" s.o. nicht mit einer „Jedermannstätigkeit" in Verbindung gebracht, sondern durchaus mit qualifiziertem sozialpädagogisch/sozialarbeiterischem Handeln.

Auf die letzte Frage „Kennen sie jemanden, der ins Jugendzentrum geht?" antworten zwei Drittel der Befragten mit „Ja". Jene, die niemanden kennen, sind bezeichnenderweise vor allem männliche Erwachsene, die sich offensichtlich nicht so sehr für die kommunikativen Zusammenhänge in der Siedlung interessieren.

Zusammenfassend lässt sich sagen, dass der Einrichtung ein äußerst positives Image zugeordnet wird. Es lassen sich hier sehr gut geschlechtsspezifische Unterscheidungen in der Beschreibung der sozialräumlichen Qualitäten erkennen. Frauen und Mädchen ordnen der Einrichtung eher kommunikative Qualitäten (Beratung, Treffpunkt, Cafe) zu; während die männlichen Befragten den JugendarbeiterInnen eher die Rolle der Aufpasser und Kontrolleure zuschreiben, stellen die Mädchen auch beratende und versorgende Tätigkeiten in den Vordergrund.

Obwohl die Einrichtung durchaus als positiver Ort beschrieben wird, lassen sich über das Verfahren der Fremdbilderkundung typisch jugendkulturell-sozialräumliche Dynamiken erkennen: Zum einen kennen Heranwachsende die BetreuerInnen, die im herausreichenden Bereich arbeiten, sehr gut, gehen aber trotzdem nicht in die Einrichtung. Oder aber: Die befragten Jugendlichen waren früher BesucherInnen der Einrichtung, können daher sehr differenziert Angebote der Einrichtung nennen, gehen aber aufgrund bestimmter Vorfälle nicht mehr ins Jugendzentrum. Sie schreiben dem Jugendzentrum nun einen hohen Anteil an Ausländern und sozial problematischer Jugendlicher zu und finden so offensichtlich für sich eine Begründung, nicht mehr ins Jugendzentrum gehen zu können.

Der einfache Fragenkatalog der Fremdbilderkundung eignet sich auch sehr gut für die Befragung von Jugendlichen, die im öffentlichen Raum anzutreffen sind. Soll ausschließlich diese Zielgruppe befragt werden, ist es möglicherweise von Vorteil, wenn nicht MitarbeiterInnen der Jugendeinrichtung selbst, sondern – unbekannte – KollegInnen aus anderen Einrichtungen oder StudentInnen diese Befragung durchführen, um Vorurteile und Voreingenommenheit, die zu verfälschten Aussagen führen können, zu vermeiden.

Weil die JugendarbeiterInnen ja ‚Teil des Raumes' sind bezieht sich deren Ablehnung ja zum Teil auch auf sie und beeinflusst die Befragung.

Führen JugendarbeiterInnen die Fremdbilderkundung selbst durch, gilt es den Jugendlichen zu verstehen zu geben, dass ehrliche Meinungen gefragt sind und negative Äußerungen nicht als persönliche Angriffe gedeutet werden. In diesem Fall macht es Sinn, den Fragenkatalog zu erweitern und detaillierte Fragen wie etwa: „Hast du konkret Erfahrungen gemacht?", oder „Warst du schon einmal dort?" etc. zu stellen.

3.9 Institutionenbefragung

3.9.1 Kurzbeschreibung

Institutionen, die im weiteren Sinn mit Jugendlichen befasst sind, werden mittels eines Leitfadeninterviews über die Situation der Heranwachsenden im Stadtteil oder der Region befragt.

Dabei steht nicht so sehr die Beschreibung der Leistungen der Institution im Vordergrund, sondern deren Einschätzungen bezüglich der Stärken und Schwächen des Sozialraumes für Jugendliche. Zudem gilt es auch in Erfahrung zu bringen, wie sehr die Institutionen die Arbeit anderer Institutionen kennen bzw. wie sie deren Qualität einschätzen. Denn möglicherweise verhindern Kommunikationsdefizite einen Aufbau von Netzwerken für Heranwachsende.

Die sozialen Institutionen einer Region bestimmen in einem hohen und häufig unterschätzten Ausmaß die Chancen von Kindern und Jugendlichen sich die sozialen Räume ihres Stadtteils anzueignen. Mit der ihnen in der Öffentlichkeit zugeschriebenen Kompetenz sind sie auch maßgeblich an der Bewertung der sozialräumlichen Gegebenheiten von Seiten der Heranwachsenden beteiligt.

Die Gespräche und Befragungen werden mit Fachkräften der Einrichtungen anhand eines Interviewleitfadens geführt. Dabei beziehen sich die Fragen auf die Entwicklung der sozialen Infrastruktur des Stadtteils, die Problemstellungen im Gemeinwesen, die Einschätzung der Situation der Heranwachsenden, das Wissen über die verschiedenen Jugendkulturen des Einzugsgebietes und bestehende Vernetzungszusammenhänge.

3.9.2 Fokus/Erkenntnisinteresse

Die im Stadtteil ansässigen Institutionen definieren Problemstellungen von und mit Heranwachsenden. Da ihnen in der Öffentlichkeit des Stadtteils meist der Status von ‚ExpertInnen' zugeschrieben wird, bestimmen sie wesentlich die Aneignungsmöglichkeiten der Heranwachsenden im sozialräumlichen Zusammenhang eines Stadtteils mit: Ob beispielsweise ein Konflikt zwischen Jugendlichen und Erwachsenen als nachvollziehbarer Nutzungskonflikt des oftmals begrenzten öffentlichen Raumes bestimmt wird oder aber als Ausdruck abweichenden Verhaltens einer problematischen Jugendclique – das hat bedeutende Konsequenzen für die Ansätze der Problemlösung.

Zu beobachten ist aber auch eine – nicht nur unter PolitikerInnen – weit verbreitete Annahme, dass alle Institutionen, die im Bereich der sozialen Arbeit tätig sind, vernetzt arbeiten und somit über geeignete Informationen über die Arbeitsfelder und Zielgruppen anderer Institutionen verfügen würden. Dementsprechend wird oft von Netzwerken für Kinder und Jugendliche ausgegangen, in denen die Angebote aufeinander abgestimmt, gemeinsam spezifische Problemstellungen von Heranwachsenden in einer bestimmten Region diskutiert und Änderungsvorschläge eingebracht werden.

In Wirklichkeit existieren nicht nur traditionelle fachliche Konfliktlinien und Kommunikationsdefizite wie beispielsweise zwischen Schule und Offener Jugendarbeit, auch müssen sich Institutionen vor dem Hintergrund knapper werdender Ressourcen vermehrt über ihre spezifischen Eigenleistungen definieren und legitimieren, was einem vernetzten Denken mitunter widerspricht.

So ist es für eine sozialräumlich orientierte Jugendarbeit von großer Bedeutung, die unterschiedlichen Meinungsbilder über die Situation der Heranwachsenden in Erfahrung zu bringen bzw. mögliche sozialräumliche Ressourcen zu erkennen.

Die *Institutionenbefragung* versucht daher nicht, die spezifische Einschätzung, die sich aus der Legitimation jeder Institution begründet, abzufragen, sondern vielmehr die Einschätzung bezüglich der Stärken und Schwächen der Infrastruktur für Kinder und Jugendliche. Dies bedingt auch, zum einen in Erfahrung zu bringen, in welchem Maße soziale Institutionen die Arbeit anderer Institutionen kennen und wie sie deren Qualität einschätzen. Zum anderen gilt es, Kommunikationsprobleme zu ergründen.

Aber auch die Wissensbestände über die Ausdifferenzierungen von Jugendkulturen und - szenen im Stadtteil sind von großem Interesse. Ermöglicht doch erst die Anerkennung der Verschiedenartigkeit von Jugend(en) das Verständnis von unterschiedlichen Aneignungsformen und führt zu entsprechend ausdifferenzierten Unterstützungsformen und Angeboten.

3.9.3 Die Methode im Feld

Zu Beginn des Projektes werden alle sozialen Institutionen, aber auch FreizeitanbieterInnen etc. im Stadtteil aufgelistet. Dies kann in Assoziationsrunden, in denen Fragen wie: „Welche Institutionen, Vereine etc. gibt es hier? Welche fallen Dir/Ihnen ein?“ gestellt werden, passieren. Diese werden dann durch die Eintragungen in den zumeist vorhandenen einschlägigen Informationsbroschüren oder auf der Homepage des Stadtteils ergänzt.

Erfahrungsgemäß entspricht die Auswahl der Institutionen oft den alltäglichen Erfahrungen in der Jugendarbeit bzw. den gegebenen Vernetzungszusammenhängen, die oft durch persönliche Kompatibilität bestimmt werden. Dementsprechend werden nicht selten KooperationspartnerInnen und Institutionen der Jugendarbeit vergessen, die möglicherweise von großer Bedeutung sein könnten.

In einem anschließenden Auswahlverfahren werden nun einerseits die Institutionen festgehalten, deren Zielgruppe Kinder oder Jugendliche sind, andererseits auch jene, die in Form der ihnen zugewiesenen Definitionsmacht in fachlichen oder politisch institutionellen Gremien über die Situation von Kindern und Jugendlichen im Stadtteil oder der Region mitentscheiden. Zu diesem Sample gehören also sowohl Schulen, Kindergärten, Jugendeinrichtungen oder Sportvereine als auch Behörden wie die Polizei, Bezirksvorstehungen oder jugendpolitische MandatarInnen. Aber auch das Wissen überregionaler Institutionen, die mit Jugendlichen zu tun haben, kann von Bedeutung sein.

Interviews mittels Gesprächsleitfaden

Nach telefonischen Terminvereinbarungen werden die Interviews, die erfahrungsgemäß eine Stunde dauern, geführt. Als Ziel der Interviews wird zum einen das Interesse genannt, alle Meinungen der ‚Fachleute‘ über die Stärken und Schwächen der sozialen und sozialräumlichen Infrastruktur des Stadtteils zu sammeln. Zum anderen sollen ihnen die Ergebnisse nach Abschluss und Auswertung der Befragungen zur Verfügung gestellt werden, so dass auch sie bedeutende Informationen über den Stadtteil oder die Region generieren können.

Die offenen Fragestellungen beziehen sich auf

- die vorhandene bzw. gewachsene soziale Infrastruktur des Stadtteils,
- die Problemstellungen im Gemeinwesen,

- die Einschätzung der Situation der Heranwachsenden und
- das Wissen über die verschiedenen Jugendkulturen des Einzugsgebietes.

Der Leitfaden soll das Gespräch erleichtern. Die Themenbereiche werden zwar grob strukturiert, um die Vergleichbarkeit der Einschätzungen zu ermöglichen; die bewusst offen gestellten Fragen, die keine Antwortvorgaben beinhalten, sollen allerdings genügend Spielraum für Ausführungen und Erklärungen lassen.

Abb. 20: Leitfaden für die Institutionenbefragung

Einstieg
Wir machen eine Befragung zur Situation von Jugendlichen in ... Dabei interessiert uns ganz besonders, wie Sie die Qualität des Bezirks als Sozial- und Lebensraum für Jugendliche einschätzen. Wie würden Sie die spezielle sozialräumliche Qualität des Bezirkes beschreiben?

Könnten Sie uns in 2-3 Sätzen das Besondere an ... charakterisieren?

Zur Einschätzung der sozialräumlichen Situation der Jugendlichen im Bezirk

Stärken generell +
- Was funktioniert gut im Stadtteil bezogen auf Jugendliche?
- Was hat sich in den letzten fünf Jahren zum Positiven verändert?
- Wer ist beteiligt?

Schwachstellen generell -
- Welche Probleme sehen Sie im Stadtteil für Jugendliche?
- Was hat sich in den letzten fünf Jahren zum Schlechteren verändert?
- Wie ist die Struktur der Probleme?
- Wer ist beteiligt?
- Wo ist die Ursache?
- Gibt es Ansätze zur Problemlösung?

Stadtteilsituation im Detail +/-
- Treffpunkte von Jugendlichen
- Was sind (Kennen Sie) beliebte Treffpunkte von Jugendlichen im Stadtteil?
- Im öffentlichen Raum?
- In speziellen Einrichtungen/Institutionen?
- Im Rahmen von kommerziellen Angeboten (Geschäfte, Lokale, etc.)?
- Im privaten Rahmen?
- Im informellen Rahmen?
- Gibt es aus Ihrer Sicht einen Mangel an Treffpunkten für Jugendliche, oder reicht das Angebot aus?
- Und wie sieht es mit der Ausstattung dieser Treffpunkte aus?
- Wie bewerten Sie das Angebot an Parks und Grünflächen?
- Wird bei der Park- und Grüngestaltung auf die Wünsche der Jugendlichen eingegangen
- Gibt es ein konkretes Beispiel? Läuft derzeit etwas in diesem Bereich von einer Institution?
- Gibt es noch ungenützte Räume, wie z.B. ungenützte Frei- oder Grünflächen o-

der leer stehende Lokale oder auch Gebäude, die von Jugendlichen noch genützt werden könnten?

Mobilität

- Wie mobil sind Jugendliche, um ihre Freizeit im Stadtteil/Bezirk zu gestalten, (d.h. haben die Jugendlichen eher fixe Treffpunkte, oder wechseln sie zwischen verschiedenen Treffpunkten)?
- Gibt es da Unterschiede zwischen den Jugendlichen und zwischen Mädchen und Burschen?
- Wie attraktiv ist es für die Jugendlichen, die Freizeit in einem anderen Stadtteil/Bezirk zu gestalten?

Jugendkulturen

- Was für unterschiedliche Jugendcliquen/-kulturen kennen Sie?
- Wie viele sind das?
- Wie alt sind die Jugendlichen? Was machen sie?
- An welchen Merkmalen und Besonderheiten kann man die unterschiedlichen Jugendcliquen/-kulturen erkennen?
- Welche Jugendszenen prägen den Stadtteil?
- Welche Entwicklungen in der Jugendszene sind dominant bzw. finden Sie besonders bemerkenswert?
- Wie schätzen Sie insgesamt die soziale Lage der Jugendlichen im Bezirk ein?
- Gibt es besondere Probleme, z.B. Gruppenkonflikte, Arbeitslosigkeit, Fremdenfeindlichkeit, Gewalt gegen Mädchen?

Kinder- und Jugendarbeit

- Welche Institutionen/Personen/Vereine arbeiten im Bereich der Kinder- und Jugendarbeit?
- Was machen sie?
- Wie schätzen Sie die Arbeit der Einrichtungen ein?
- Welche Rolle spielt die Offene und Mobile Kinder- und Jugendarbeit im Stadtteil?
- Wie bewerten Sie deren Rolle?

Netzwerk

- Welche Formen des Kontaktes oder der Zusammenarbeit zwischen der Institution und der Jugendarbeit gibt es derzeit?
- Welche Kontakte und Kooperationen wären wünschenswert/realisierbar?
- Welche Form der Kontakte und der Informationsvermittlung würden Sie sich wünschen? In welchem Bereich? Mit welchen Einrichtungen?

(Krisch/Reinprecht 2005:24)

Dieser Entwurf wurde in Abwandlung eines von Ortmann entworfenen „Leitfadeninterviews für Schlüsselpersonen“ im Rahmen der Forschungswerkstatt weiter entwickelt[60]. Die allgemeine Fragestellung beim Einstieg in das Interview soll den Beginn des Interviews erleichtern.

Als sehr effektiv erweist sich die Mitnahme eines *Cliquenrasters* („Welche Jugendlichen konkret machen Ihrer Meinung nach die Probleme?“) und eines übersichtlichen Stadtteilplans, um über bestimmte Stadtteilausschnitte („Wo ist das genau?“) detailliert sprechen zu können, da alleine die Existenz dieser doch ungewöhnlichen Dokumentationsbehelfe das differenzierte Vorgehen der „SozialraumexpertInnen“ der Jugendarbeit bescheinigt.

Die Dokumentation des Interviews erfolgt zwar über ein Aufnahmegerät, bedeutende oder zentrale Aussagen sollten aber sofort notiert werden.

Interviewauswertung mittels Institutionenraster

Um eine Übersicht über die befragten Institutionen und ihre Aussagen zu erhalten, bietet sich ein Institutionenraster an, das in der Einrichtung immer weiter ergänzt wird. Dieser sollte Namen und Funktion der Einrichtungen sowie bedeutende Einschätzungen über Stärken und Schwächen des Sozialraumes beinhalten.

Die aufgeführten Antwortkategorien können auch die Auswertung strukturieren. Aus den Audio-Mitschnitten werden die zentralen Aussagen zugeordnet, eine wörtliche Transkription des ganzen Interviews ist so nicht vonnöten.

Tab. 12: Institutionenraster

Name der Institution, des Vereins, etc.					
Stärke der Region für Jugendliche					
Schwächen der Region für Jugendliche					
Einschätzungen über Jugendkulturen					
Einschätzung Treffpunkte, Räume					
Ansatzpunkte für Kooperationen					
Wer oder was könnte zur Verbesserung beitragen?					

60 In der 4-semestrigen Lehrveranstaltung „Forschungswerkstatt“ an der Fachhochschule Campus Wien wurde eine umfangreiche Sozialraumanalyse mit 15 StudentInnen durchgeführt, die in einem Forschungsbericht (Krisch/Reinprecht 2005) zusammengefasst wurde.

Beispiel eines Institutionenrasters
Bei einer umfangreichen *Institutionenbefragung* im 10. Wiener Gemeindebezirk – Favoriten – (vgl. Krisch/Reinprecht 2005) wurden aus 25 möglichen Institutionen 15 ausgewählt und mittels des eingangs beschriebenen Leitfadens interviewt. Die wesentlichen Aussagen der transkribierten Gespräche wurden stichwortartig in einem Institutionenraster eingetragen. Dieser wurde dann den befragten Institutionen, die zu einer Präsentation (seitens der Jugendarbeit und der Fachhochschule Campus Wien, Studiengang Sozialarbeit) eingeladen waren, in anonymisierter Form vorgestellt und diente zur Anregung des Gespräches über die Aneignungsmöglichkeiten der Jugendlichen in diesem Bezirk.

In weiterer Folge sind exemplarisch sechs Institutionen zusammengestellt, deren Aussagen die unterschiedlichen Sichtweisen und Wissensbestände über sozialräumliche Zusammenhänge abbilden.

Die Bezirksvorsteherin ist die höchste politische Instanz im Bezirk, der in diesem Fall ca. 120.000 EinwohnerInnen umfasst. Der Jugendbeauftragte des Bezirkes, der Verein „Neustart“, für Jugendliche mit Strafverfahren zuständig, und die „Parkbetreuung“ sind „Institutionen“, die mit Jugendanliegen befasst sind. Die „Gebietsbetreuung-Neu“ ist für das Quartiersmanagement in der Region zuständig, in der viele Wohnbauten und Grünanlagen von „Wiener Wohnen“ verwaltet werden. Viele der im Raster aufscheinenden Begriffe beziehen sich zwar auf Orte und Situationen, die sich nur Beteiligten erschließen. Interessant erscheint aber auch für den/der ortsunkundigen LeserIn die Anzahl der Nennungen und Ausdifferenzierungen in den einzelnen Kategorien.

Tab. 13: Beispiel einer Institutionenbefragung

	Institution A	Institution B	Institution C
Stärken	auf Bedürfnisse von Jugendlichen eingehen, Lehrlingsinformationstage	Kindergärten und Schulen gibt's genügend; Krisenmanagement; Einbindung von Jugendlichen in Planung	innovativer Bezirk Parkbetreuung; Wettbewerbe; Konfliktbetreuung; Mobile Jugendarbeit „BOS 10"
Schwächen	Jugendarbeitslosigkeit	wenig Platz; Intoleranz; Jugendzentren sind für ältere Jugendliche nicht so beliebt, da nicht geraucht und kein Alkohol getrunken werden darf	wenig Freiräume; Mädchen bei Schlägereien beteiligt; Möglichkeiten; Betonburgen→ Parkgarage kein Spielplatz
Räume für Jugendliche	flexibel, variierende Orte; Parks und Jugendzentrum	Parkanlagen: Erlachpark, Humboldtpark, Keplerpark, Puchsbaumplatz, Wieland- und Antonsplatz; Wettcafes, Grünfläche: Ankerbrotgründe; Jugendzentren; Reumannplatz (zu gewissen Zeiten)	Ernst Kirchweger Haus, Wettbüros; Reumannplatz; Amalienbad; Antonsplatz; Waldmüllerpark; Wielandpark
Jugendkulturen	„Kriminelle Banden" am Reumannplatz	Troststrasse-Laxenburgerstrasse; Ankerbrot; Antonsplatz (Türken/Serben); Hanson Siedlung (Nazis); Otto-Probst-Siedlung	Jugendkulturen vermischen sich, Skins, Neonazis, Hooligans, Punks, Autonome, Migranten - Hip Hop Rap
Verbesserungsvorschläge	viele!; Treffpunkte ausbauen	mehrere Bassenas und Jugendtreffs; mehr Möglichkeit der Selbstdarstellungen im öffentlichen Raum; MigrantInnen integrieren	Ausreichend; Regionalteam +
Vernetzung	Bezirksschulinspektor; Mobile Jugendarbeit „BOS 10"; Kinderfreunde	Regionalteam; Arbeitskreis Polizei; Verein Wiener Jugendzentren; Gebietsbetreuung	

	Institution D	Institution E	Institution F
Stärken	Zusammenarbeit mit außerschulischen Jugendeinrichtungen und dem Bezirk; regelmäßige Treffen	viele Einrichtungen; engagierte Leute; gute Vernetzung; viele Interventionsmöglichkeiten	Projekte (Ankerbrotsiedlung; Poseidon) guter Bezirksjugendbeauftragter, gute Jugendarbeit
Schwächen	zu kleine Parks; zu wenig Käfige; zu wenig für Mädchen	fehlende Nachmittagsbetreuung; fehlende Angebote; immobile Jugend; Generationskonflikt	wenig Grünfläche, ;nur bebaute Flächen (→ Innerfavoriten) unerlaubtes Betreten von Wohnanlagen→Problem mit Anrainern
Räume für Jugendliche	Wettlokale, Parks, türkisch organisierte; Klubs (Moschee, Sportklub); Reumannplatz, zu Hause	Jugendtreff Arthaberbad; Mobile Jugendarbeit „BOS 10"; Jugendtreff Otto Probst Siedlung; Schule; Parks/Innenhöfe; Disco (MAXX)	Parks, Wohnungsanlage etc.
Jugendkulturen	Türkische Gruppen; Migrantengruppen; Fußballklubs	Gabber; MigrantInnen; Gemeindebaucliquen	
Verbesserungsvorschläge	›stenlose Sportklubs; mehr Jugendein- :htungen; mehr Miteinbezug d. Jugendli- ıen, Käfig u. Beleuchtung , WCs in den ırks; Kooperation Stadtgartenamt und Be- rk	Eisring Süd aufsperren; mehr Moderation von Konflikten; mehr Partizipation von Jugendlichen	
Vernetzung	Vernetzungstreffen - Arbeitskreis Kinder und Jugend; Regionaltreffen; Kooperation mit Jugendtreff Arthaberbad	Regionalteam; Arbeitskreis; Organisationsteam; Wünschenswert wären muttersprachliche Vereine; Ersatz für Integrationsfonds	Übergeordnet Jugendarbeit Besprechungen, projektbezogene Beteiligungen, (beispielsweise Poseidon; Ankerbrotgründe)

Auffallend ist hier, dass bedeutende Institutionen kaum etwas über Jugendliche und deren Ausdifferenzierungen in verschiedene Szenen wissen. Im Gegensatz dazu verfügen andere, zu denen intensive Kontakte seitens der Jugendarbeit bestehen, doch über weitaus genauere Einblicke. Dies erlaubt präzise Einschätzungen und Verständnis für die Situation der Jugendlichen. Für die kleinräumigen Aneignungsmöglichkeiten von zentraler Bedeutung – weil für Verbote, Regelungen, Infrastruktur zuständig – ist aber „Wiener Wohnen“. Bezeichnenderweise stellen sie zwar fest, dass es keine Freiflächen gibt. Ihnen sind auch keine Jugendkulturen bekannt, was darauf hinweist, dass die verschiedenen Bedarfe von Jugendlichen kaum Wahrnehmung finden. Dies könnte auch erklären, warum Beschwerden über Jugendliche, die sich in den Höfen aufhalten nahezu immer als deviantes Verhalten interpretiert, nie aber als Form der Aneignung verstanden werden.

Umgang mit den Ergebnissen der Institutionenbefragung

Auch wenn die Befragung der Institutionen vornehmlich das Ziel verfolgt, Chancen und Barrieren von Jugendlichen im sozialräumlichen Zusammenhang einer Region besser beurteilen zu können, bietet sich dennoch auch eine Präsentation der Ergebnisse, verbunden mit der Einladung an alle befragten Institutionen, an. Bei dieser Präsentation ist natürlich darauf zu achten, nicht die einzelnen Institutionen – und deren möglicherweise vorhandene Informationsdefizite – in den Vordergrund zu stellen, sondern die Situation der Jugendlichen aus der vielschichtigen Sicht der Institutionen.

Die umfangreiche Befragung von Institutionen und eine entsprechende Auswertung kann für die Jugendarbeit wertvolle Erkenntnisse über sozialräumliche Chancen und Barrieren liefern. Zum einen können zentrale Aussagen über Angebotsdefizite oder Problemstellungen im Bezirk in Erfahrung gebracht werden, die durch spezifische Angebote zu einem veränderten sozialräumlichen Konzept der Jugendeinrichtung beitragen können. Dies bedeutet natürlich nicht, dass diese von der Jugendarbeit angeboten werden müssen, vielmehr sollten Verbesserungen für Kinder und Jugendliche durch den Ausbau von Vernetzungen mit anderen Institutionen erzielt werden.

Zweitens eröffnen die Gespräche auch Möglichkeiten der Festlegung von gewünschten und geplanten Informationsverläufen und die Möglichkeit gemeinsamer Kooperationen. Und drittens erlaubt das durch die *Institutionenbefragung* erworbene umfangreiche Wissen die Einberufung von Jugend-Plattformen oder Regionalteams, in denen die MitarbeiterInnen als ‚Sozialraumfachleute‘ zentrale Problemstellungen benennen und vorgeben können und konkrete Kooperationsformen aus ihrer Sicht einbringen.

4. Die Rückbindung der Methoden an die jugend- und sozialraumtheoretische Dimension und die Praxis der Jugendarbeit

Wie in den einzelnen Beschreibungen ersichtlich, bilden sich in der Anwendung der sozialräumlichen Methoden beide Seiten der Praxisforschung ab: Auf der analytischen Ebene wird Wissen über die Aneignungsprozesse und -formen der Jugendlichen generiert und weiterentwickelt. Gleichzeitig strukturiert die Anwendung den Praxiszusammenhang. Nachdem die JugendarbeiterInnen keine ausschließlich teilnehmenden BeobachterInnen sind, werden sie auch zu AkteurInnen im Spannungsfeld zwischen jugendlicher Aneignung und gesellschaftlichen Bedingungen, die sich ja – wie bereits umfangreich dargelegt – auch räumlich widerspiegeln.

Im Folgenden werden wesentliche Zusammenhänge zusammengefasst, welche die Anwendung der eingangs beschriebenen sozialräumlichen Methoden im Kontext der Praxisforschung charakterisieren.

Aus der analytischen Perspektive werden durch einzelne Methoden verschiedene Zusammenhänge zwischen jugendlichen Aneignungsformen und ihrer Vergesellschaftung im sozialräumlichen Kontext beschrieben, wobei die Deutungen und Interpretationen der Jugendlichen und deren Blickwinkel auf sozialräumliche Gefüge bei den meisten Methoden im Zentrum des Interesses stehen.

Das Verhältnis von Kindern und Jugendlichen zu ihrer räumlichen Umwelt stellt dabei – wie einleitend begründet – einen äußerst vielschichtigen Zusammenhalt dar, der sich auch in der Praxis der Analyse sozialräumlicher Bedingungen widerspiegelt. Während Erwachsene öffentliche Räume ja durchaus funktional benutzen, entfalten sich die Nutzungsformen Jugendlicher in komplexen räumlichen Wechselwirkungen, in denen viele Faktoren (vgl. Schumann 1998, Riege/Schubert 2002, Deinet/Krisch 2002, Deinet 1999, 2005) eine Rolle spielen.

Dazu zählen u.a.

- verschiedene Aneignungsprozesse, die sich aus lebens- und alltagsweltlich begründeten und entwicklungsbedingten Bedürfnissen, Bedeutungen, Handlungen von Kindern und Jugendlichen ergeben,
- bestimmte stadtplanerische und städtebauliche Bedingungen wie Verkehrsinfrastruktur, Bebauungsdichte, das Vorhandensein von Grün- oder Spielflächen etc.,
- kinder- und jugendadäquate Ressourcen wie Bildungs-, Unterhaltungs- und Freizeitangebote, Beratungs- und Unterstützungszusammenhänge etc.,

- die engen Zusammenhänge zwischen spezifischen Orten und einer sozialräumlichen Umwelt, die sich nicht auf den Stadtteil oder bestimmte Straßenzüge begrenzt,
- Nutzungsdefinitionen, die sich über Politik, Institutionen oder erwachsene StadtteilbewohnerInnen ergeben und die bestimmte Öffentlichkeiten (wie Kinderfeindlichkeit oder hohe Akzeptanz von Jugendlichen im Stadtteil etc.) hervorbringen, die wieder auf Heranwachsende und deren Vergesellschaftungsformen im öffentlichen Raum – im Simmel'schen Sinn – wirken (vgl. Deinet/Krisch 2002:133).

Dementsprechend lässt sich bei der Durchführung sozialräumlicher Methoden erkennen, dass sich die Aneignungsformen von Jugendlichen, deren Motive und Formen der Vergesellschaftung sehr komplex gestalten und darüber hinaus kaum Verallgemeinerungen erlauben.

Zu sehen ist, speziell bei der Anwendung der Methode der (Strukturierten) Stadtteilbegehung, der Cliquenbeobachtung oder der Subjektiven Landkarten, dass sich nicht so sehr die räumlichen Aneignungsformen, sondern die Interpretation der Qualitäten von Sozialräumen seitens der Jugendlichen unterscheiden.

Beispielsweise werden die Chancen der Aneignung und die sozialräumlichen Qualitäten von Parks gänzlich verschieden interpretiert; was eine Jugendkultur als besondere Stärke eines Ortes bezeichnet, wird von anderen als unstimmig oder gar bedrohlich interpretiert, wobei Images und Gerüchte eine überragende Rolle spielen. Selbst die einzelnen Ausschnitte der Parks sind auch in sich nochmals räumlich zu differenzieren und weisen bestimmte Deutungen und Zuschreibungen auf.

Am Beispiel von Mädchen – die sich ja mitunter ‚versteckter' in den Cliquen, doch auch im öffentlichen Raum aufhalten – lässt sich zeigen, dass sie diesen sehr differenziert nutzen, aber eben weniger auffällig sind, weil sich ihre Nutzungs- wie auch Gesellungsformen von denen der Burschen unterscheiden.

Während männliche Jugendliche die Räume eher territorial in Besitz nehmen (vgl. Verein Wiener Jugendzentren 2002) und damit auch optisch präsent sind, verwenden Mädchen einzelne Ausschnitte der Räume als „kommunikativen Zusammenhang" (vgl. Löw 2001:253), schaffen ihre eigene „informelle Mädchenöffentlichkeit" (Schön 1999:314) und beschäftigen sich mit Aktivitäten, wie „spazieren gehen, quatschen und sitzen" (vgl. Larcher 2006:143), die mitunter nicht als solche wahrgenommen werden.[61]

61 Tatsache ist, dass auch bei einigen Beobachtungsverfahren doch sehr stark aktives, raumgreifendes und auffälliges Verhalten wahr- und aufgenommen wird. Aktivitäten, die keine sichtbaren Wirkungen erzielen, werden mitunter kaum gesehen und nicht als Betätigung definiert. Darüber hinaus ist bei ortsgebundenen Verfahren das Phänomen der Mobilität kaum zu erfassen.

So lässt sich beispielsweise auf Freiflächen in Parks auf den ersten Blick beobachten, dass männliche Teenies und Burschen in der Raumaneignung aktiver sind wie gleichaltrige Mädchen.[62] Sie sind zahlenmäßig überlegen, sie nutzen die räumlichen Gegebenheiten des Parks vor allem für sportliche Aktivitäten und nehmen deshalb auch mehr Raum ein.

Obwohl die Sportflächen von den Burschen dominiert werden, sind Mädchen aber auch durchaus sportlich aktiv. Sie präferieren allerdings Kleinballspiele während Burschen die Jugendfreiräume viel expansiver nutzen. Allerdings verwenden sie beispielsweise zum Volleyballspiel nicht den von Burschen besetzten Platz, vielmehr suchen sie für sich einen Weg, einen geeigneten Platz für ihre Sportausübung zu finden. Dies kann an der Peripherie des Parks sein oder aber dann, wenn die männlichen Jugendlichen den Park verlassen haben. Natürlich ist aber auch zu beobachten, dass Mädchen ebenso Fußball im öffentlichen Raum oder in Käfigen spielen.

Bei Mädchen, die nicht sporteln, lassen sich verschiedene Aneignungsformen beobachten, sie nutzen den Park für Gespräche mit Freundinnen, sie verabreden sich, es gibt verschiedene Treffpunkte, bestimmte Bänke und Parkausschnitte.

Mädchen bilden offensichtlich spezifische Handlungsformen aus, um mit der räumlichen Dominanz von Burschen umzugehen. Sie entwickeln dabei sehr kreative Strategien der Nutzung, des Arrangements oder des Ausweichens. Schon jüngere Mädchen wissen ziemlich genau, welche Orte ihnen etwas anbieten. Sie haben ein oder zwei Ausweichorte: „Ja, wir sind erst einmal am Spielplatz, aber wenn die älteren Burschen kommen dann ist es zu hektisch und zu laut und dann gehen wir weg."

Burschen halten sich länger im Park auf wie Mädchen, Mädchen wechseln häufiger den Aufenthaltsort. Sie nutzen unterschiedliche Räume, je nachdem, wie diese auf sie wirken. Aber auch der Weg zwischen den Treffpunkten, die Mobilität, die sie entfalten – das ‚Spazierengehen' – ist eine bedeutende Aktivität. Dies ist auch ein Grund, warum Mädchen in der Öffentlichkeit oder bei Parkbeobachtungen weniger wahrgenommen werden: Sie sind nicht andauernd im Park, sondern nur zeitweise.

Sie legen zum Teil weite Strecken mit den öffentlichen Verkehrsmitteln zurück um an ihre Lieblingsplätze zu kommen. Eine der Befragten sagte sie gehe von „Park zu Park", immer dorthin, wo ihre Freunde seien. Mädchen

62 Die folgenden Beobachtungen wurden im Rahmen einer Forschungswerkstatt mit StudentInnen der Fachhochschule Campus Wien in Kooperation mit dem Jugendtreff Arthaberbad gemacht und in einem Forschungsbericht mit dem Titel „Aktiv – Passiv? Sozialräumliche Analysen geschlechtsbezogener Beteiligung im Stadtteil" (Krisch/Reinprecht 2006) zusammengefasst. Gleichzeitig verfasste Anneliese Larcher, eine Mitarbeiterin von BOS 5, ihre Studie im Rahmen einer Diplomarbeit an der Universität Wien zum Aneignungsverhalten von Mädchen.

wandern auch innerhalb des Parks zwischen unterschiedlichen Plätzen herum.

> „Es werden neue Plätze und Wege entdeckt; Verbindungslinien zwischen unterschiedlichen ‚Inseln' (vgl. Baacke, Zeiher) geschaffen und Aktionsräume erweitert." (Larcher 2006:156)

Mädchen weichen in Einkaufsstraßen in öffentliche Geschäftsbereiche aus und nutzen diese Orte als eigene soziale Räume. Dort sind dementsprechend auch genauso viele Mädchen wie Burschen anzutreffen. Sie nutzen diese allgemeinen Räumen als Treffpunkt mit Freundinnen, als Orte des sozialen Kontakts, des Gespräches, während Burschen eher Orte der Bewegung suchen.

Die oberflächliche Beobachtung der mangelnden Präsenz von Mädchen auf öffentlichen Plätzen lässt nicht den einfachen Schluss zu, dass sie sich zu Hause aufhalten.

Alternative Orte, die vor allem von Mädchen aufgesucht und aktiv als Handlungsräume geöffnet werden, sind Einkaufpassagen und vergleichbare Bereiche, aber auch andere Stadtgebiete. Dies wird dadurch erleichtert, dass durch den Ausbau der öffentlichen Verkehrsmitteln in urbanen Gebieten Orte wie „Inseln im Raum liegend" durch U-Bahnen miteinander verbunden sind.

Mädchen sind offensichtlich in der Lage, diese Netzwerke wahrzunehmen und sich dieser zu bedienen. Mädchen suchen auch gezielt alternative Räume auf um für sich autonome Handlungsräume zu öffnen. „Mit Hilfe sozialer Netzwerke gewinnen sie Alltagskompetenzen" (Deinet/Icking 2005) und können gleichzeitig der Kontrolle durch Familienmitglieder (z.B. ihren Brüdern) entgehen.

Gleichwohl diese kurze Darstellung stark verallgemeinernd ist, lässt sich doch herauslesen, dass Mädchen genauso wie Burschen durchaus als AkteurInnen im öffentlichen Raum auftreten, hier aber oft erst ein Blick auf die „tatsächlich, widerspenstigen Aneignungsprozesse von Mädchen" (Nissen 1998) entwickelt werden muss.

Es lassen sich also geschlechtsbezogene Muster der sozialräumlichen Aneignung erkennen, wobei auch hier wieder die spezifischen sozialräumlichen Qualitäten der Stadtteile oder Regionen zu Unterscheidungen – die es jeweils zu beobachten gilt – führen.

Die Aneignungsformen unterscheiden sich auch alterspezifisch – der gleiche Ort wird von „Teenies"[63] am Nachmittag als „bedeutend" beschrieben

63 gemeint ist die Altersgruppe der 9- bis 14-Jährigen, der „jüngeren Jugendlichen" (vgl. dazu Kromer/Teppich 1998, besonders die „Klassiker": von Spiegel 1988, Deinet 1987, Friedrich 1984)

und aufgesucht, am Abend angstbesetzt bewertet und daher gemieden. Jüngere Jugendliche erweitern zwar sukzessive ihre Handlungsräume, sind aber doch auf Orte in der näheren Umgebung angewiesen. Dies sind oft wie Inseln angeordnet, die Wege dazwischen erlangen erst später Bedeutung. Jugendliche zeichnen sich durch größere Mobilität aus, wobei sich der Grad ihrer Verwiesenheit auf bestimmte Orte sehr stark zwischen verschiedenen Jugendkulturen unterscheidet.

Die Treffpunkte und Aufenthaltsorte – so lässt sich also zusammenfassen – von Jugendlichen sind Ausdruck eigenwilliger Inbesitznahmen und „Umnutzungen" (Muchow 1998), die mitunter der zugeschriebenen Funktionalität dieser Orte widersprechen, welche in der Dynamik der Jugendkulturen – als gesellschaftliche Festsetzungen – erst einmal kaum eine Rolle spielen. Vielmehr wird die gesellschaftliche Bestimmtheit erst aus der spezifischen Dynamik und in bestimmten Situationen und Momenten wahrgenommen – oft ignoriert, oft hingenommen, selten aber als solche argumentiert.

Die Treffpunkte bleiben zudem nicht gleich, sondern werden gewechselt, haben verschiedenartigste Bedeutungen für Jugendliche und werden abhängig von ihrer Fähigkeit zur Mobilität als Teil ihrer „ökologischen Nahräume" (vgl. Baacke 1999a:115) immer wieder neu gewichtet. Der Zusammenhang zwischen Raum und ‚Erleben' erscheint evident:

Das ‚Sozialräumliche' meint ein Geflecht von Ressourcen der Lebensbewältigung, der Möglichkeit zur Geselligkeit, der Chance auf Ungewöhnliches und Ungeplantes, der Erfahrung von Sicherheit, der Geborgenheit, der Selbstwirksamkeit, der Anonymität, der Betätigung, der Orientierung, der Chance auf Kontakt und Erotik u.a., welches sich im Kinder- und Jugendalter eben in einer komplexen Wechselwirkung zwischen Jugend und Raum verortet.

Von großer Bedeutung erscheint auch, dass Kinder und Jugendliche sich in ihren Aneignungsprozessen nicht auf einen Stadtteil begrenzen, sondern – beispielsweise in Form der Erweiterung ihrer Streifräume – auch entfernte andere Orte und Szenen[64] in einem informellen Netzwerk eine zentrale Rolle spielen und sogar virtuelle Räume mit einzubeziehen sind. Dies widerspricht auch fachlichen Zugängen, die den Begriff „Sozialraum" meist auf bestimmte Stadtteile und statisch begriffenen Grenzen beziehen.

Wichtig erscheint generell auch, dass LandschaftsplanerInnen (vgl. Frey und Witthöft in Krisch/Reinprecht 2006:58) davon ausgehen, dass Räume „in Bewegung geraten sind", Einkaufzentren, Tankstellen, „non places", leer stehende Parkgaragen aber auch das eigene Auto zum Gesellungsort werden. Der Ausbau der öffentlichen Verkehrsmittel führt zu völlig neuen Formen der Mobilität.

64 … in den ökologischen Ausschnitten oder der ökologische Peripherie (vgl. Baacke 1999:164)

Die Anwendung sozialräumlicher Methoden führt zum Erwerb von Wissen über die Zielgruppen, welches jeweils wieder die Praxis der Jugendarbeit verändert und qualifiziert. Dies ist ein wesentliches Merkmal einer entsprechenden Praxisforschung.

Die JugendarbeiterInnen – so eine bedeutende Beobachtung – erhalten so ganz andere Zugänge zu Jugendlichen und deren Aneignungsformen:

So ist das Denken der MitarbeiterInnen der Offenen Jugendarbeit in Jugendzentren oder -treffs selbst oft sehr ‚standortorientiert'. Die Sichtweise auf Jugendliche und auf den sozialräumlichen Kontext in dem sich Jugendarbeit befindet, ist daher sehr stark von den anwesenden BesucherInnen des Jugendzentrums, meist auch von der Annahme eines gutes Images der Einrichtung im Stadtteil und einer gewissen Bekanntheit etc. geprägt. Durch die zeitaufwendige und vielschichtige offene Arbeit in der Einrichtung kann natürlich das Image im Stadtteil, Vorgänge im Stadtteil bezogen auf die Zielgruppen, anderen Institutionen oder politischen EntscheidungsträgerInnen nicht entsprechend wahrgenommen werden.

Die Standortgebundenheit dieses Denkens verhindert daher auch die differenzierte Sicht auf die Vorgänge im Gemeinwesen bzw. die Ausformungen der Veränderungen der örtlichen Kinder- und Jugendkulturen. Mit der Durchführung von sozialräumlichen Methoden geht daher eine differenziertere Einschätzung der Vorgänge „außerhalb" einher (vgl. Lindner 2000:10).

Die strukturierte Auseinandersetzung mit den Lebenswelten dient zudem der Überprüfung eigener Alltagstheorien der MitarbeiterInnen und kann deren einrichtungsbezogenes Denken relativieren.

Die Anwendung der Methoden führt natürlich zur Erweiterung des Kontaktes zu bisher unbekannten Kindern und Jugendlichen. Dies ist auch für die Konzeption der Einrichtung von Bedeutung, verändert aber stark die Wahrnehmung des Stadtteils in seiner Diversität. Das Verständnis der Wechselwirkungen zwischen Cliquen, Räumen, gesellschaftlichen Zuschreibungen (s.o.) eröffnet einen Blickwinkel, der nicht einzelne Jugendliche oder Jugendkulturen als Zielgruppe der Jugendarbeit, sondern die Orientierung am Sozialraum – strukturiert über die Verwendung sozialräumlicher Methoden – als konzeptionelle Ausrichtung der Jugendarbeit sieht.

Die Durchführung der Analyseschritte führt aber auch zur Veränderung der Rolle der JugendarbeiterInnen. Eingebettet in den kommunikativen Zusammenhang der angewandten Praxisforschung verortet sich Jugendarbeit als Medium der Auseinandersetzung im Spannungsfeld zwischen jugendlicher Aneignung und gesellschaftlichen Bestimmungen und Zuschreibungen.

Die JugendarbeiterInnen werden von Cliquen sowohl als ‚jugendzugewandte' AnsprechpartnerInnen wahrgenommen, sind aber für diese auch Teil der gesellschaftlichen Struktur; sie ‚vermitteln' zwischen jugendlichen Motiven und Interessen und gesellschaftlichen Erwartungen und Institutionen und erhalten so – über die Anwendung der sozialräumlichen Methoden – die Zuschreibung eines „jugendpolitischen Mandates" (vgl. Böhnisch/Münchmeier 1990:103).

Seitens der Institutionen wiederum bekommen die Fachkräfte der Jugendarbeit durch die Anwendung der Methoden den Status von Sozialraumfachleuten und StadtteilexpertInnen und gewinnen als anerkannter Teil der sozialen Infrastruktur an Bedeutung.

Praxisforschung als sozialräumliche Konzeptentwicklung

Nach der Darstellung der einzelnen Methoden im vorherigen Teil dieser Arbeit geht es nun darum, die Anwendung dieser Instrumente als Praxis- und Forschungsinstrumente empirisch zu belegen. Erst in einem komplexen Verfahren der Verknüpfung verschiedener Methoden bildet sich die sozialräumliche Qualität in der Spannung zwischen Aneignung und gesellschaftlichen Bestimmungen ab. Sie ermöglichen in weiterer Folge ‚pädagogische Arrangements' – über den Prozess der Konzeptentwicklung –, die spezifische Formen der Aneignung aufnehmen und unterstützen.

In der Beschreibung dieser Form der sozialräumlichen Konzeptentwicklung – indem die bereits skizzierte Praxisforschung zu einem Teil der Konzeptentwicklung wird – wird plastisch eine *grundsätzliche Haltung*[65] dargestellt, die als charakteristisch für eine so genannte sozialräumliche Kinder- oder Jugendarbeit zu benennen ist. Sie geht immer – wie hier deutlich gemacht – von den Aneignungsformen von Kindern und Jugendlichen und den Chancen und Barrieren für sie in ihren sozialräumlichen Zusammenhängen, die sich zumeist auf Sozialräume im Stadtteil beziehen, aus.

Erst die systematische Verschränkung verschiedenster Methoden ermöglicht einen Blick, der den Sozialraum in seiner Ambivalenz wahrnehmen und beschreiben kann. Dies führt zu einem Methodenverständnis, in dem nicht einzelne Methoden, sondern eine Methodologie der Jugendarbeit empfohlen wird, in der die sozialräumliche Arbeit verschiedene Anwendungen von Verfahren, die sich aus bestimmten sozialräumlichen Strukturen ergeben, in einen Zusammenhang stellt und partizipativ mit Jugendlichen als Jugendarbeit verwendet. Dabei ist die Durchführung von verschiedenen Methoden – wie bereits beschrieben – eben selbst schon ‚Jugendarbeit', weil sie zu Interaktionen mit Jugendlichen, institutionellen und politischen Öffentlichkeiten, BewohnerInnen etc. führt.

Diese Form der Praxisforschung erlaubt dann im Kontext einer sozialräumlichen Konzeptentwicklung einen fundierten Entwurf entsprechender konzeptioneller Differenzierungen der Angebote der Jugendarbeit, zum Ausbau von Vernetzungszusammenhängen, zu jugendpolitischen Strategien etc.

---

65 Auch die von Baisch-Weber (2002) durchgeführte, vergleichende Studie „hat deutlich gezeigt, dass eine weitreichende ‚sozialräumliche Kundigkeit' (Böhnisch/Münchmeier 1993) unabdingbare Voraussetzung und Grundlage von Sozialraumentwicklungsprozessen ist" (Baisch-Weber 2002:57).

Aus den vielfältigen Erfahrungen bereits durchgeführter Projekte umfangreicher Praxisforschung[66],– als miteinander verknüpfte Anwendungen verschiedener sozialräumlicher Methoden –, lassen sich folgende Perspektiven für die konzeptionelle Ausrichtung der Einrichtung zusammenfassen.

1. Perspektiven sozialräumlicher Konzeptentwicklung

Als Basis der *Neukonzeptionierung* einer Einrichtung erweist sich eine umfassende sozialräumliche Analyse mit der Bündelung von verschiedensten Methoden als äußerst erfolgreiche Vorgangsweise und kann mittlerweile als fachlicher Standard der Qualitätsentwicklung der Jugendarbeit bezeichnet werden (vgl. von Spiegel 2000, Deinet/Sturzenhecker 2001). Dies erlaubt, Konzepte nicht ‚von innen' heraus zu entwickeln, sondern entsprechend einer zu erforschenden sozialräumlichen Konstituierung eines Stadtteils entsprechend differenzierte und den Aneignungsmöglichkeiten der Jugendlichen angepasste Angebote und Initiativen zu setzen. Ausgehend von der Einholung des entsprechenden statistischen Datenmaterials führt beispielsweise die Kombination von *Strukturierten Stadtteilbegehung*, verbunden mit anschließenden *Stadtteilbegehungen mit Jugendlichen*, die Erstellung von *Cliquenrastern*, *Leitfadeninterviews mit Institutionen* und die Befragung relevanter Zielgruppen zur Erhebung umfangreicher Informationen, die zu einer Neugestaltung oder zur gänzlichen Veränderung des Konzepts führen können. Jugendarbeit als ‚ein Raum unter vielen' kann hier entsprechend der alters-, geschlechts- und entwicklungstypischen Aneignungsformen verschiedener Jugendkulturen, aber auch der im Sozialraum bestehenden ‚Angebotsnischen' ihre besondere und differenzierte Qualität entfalten.

Einzelne Methoden können, wie bereits in einigen Beispielen angeführt, auch der *Beantwortung von speziellen Fragen* der Konzeptentwicklung dienen. Die Durchführung einer umfassenden *Fremdbilderkundung* kann zu einer Veränderung der Öffentlichkeitsarbeit führen. Die Anwendung der *Nadelmethode* oder der Methode der *Subjektiven Landkarten* kann Auskünfte über Orte vermitteln, die von Mädchen präferiert oder gemieden werden und damit Ansatzpunkte für eine offensive Mädchenarbeit im Stadtteil liefern. Die *Befragung aller Institutionen* über deren Einschätzung der Situation der Jugendlichen im Stadtteil, über erwünschte Kooperationsfor-

66 Umfassende Sozialraumanalysen wurden von Einrichtungen des Vereins Wiener Jugendzentren u.a. in der Siedlung Rennbahnweg (22. Bezirk), in der Per Albin Hanson Siedlung (10. Bezirk), am Alsergrund (9. Bezirk), in Simmering (11. Bezirk), in Brigittenau (20. Bezirk), in Innerfavoriten (10. Bezirk), im Karl Marx Hof (19. Bezirk), in der Siedlung Mitterhofergasse (21. Bezirk) in Erdberg (3. Bezirk), in Donaustadt und Essling (22. Bezirk) unter meiner Mitwirkung durchgeführt und umfangreich dokumentiert. Die Berichte liegen als unveröffentlichte Manuskripte im Verein Wiener Jugendzentren auf. Zwei frühe Dokumentationen dieser Praxisforschungen wurden von Strassnig (2002) und Rieder-Heissler (2001) als Diplomarbeiten auf der Akademie für Sozialarbeit eingereicht.

men und die Bedeutung von Jugendarbeit etc. kann nicht nur präzisere Ausmachungen über neue Vernetzungsformen, sondern auch ein ganz neues Image der Jugendeinrichtung in der Region bewirken usw. usf.

Sozialräumlich orientierte Analysen erlauben aber auch klarere und auch für ‚Nicht-Fachleute' *verständlichere Begründungen* der Jugendarbeit. Nicht ‚Offene Jugendarbeit für benachteiligte Jugendliche', sondern ‚differenzierte Angebote für konkrete Cliquen mit bestimmten Bedürfnislagen und Problemstellungen in einem spezifischen sozialräumlichen Kontext' stehen im Vordergrund. Die Darlegung von konkreten Problemstellungen und Vorgängen im Bezug zum Stadtteil und der damit begründete konzeptionelle Bezug der Jugendarbeit führen zu einer nachvollziehbareren Beschreibung der oft schwer darstell- und vermittelbaren ‚Offenen' Jugendarbeit (vgl. Krisch 2005:466).

Die Anwendung von einzelnen Schritten der Analyse bedingt auch eine ‚indirekte' Konzeptveränderung im Sinne einer zunehmenden *infrastrukturellen Bedeutung* der Einrichtung bzw. der MitarbeiterInnen. Die JugendarbeiterInnen werden durch diese Vorgangsweisen zu ‚Sozialraum-Fachleuten' in der Siedlung. Die Anwendung der sozialräumlichen Methoden führt unter dem Aspekt der Praxisforschung zum Erwerb von StadtteilexpertInnen-Wissen. Dabei wird beispielsweise die schriftliche Darstellung einer umfassenden Analyse zu einer Qualitätsdarstellung der Jugendarbeit, die sich eben nicht nur auf die Einrichtung bezieht und auch anderen Institutionen wertvolle Informationen über Vorgänge im Gemeinwesen vermitteln kann. Den JugendarbeiterInnen wird dabei die Kompetenz zugeschrieben, jugendliche Aneignungsformen zu verstehen und diese auch in einen jugendpolitischen Kontext einbringen zu können. Das damit verbundene jugendpolitische Mandat der Jugendarbeit entsteht durch diese Zuschreibung von Außen und wird damit Bestandteil einer sozialräumlichen Konzeption einer Einrichtung.

Dementsprechend führt die Realisierung von sozialräumlichen Analysen auch zur Ausbildung eines *gemeinwesenorientierten (sozialraumorientierten) Blickwinkels* standortorientierter JugendarbeiterInnen. Wie bereits erwähnt, wird die Wahrnehmung jugendkultureller Ausformungen und Entwicklungen in den Jugendszenen in Jugendzentren oder -treffs natürlich sehr stark von den BesucherInnen der Einrichtung geprägt (vgl. Schumann 1998:195). Die sozialräumlichen Zusammenhänge – das in dieser Arbeit oft skizzierte Spannungsfeld zwischen jugendlichen Aneignungsformen und der gesellschaftlichen Verfasstheit von Räumen – erschließt sich nur annähernd in Gesprächen mit Jugendlichen in der Jugendeinrichtung. Mit der Anwendung sozialräumlicher Methoden in der Region eröffnet sich für die Fachkräfte der Jugendarbeit nicht nur ein verändertes Verständnis bezüglich der Wechselwirkungen zwischen Jugendkulturen und den Strukturen des Stadtteils. Verständlicher wird auch, in welchem Verhältnis die Jugendeinrichtung – ‚als ein Ort unter vielen' – zu anderen jugendrelevanten Orten steht. Ebenso werden Images der oder Zuschreibungen über die Jugendeinrichtung zugänglich, die als Zugangsbarrieren möglicherweise große Bedeutung haben. Gerade bei Überlegungen zur Weiterentwicklung des Konzeptes erscheint diese sozialräumliche Perspektive – als Kompetenz aller MitarbeiterInnen – von herausragender Bedeutung.

Letztlich führt die Durchführung der Methoden natürlich zu einer *Erweiterung des Kontaktes* zu bisher unbekannten Kindern und Jugendlichen. Dies erlaubt Jugendliche und Jugendkulturen in ihrer Verschiedenartigkeit und ihren Ausdifferenzierungen auch außerhalb der Einrichtung wahrzunehmen. Mit der so gewonnenen Perspektive auf die Diversität von Jugendkulturen im sozialräumlichen Kontext lässt sich oft ein direkter Zusammenhang zu den jugendlichen NutzerInnen der Jugendarbeit herstellen. Typische Vorgänge in der Jugendarbeit – wie Verdrängungsprozesse, eigenwillige Verhaltensweisen und Inszenierungen oder territoriale Aneignungsformen – lassen sich als Versuch der Abgrenzung zu anderen Jugendkulturen verstehen.

2. Weitere Rahmenbedingungen für sozialräumliche Konzeptionen

Wie gerade aus der Erfahrung der Praxis deutlich gemacht, benötigt eine Konzeption, die an den Bedarfen der Kinder und Jugendlichen im Sozialraum orientiert ist, als Grundlage eine detaillierte Analyse, um darauf aufbauend Anforderungen, Ziele und Aufgaben der Kinder- und Jugendarbeit entwickeln zu können. In der sozialräumlichen Konzeptentwicklung (vgl. Deinet 2005, Deinet/Sturzenhecker 1998, Deinet/Krisch 2002, Scherr 2002, Thole 2000, Wolf 1998) ist die Ebene des Sozialraums der Kinder und Jugendlichen – in seiner Spannung zwischen Aneignung von Räumen und Vergesellschaftung in Räumen – Grundlage für die Maßnahmenplanung und -konzipierung, die Formulierung von Zielen sowie die Entwicklung spezifischer Schwerpunkte für einzelne Einrichtungen bzw. für spezielle Einrichtungen und Projekte in einem Sozialraum. Gleichzeitig wird in der Durchführung der Analyse mittels sozialräumlicher Methoden bereits eine bestimmte Konzeption von Jugendarbeit angewendet.

Im Prozess der Entwicklung eines spezifisch stadtteil- resp. standortorientierten Konzeptes müssen neben der qualitativen Analyse der Sichtweisen, Deutungen, Interpretationen von Kindern oder Jugendlichen im Prozess der Aneignung von Räumen aber auch weitere Ebenen Berücksichtigung finden (vgl. Deinet/Krisch 2002), die hier nun kurz erörtert werden.

Von erheblicher Bedeutung ist die Analyse der Aneignungsqualität der Einrichtung (vgl. Deinet 1999:87f., Deinet/Krisch 2002:44f.) der Jugendarbeit selbst. Die Möglichkeiten der konzeptionellen Differenzierung[67] einer Einrichtung ist natürlich von deren sozialräumlichen Qualitäten und Möglichkeiten abhängig. Hier spielen verschiedenste Faktoren eine Rolle. Räumliche Strukturen wie die Größe, die Ausstattung und Lage einer Einrichtung im Stadtteil, die potentiellen Möglichkeiten, Räume zu verändern, die „Offenheit" und Zugänglichkeit des Eingangsbereiches, die Gelegenheit, verschiedene Zugangsoptionen zu schaffen bzw. generell die verfügbaren Ressourcen bestimmen die Aneignungsmöglichkeiten von Kindern und Jugendlichen und beeinflussen deren Zugang. Neben der Frage der Zugänglichkeit, steht vor allem die Aneignungsqualität der Jugendeinrichtung selbst im Zentrum einer Analyse.

Aus dem Blickwinkel der sozialräumlichen Aneignung wird ja – wie einleitend umfassend dargestellt – die tätige Auseinandersetzung mit Umwelten (Baacke 1999) als Prozess des Lernens und der Entwicklung bestimmter Handlungsformen begriffen. Damit kommt dem Raum als das „pädagogisch Eigentliche" (vgl. Böhnisch/Münchmeier 1990) eine neue Bedeutung zu. Unter diesem Aspekt gilt es, die Lernerfahrungen und Bildungschancen, welche die Räume der Jugendarbeit bieten bzw. entfalten können, zu bestimmen. Zu fragen wäre (vgl. Deinet 1999:101f.; Deinet/Krisch 2002): Welche neuen Erfahrungs- und Erlebnisebenen können die Räume der Jugendarbeit eröffnen? Welche Veränderungsmöglichkeiten, Mitgestaltungsmöglichkeiten, Materialien, inhaltliche Anregungen, Informationspotentiale etc. können die Handlungsfähigkeiten und Kompetenzen der Jugendlichen erweitern? Ist es möglich, Räume im Laufe eines Tages für verschiedene Zielgruppen zu verändern? Können durch verschiedene Eingangsbereiche differenzierte räumliche Strukturen geschaffen werden? Entsprechen die Räume tatsächlich den Vorstellungen der Zielgruppen? usw. Ebenso spielen natürlich die möglichen Öffnungszeiten und damit verbundene, finanzielle und personelle Ressourcen eine bedeutende Rolle.

Aus dem sozialräumlichen Blickwinkel sind aber auch die JugendarbeiterInnen ‚Bestandteil' des Sozialraumes Jugendhaus und daher auch Teil der Aneignungsqualität. Dies wird mit der Zuschreibung der Fähigkeit zur „strukturierenden Kompetenz" (Deinet 1992) einer sozialräumlichen Jugendarbeit deutlich, die auf das besondere Verhältnis von MitarbeiterInnen und Raum hinweist. Ihre Fähigkeiten, den Raum zielgruppenspezifisch zu strukturieren, Umgangsformen vorzuschlagen, Konfliktlösungsmuster anzubieten und inhaltliche Angebotsstrukturen zu schaffen prägen das spezifische Klima des Raumes Jugendhaus und wirken – wie Simmel beschreibt – als Raumbestimmtheit wieder auf die Handlungen der Jugendlichen zurück. Die Fachkräfte der Jugendarbeit geben bestimmte Sprachcodes, Hand-

---

67 Mit „konzeptioneller Differenzierung" meint Deinet (1999:19) die spezifische konzeptionelle Ausrichtung einer Jugendeinrichtung auf die sozialräumlichen Bedingungen eines Stadtteils als bewusste Entscheidung für bestimmte Zielgruppen, Angebotsstrukturen, Handlungs- und Arbeitsformen.

lungsnormen und Werte vor, leben Geschlechterrollen vor, vereinen verschiedenste kulturelle Unterschiedlichkeiten etc. und prägen so eine bestimmte Form der Gegenseitigkeit, die zu bestimmten – sozialräumlich vermittelten – Wechselwirkungen führen. Kinder und Jugendliche besuchen, so lässt sich zeigen u.a. spezielle Jugendeinrichtungen, weil dort bestimmte erwachsene RollenträgerInnen spezifische Strukturen schaffen. Der unter JugendarbeiterInnen gehandelte Spruch: „Jedes Haus hat die Jugendlichen, die es verdient", stellt sehr pointiert die Bedeutung der MitarbeiterInnen als Teil der spezifischen Qualität des Haus dar, die eben bestimmtes Verhalten von Jugendlichen auslösen.

Die Einrichtung ist aber auch ein ‚Teil' des Stadtteils und steht im Blickwinkel verschiedenster Ansprüche, Zuschreibungen und Forderungen der ansässigen Institutionen, politischer Mandatare, aber auch der StadtteilbewohnerInnen, wie bei der Durchführung einzelner Methoden, beispielsweise der *Institutionenbefragung* oder der *Fremdbilderkundung,* deutlich wird. Dies bestimmt und beeinflusst wiederum die Arbeitsmöglichkeiten und konzeptionellen Spielräume der Jugendeinrichtung. Daher muss im Rahmen der Konzeptentwicklung auch das bestehende Image der Einrichtung überprüft und mögliche Formen der Kooperation mit anderen Institutionen bewertet werden.

In diesem Zusammenhang spielt aber auch die institutionelle Einbettung der Einrichtung – als Bestandteil des Jugendamtes oder eines freien Trägers – eine entscheidende Rolle. Die Weiterentwicklung der Konzeption muss ja in Abstimmung mit diesen erfolgen. Hier gilt es die Formen der Unterstützung, Förderung oder Zusammenarbeit zu analysieren.

Für die fachliche Begründung konzeptioneller Differenzierung ist die Einbeziehung der Theoriebestände und aktuelle Fachdiskurse im Bereich der Jugendarbeit, aber auch die Ergebnisse von Jugendstudien und fachspezifische, weiterführende Literatur bedeutend.

Konzeptionen stellen sich so gesehen als Schnittstellen zwischen Theorie und Praxis dar (vgl. Scherr 1998, 2002, Sturzenhecker/Deinet 1999, von Spiegel 2000, Schumann 1999, Wolf 1998, Mannheim-Runkel/Taplik 1998). Die Theorienbildungen über Entwicklungen, Begründungen und Zielsetzungen der Jugendarbeit, aber auch die Kinder- und Jugendforschung dienen einerseits als Begründung der Konzeption und liefern andererseits Orientierungen zur Ausrichtung ihrer Schwerpunktsetzungen.

Dies gilt insbesondere im Hinblick auf die Formulierung von über die aktuellen Bedarfe hinaus gehenden Zielsetzungen im Sinne von „Wirkungszielen" (vgl. von Spiegel 2000) und ist daher auch für den hier beschriebenen Prozess konstitutiv:

> „Deshalb ist eine theoretisch begründete Auseinandersetzung mit den gesellschaftlichen Bedingungen, den Zielen und Methoden von Jugendar-

beit im Rahmen sozialräumlicher Konzeptentwicklung unverzichtbar." (Scherr 2002:62)

Hier gilt es – wie Müller (1998:38f.) umfassend darstellt – den Zusammenhang zwischen einer „sozialräumlichen Jugendpädagogik" (Müller 1998: 38), einer „Pädagogik der Aneignung und sozialräumlichen Konzeptentwicklung" (ebd.:39) und anderen „Konzepten pädagogischen Handelns" (ebd.), als Theorien der Jugendarbeit vorliegend, herzustellen.

Übersetzt auf die praxisorientierte Analyse geht es darum, relevante Fachliteratur zu sichten, die Ergebnisse von Jugendstudien aufzunehmen und auf eine sozialräumliche Ausrichtung der Jugendarbeit zu beziehen:

Einige Beispiele dafür sind die geschlechtsspezifischen Unterschiede im räumlichen Verhalten von Jungen und Mädchen (vgl. Flade/Kustor 1996, Funk 1999, Schön 1999, Löw 2001, Rose 2002, Verein Wiener Jugendzentren 2002, Sturzenhecker/Winter 2002, Böhnisch 2004, Larcher 2006). Im Gegensatz zu Jungen werden, so weisen die Studien hin, Räume von Mädchen eher als kommunikativer Zusammenhang verstanden und nicht so sehr territorial genützt. Solche Ergebnisse lassen sich der örtlichen Analyse zugrunde legen und dann mit einzelnen Orten, speziellen Zielgruppen usw. in Verbindung bringen.

Die Diskussionen über eine Pädagogik der Diversität (vgl. Schröer/Sting 2003, Hormel/Scherr 2004, Prengel 2002) ermöglichen es, den oft konstruierten Zusammenhang zwischen ethnischer Zugehörigkeiten und spezifischen Formen der Raumaneignung kritisch zu hinterfragen und in situativen Kontexten zu betrachten.

Die „subjektorientierte Jugendarbeit" (Scherr 1997) wieder stützt den Zusammenhang zwischen Subjektbildung und räumlichen Aneignungsmöglichkeiten.

Das Paradigma der „Lebensbewältigung" (Böhnisch/Schefold 1985, Böhnisch 2001) eröffnet den Blick auf den Raum als Ressource der Orientierung und Unterstützung und fragt nach Formen der Förderung von Selbstwert, Anerkennung und Wirksamkeit, die in sozialräumliche Zusammenhänge eingebettet werden können.

Aber auch entsprechende Kinder- und Jugendstudien beispielsweise über die zunehmende Freisetzung von Jugendlichen aus Arbeitszusammenhängen und die damit verbundenen Folgerungen für eine tätigkeitsorientierte Ausrichtung sozialräumlicher Konzeptionen (vgl. Böhnisch/Schröer 2001, Oehme 2005, Oehme/Beran/Krisch 2006) sind für die Entwicklung passender Konzepte und konkreter Handlungsschritte von Relevanz.

3. Am Beispiel der Projekte „MIHO“ und „19 KMH“ – Die Bündelung der Methoden als Grundlage der Konzeptentwicklung

Die folgenden beiden Projekte zeigen exemplarisch wie die hier beschriebene Praxisforschung – in Form der Verknüpfung verschiedenster Methoden sozialräumlicher Jugendarbeit – die Entwicklung sozialräumlicher Konzeptionen der Jugendarbeit ermöglicht bzw. in ihrer Anwendung bereits erwirkt. In den Beschreibungen[68] werden eingangs jeweils die verschiedenen Ausgangspunkte der Praxisforschung dargestellt. Unter dem Titel „Analyse der sozialräumlichen Bedingungen“ sind sodann die Erhebungsmethoden dargestellt und deren Auswahl begründet. Mit dem Fokus auf die sozialräumliche Qualität der untersuchten Gebiete – den subjektiven Wahrnehmungen der Aneignungsformen Jugendlicher und der ‚institutionellen Verstelltheit‘ des Raumes – werden wesentliche inhaltliche Aussagen der Sozialraumanalysen zusammengefasst. Abschließend werden konkrete Angebote der Jugendarbeit – im Rahmen der Konzeptentwicklung – aufgelistet, die sich aus der Anwendung der sozialräumlichen Methoden ergeben. Sie verdeutlichen den Zusammenhang zwischen der analytischen Dimension der Praxisforschung und ihrer gleichzeitigen Funktion als Praxis der Jugendarbeit.

Die Beispiele wurden solcherart gewählt, dass sie in ihrer Gesamtheit sehr unterschiedliche Siedlungsformen und Sozialräume, wie auch verschiedene Ausgangspunkte und Begründungen der Methodenanwendung beinhalten. Dementsprechend entwickelten sich in der Umsetzung der Sozialraumanalyse unterschiedliche sozialräumliche Prozesse und Formen der Konzeptentwicklung, mit entsprechenden qualitativen Ausdifferenzierungen der Angebote für Jugendliche.

Der ‚Jugendtreff Mitterhofergasse‘ (MIHO) steht für die Entwicklung eines Modellprojektes der Offenen Jugendarbeit in einer Plattenbausiedlung, die in den 1970er Jahren am damaligen Stadtrand von Wien erbaut wurde. Über die Anwendung verschiedener sozialräumlicher Methoden sollten die sozialräumlichen Qualitäten der Siedlung erforscht werden und in ein entsprechendes Angebot einer Jugendeinrichtung einfließen. Zu vielen Jugendlichen und Institutionen der Siedlung bestanden bereits Kontakte. Die inhaltliche Konzeption dieser Jugendeinrichtung – als Containerbauwerk am Rande der Siedlung kurzfristig aufgestellt – verfolgte dabei das Ziel, sowohl als Treffpunkt – „Komm-Struktur“ – als auch mit herausreichenden Arbeitsansätzen – „Geh-Struktur“ –, die als gleichwertige Arbeitsansätze

68 Diese Darstellungen versuchen die Praxis der sozialräumlichen Arbeit abzubilden und beschreiben ganz konkret die Vorgangsweisen, Abläufe und Ergebnisse der Praxisforschung und Konzeptentwicklung.

nebeneinander bestehen, Offene Jugendarbeit – in einem sozialräumlichen Verständnis – zu betreiben.

Das ‚Jugendprojekt Karl Marx Hof' (‚19 KMH') sollte im großen Komplex des traditionsreichen Gemeindebaus – in den 1930er Jahren errichtet – die Lebensformen der Jugendlichen und deren Möglichkeiten, sich Räume anzueignen, erforschen und offensichtlich bestehende Konflikte mit AnrainerInnen zu interpretieren versuchen. Die Umsetzung differenzierter sozialräumlicher Methoden führte nicht nur zur Beschreibung der sozialräumlichen Zusammenhänge, sondern strukturiert auch seit Anbeginn die Jugendarbeit dieses Projektes, das in der Vermittlung zwischen den Bedarfen Jugendlicher und bestehender Infrastruktur seine konzeptionelle Qualität entfaltet.

3.1 Der Jugendtreff Mitterhofergasse (MIHO)

3.1.1 Ausgangspunkt

Der *Jugendtreff Mitterhofergasse* in Wien-Floridsdorf ist in einer Großwohnanlage – mit über 4.000 EinwohnerInnen, darunter über 1.300 Kinder und Jugendliche – gelegen und stellt ein in Container-Bauweise mit 170 m² Nutzfläche gestaltetes zweistöckiges Bauwerk dar. Von den politisch Verantwortlichen wurde die Jugendeinrichtung als Angebot für die vielen Jugendlichen in dieser Siedlung finanziert und sollte innerhalb weniger Monate am Rande der Siedlung ‚aufgestellt' und eingerichtet werden.

Die Jugendeinrichtung wurde dabei als Modellprojekt entwickelt, dessen sozialräumliche Konzeption sich mittlerweile in vielen Einrichtungen der Offenen Jugendarbeit wieder findet: Das mit der Eröffnung verwirklichte Konzept sollte ein spezifisches Profil aufweisen, welches die ‚traditionelle' Offene Jugendarbeit in einer kleinräumigen Einrichtung mit einer „herausreichenden"[69] stadtteilorientierten Arbeitsform in Verbindung setzt.

Der Jugendtreff sollte dabei den verschiedenen Jugendkulturen ein Geselligkeitsort sein und entsprechend ihrer Bedürfnisse und Interessen freizeitorientierte Angebote mit den Methoden der Offenen Jugendarbeit bereitstellen, aber zudem auch den Heranwachsenden Unterstützung bei Problemen der Lebensbewältigung anbieten.

In der Treffpunktqualität der Einrichtung mit ihrer freizeit- und sozialpädagogischen Ausrichtung lag aber nur ein Schwerpunkt der Konzeption dieser Einrichtung. Der Jugendtreff sollte auch Ausgangspunkt umfangreicher herausreichender Arbeitsansätze der MitarbeiterInnen sein, die das Ziel ver-

69 Als Herausreichende Arbeit (vgl. Krisch 1999, 2005) – wie in weiterer Folge dargelegt wird – werden dabei alle personellen Aktivitäten und Angebote der standortbezogenen Offenen Jugendarbeit im Stadtteil zusammengefasst, die sich aus dem sozialräumlichen Blickwinkel ableiten lassen.

folgen, über die Anwendung sozialräumlicher Methoden, die Infrastruktur des Sozialraumes im Interesse der Jugendlichen zu verbessern. Dementsprechend sollte das zu entwickelnde Konzept kontinuierliche Stadtteilbegehungen mit verschiedensten Kinder- und Jugendkulturen, Institutionenbefragungen etc. beinhalten um somit Kontakte zu Heranwachsenden aufzubauen, Interessen und Bedürfnisse von Jugendlichen in der Siedlung aufzugreifen, zu koordinieren und nach Möglichkeiten umzusetzen.

3.1.2 Analyse der sozialräumlichen Bedingungen

Die Erhebungsmethoden

Um eine genaue Beschreibung der sozialräumlichen Zusammenhänge der Siedlung zu erreichen, wurden verschiedene Methoden angewendet und miteinander in Beziehung gesetzt. Über *Stadtteilbegehungen* mit verschiedenen Kinder- und Jugendkulturen konnten genauere Einschätzungen über deren Aneignungsformen und damit verbundenen informellen Treffpunkten, Konfliktfeldern, Orten der andauernden Auseinandersetzung mit BewohnerInnen, bevorzugten Stiegenhäusern etc. gewonnen werden. Die Jugendlichen äußerten im Rahmen der *Stadtteilbegehungen* aber auch viele Bedürfnisse, machten konkrete Vorschläge und brachten diese auch in mehreren Gruppendiskussionen ein.

Mit erwachsenen BewohnerInnen, die seit Anbeginn in dieser Siedlung wohnten, wurden *Stadtteilbegehungen mit Schlüsselpersonen* durchgeführt. Mit der Methode der *Institutionenbefragung* wurden die zuständigen Fachkräfte in den Einrichtungen interviewt, die in der Siedlung mit Jugendlichen zu tun oder, wie die LeiterInnen benachbarter Jugendzentren, viel Wissen über die sozialräumliche Qualität des Stadtteils hatten.

Zusammenfassung der Ergebnisse der Sozialraumanalyse

Die Siedlung Mitterhofergasse/Jedlerstorferstraße[70] ist eine typische Großwohnanlage mit monotonen räumlichen Strukturen und 14-stöckigen, in Schlichtbauweise errichteten Wohnblöcken. Die Siedlung wurde in den Jahren 1977 bis 1978 erbaut. In den Gemeindebauten leben ca. 1.300 Heranwachsende im Alter von null bis 19 Jahren. Die Siedlung ist durch die Einbettung zwischen vier großen Straßenzügen in sich geschlossen. Verschieden breite Asphaltbänder verbinden die einzelnen ‚Stiegen'[71]. Die für Großwohnanlagen typische Siedlungsbeschaffenheit des Stadtteils bietet weder für Heranwachsende noch für Erwachsene geeignete Räume, was zu offensichtlichen Interessenkonflikten zwischen den verschiedenen Generationen und deren Nutzungsdefinitionen führt, z.B. das Bedürfnis nach Ruhe

70 Der Siedlung trägt neuerdings den Namen Dr. Franz Koch Siedlung.

71 Großwohnanlagen sind in Wien in ‚Stiegen' unterteilt und entsprechend nummeriert. Jede Stiege charakterisiert sich durch eine eigene Eingangstür, eine Gegensprechanlage und eigene Postkästen.

versus dem Bedürfnis nach Treffpunkten, Erlebnis-, Bewegungs- und Streifräumen. Offenkundig war, dass es den Erwachsenen noch eher gelang, Interessen durchzusetzen, während Jugendliche keine Lobby zur Umsetzung ihrer Wünsche hatten. Zudem wurden Jugendliche nicht als von den sozialräumlichen Möglichkeiten der Siedlung geprägte MitbewohnerInnen, sondern zumeist als störende ‚Teilpopulation' empfunden, für die weder Verantwortung übernommen wurde noch Verständnis bestand. So wurden in der Vergangenheit bezeichnenderweise die Sitzflächen der Parkbänke entfernt oder aber der zentrale Treff der Jugendlichen im ‚Rosengarten'[72] unbenutzbar gemacht.

Auffallend war nicht nur die fehlende Kommunikation zwischen Jugendlichen und Erwachsenen in der Siedlung, auch zwischen den erwachsenen BewohnerInnen bestanden nur sehr eingeschränkte Formen der Begegnung.

Räume für Kinderspiele bzw. Bewegungs- oder Gesellungsorte für Jugendliche waren stadtplanerisch kaum vorgesehen. Für Heranwachsende waren in der Siedlung nur zwei Asphaltplätze zugänglich. Der größere, zentral gelegene Asphaltplatz hätte zwar verschiedene Formen der Sportausübung erlaubt, wurde aber immer wieder von einzelnen Cliquen ‚besetzt'. Bei größerer Lärmentwicklung kam es des Öfteren zu Interventionen von BewohnerInnen der nächstgelegenen Wohnungen. Der kleinere Asphaltplatz wurde als Basketballplatz benützt, wobei aber der gebrochene Asphalt die Sportausübung erschwerte bzw. verunmöglichte.

Für Kinder gab es mehrere Kinderspielplätze, die aber nur zum Teil genutzt wurden. Die Wiesen durften nicht bespielt werden und/oder waren ohnehin durch Hundekot völlig verschmutzt.

Auf den vielen Asphaltbändern durch die Siedlung war das Radfahren und Skaten verboten. Der beliebteste Treffpunkt von Jugendlichen war der zentral gelegene ‚Rosengarten', wobei es auch hier immer wieder zu Beschwerden der AnrainerInnen kam. Unterschiedliche Cliquen trafen sich in Stiegenhäusern, Kellerabteilen oder in den überdachten Durchgängen. Die Aneignungsmöglichkeiten für Heranwachsende waren in dieser Siedlung als äußerst gering zu bezeichnen. Besonders prekär erschien die Situation im Winter, da es keinerlei öffentliche Treffmöglichkeiten gab.

Relativ viele jüngere und ältere Jugendliche besuchten am Abend das ca. 2 km entfernte Jugend- und Kinderzentrum Strebersdorf, wobei der letzte Bus von dort zurück in die Siedlung Mitterhofergasse bereits um 19 Uhr abfährt.

Durchgehend wurde von allen Altersgruppen beklagt, dass es seitens der Erwachsenen in der Siedlung wenig oder gar kein Verständnis für ihre Spiel- und Geselligkeitsbedürfnisse gab. Dies bildete sich auch ‚sozialräumlich' ab: Fast alle Bänke, auf denen Jugendliche öfters saßen, wurden

72 Die Geschichte des ‚Rosengartens' wurde weiter vorne umfassend beschrieben.

demontiert, Spielplätze wurden geschlossen und Eingangstore in Käfigen entfernt, wie in einer umfassenden Auflistung der Jugendlichen beschrieben wurde.

Dementsprechend äußerten fast alle Jugendlichen den Wunsch nach mehr Akzeptanz in der Siedlung und verbanden dies mit eigenen Jugendräumen und der Wiederherstellung oder Etablierung einer kinder- und jugendgerechten Infrastruktur.

Immer wieder wurde ein ‚Jugendzentrum' gefordert, welches aber bei genauerem Nachfragen gänzlich verschiedene alters- und geschlechtsspezifische Qualitäten haben sollte:

Kinder und jüngere Jugendliche wünschten sich einen Jugendtreff, der auch abends und am Wochenende geöffnet sein sollte. JugendarbeiterInnen sollten dafür sorgen, dass sie nicht von älteren Jugendlichen verdrängt würden. Ältere Jugendliche und junge Erwachsene wiederum sprachen sich für einen Treffpunkt, der eher am Wochenende geöffnet und bis nach Mitternacht zugänglich ist, aus. Im Jugendtreff sollten aber auch Sommer- und Faschingsfeste sowie Discoveranstaltungen für Kinder stattfinden. Wieder andere sprachen von Musikproberäumen.

Die unterschiedlichen räumlichen Bedarfe wurden auch bei den Forderungen nach so genannten ‚Winterräumen'[73] sichtbar: Überdachte und gewärmte Orte, speziell nur für Mädchen, eigene Räume für 12- bis 15-Jährige mit Bar, Tischfußball, Musik und BetreuerInnen, „die verhindern, dass die Älteren den Raum übernehmen" usw.

Selbst für die Jugendlichen erschien evident, dass die verschiedenen Ansprüche der Cliquen nicht von einem Jugendzentrum abgedeckt werden könnten.

Darüber hinaus wurden Wünsche nach geeigneten ‚Räumen' im Freien geäußert, die zum einen auf die Reparatur und Ausgestaltung der ja ursprünglich vorhandenen Asphaltflächen abzielte: der Renovierung der Sportplätze mit Ausgestaltung für verschiedenste Sportarten – insbesondere Basketball, Fußball, Rollhockey und Skaten –, ein Spielplatz mit Kletterwand, Skaterbahnen mit ‚jump ramps' und ‚Grindstangen', eine BMX-Bahn am Rande der Siedlung, aber auch Kinderspielwiesen, die für Hunde nicht zugänglich sind.

Zum anderen spiegelte sich in den vielen Diskussionen und Gesprächen schlichtweg der Wunsch nach Teilhabe am öffentlichen Leben wider: Sitzgelegenheiten aus Holz im ‚Rosengarten', die Wiederherstellung der Park-

73 Der von den Jugendlichen oft verwendete Begriff, den es im erwachsenen Sprachgebrauch ja nicht gibt, bezeichnet die Möglichkeit, sich in der kalten Jahreszeit in gewärmten Räumlichkeiten zu treffen.

bänke, aber auch eine bessere Beleuchtung in der Siedlung, um sich auch am Abend im Freien aufhalten zu können.

Wie in dieser Zusammenfassung deutlich wird, konnte sich ein geeignetes Konzept der Jugendarbeit nicht auf das räumliche Angebot eines offenen Jugendtreffs beschränken, sondern musste generell eine umfassende Jugendförderung mit der Verbesserung der gesamten Infrastruktur zum Ziel haben. Vor dem Hintergrund der vielen sozialräumlichen Barrieren, die sich nicht nur baulich und infrastrukturell vermittelten, sondern sich auch in Form einer kinder- und jugendfeindlichen Bestimmung der Siedlung äußerten, entwickelte sich die Notwendigkeit, die fehlenden Aneignungsmöglichkeiten der Heranwachsenden öffentlich zu thematisieren. Bereits die Anwendung der Methoden, verbunden mit intensiven Auseinandersetzungen und Gesprächen über die sozialräumlichen Qualitäten der Siedlung, führten dabei zu einer Praxis der Jugendarbeit, die sich durch die Vermittlung zwischen jugendlichen Aneignungsformen und rigiden ‚erwachsenen' Raumdefinitionen definierte.

Konkrete Angebote und Konzeptentwicklung

Dementsprechend wurde von der Jugendarbeit als erster Schritt der sozialräumlichen Konzeptentwicklung eine Stadtteilkonferenz aller relevanten Institutionen und Gruppen die ‚Plattform Lebenswerte Mitterhofergasse' initiiert. Denn die Eröffnung des Jugendtreffs oder einzelne Angebote für Jugendliche hätten – so der Eindruck nach den vielen Gesprächen und Beobachtungen im Rahmen der Anwendung sozialräumlicher Methoden – keinerlei Akzeptanz seitens der BewohnerInnen erfahren, weil in den Raumdefinitionen der EinwohnerInnen, jugendadäquate Orte nicht vorgesehen waren.

Über die *Institutionenbefragungen* und *Stadtteilbegehungen* waren vielschichtige Kommunikationszusammenhänge entstanden, welche diese Initiative erleichterte. Die Plattform stellte eine Möglichkeit zur Kommunikation zwischen und unter den Generationen dar. Durch die Mitarbeit von Jugendhaus-MitarbeiterInnen konnten Jugendliche an der Arbeit der ‚Plattform Lebenswerte Mitterhofergasse' beteiligt werden. Die Fachkräfte der Jugendarbeit waren dabei wichtige Motoren der ‚Plattform' und konnten dazu beigetragen, dass sich diese intensiv mit Räumen für Kinder, Jugendliche aber auch Erwachsene auseinandersetzte. Sie brachten ihr spezifisches Wissen und ihre sozialräumlichen Kenntnisse ein, außerdem ihr methodisches Repertoire in der Beteiligung und der Arbeit mit unterschiedlichen Gruppen usw. Als entscheidend erwies sich der Schritt, bekannte Schlüsselpersonen der Siedlung (Hauswarte, BewohnerInnen) anzusprechen und sie in den Planungsprozess zur Gestaltung einer lebenswerteren Siedlung zu integrieren. Diese fungierten als ‚ÜbersetzerInnen' und ModeratorInnen im Stadtteil und konnten die Verbesserung der Aneignungsmöglichkeiten der Heranwachsenden auch als Belebung des öffentlichen Raumes der Siedlung und damit auch als generellen Anknüpfungspunkt einer sozialräumlichen Aktivierung des Wohnraumes darstellen. Da die MitarbeiterInnen des Jugendhauses in der Plattform auch partiell die Interessen von Erwachsenen durchzusetzen halfen, wurde deren Arbeit nicht nur als einseitiger Lobbyismus, für Jugendliche, sondern als ganzheitliche Unterstützung für den Lebensraum der Siedlung interpretiert.

Als weitere bedeutende Konsequenz der vielen Gespräche mit den Jugendlichen galt es, die Einrichtung und das Konzept des entstehenden Jugendtreffs als Teil der Infrastruktur der Siedlung sozialräumlich ‚anzubinden'.

Die Räume der Jugendarbeit – und auch deren Angebot als Kommunikations- und Informationsdrehscheibe – werden ja erst in Anspruch genommen und damit Medium der Aneignung, wenn deren ‚Zugänglichkeit' gewährleistet ist und sich eine Verbindung zu den Lebenswelten der Jugendlichen herstellen lässt. Dies bedingt u.a. Kontakte zu vielen Jugendkulturen aufzubauen, Möglichkeiten der Mitgestaltung zu eröffnen, ein gutes Image als Raum ohne potentielle gewalttätige Übergriffe zu erreichen etc. Großer Wert wurde auf einen einsehbaren und hellen Eingangsbereich, der den Zugang für Mädchen erleichtern sollte, gelegt. Die Verglasung der beiden Frontflächen sollte die ‚Offenheit' des Jugendtreffs symbolisieren. Das wesentliche Interesse bei der Innenraumgestaltung galt einem attraktiven, jugendgerechten Ambiente, einem möglichst großen, veränderbaren und multifunktionalen ‚Jugendcafe', einem größeren Cliquenraum, sowie mehreren kleinen Gruppenräumen. Gleichzeitig wurden aber neben der Jugendeinrichtung auch weitere Räume in der Siedlung angemietet oder von anderen Institutionen zur Verfügung gestellt, die temporär von bestimmten Jugendkulturen oder für bestimmte Veranstaltungen genutzt werden können.

Die Angebote richteten sich vor allem an Teenies, jüngere 15- bis 17-jährige Jugendliche und Mädchen der Siedlung, die sich im Vorfeld in die Planung eingebracht hatten bzw. die aufgrund geringerer Mobilität räumlich sehr stark auf die Siedlung verwiesen waren.

Darüber hinaus sollten die MitarbeiterInnen des Jugendtreffs die Interessen von möglichst vielen Kindern, jüngeren und älteren Jugendlichen in der Mitterhofergasse vertreten. Daher galt es, für den Jugendtreff ein gutes Image in der Bevölkerung aufzubauen, um auch als ‚Container-BetreiberInnen' Aktivitäten setzen und als Lobby für Heranwachsende auftreten zu können.

Die hier kurz zusammengefasste Analyse der sozialräumlichen Situation der Heranwachsenden in der Siedlung und der Blick auf die Aneignungsmöglichkeiten der Jugendeinrichtung führten zu einer spezifischen Ausrichtung des Konzeptes dieser Einrichtung. Dabei dienten einerseits die konzeptionellen Bausteine einer offenen, stadtteilbezogenen Kinder- und Jugendförderung, die in den verschiedenen Einrichtungen des Vereins Wiener Jugendzentren in differenzierten Formen entwickelt wurden,[74] als Grundlage für das sozialräumliche Konzept des Jugendtreffs Mitterhofergasse. Andererseits entwickelten sich direkt aus der Anwendung sozialräumlicher Methoden (Praxisforschung) differenzierte Angebotsformen, welche die Erweiterung von (Handlungs-)Räumen für Jugendliche zum Ziel hatten. Diese spiegeln die sozialräumliche Dimension der Konzeptentwicklung wider und werden in weiterer Folge stichwortartig dargestellt.

3.1.3 Angebote der Offenen Jugendarbeit des Jugendtreffs Mitterhofergasse:

A. Erweiterung der Aneignungsmöglichkeiten durch Angebote im Jugendtreff (Offene Jugendarbeit im Jugendtreff)

- Betrieb eines offenen Jugendcafés: Im Vordergrund steht die Möglichkeit des Treffens, sich Austauschens in ungezwungener, aber ‚geschützter' Atmosphäre und verschiedenste Freizeitmöglichkeiten wie Tischfußball, Darts, Spiele etc.,
- Beteiligung von Jugendlichen bei den Angeboten, der Programmgestaltung und Ausgestaltung des Hauses,
- Förderung von Interessen im Jugendkulturbereich, sport- und bewegungsorientierten bzw. musisch-ästhetischen Bereichen; Veranstaltungen wie Videoproduktionen, Großbildvideos, Konzerte usw.,
- spezielle Angebote nur für Mädchen wie beispielsweise Mädchentage,
- Beratung und Infodrehscheibe.

B. Erweiterung der Aneignungsmöglichkeiten im öffentlichen Raum

1. Strukturierung von Freizeitangeboten im Stadtteil (Offene Jugendarbeit im Stadtteil):

- Organisation von Spiel- und Sportangeboten,
- Kinderanimation mittels einer fahrbaren ‚Spielkiste',
- Ressourcenbeschaffung für Sportausübung, Spiel- und Sportanimation, Spieleverleih, Planung und Organisation von Turnieren und Veranstaltungen,
- Strukturierung von Spielmöglichkeiten.

2. Erweiterung bzw. Nutzung bereits vorhandener Räume (Lobbying):

- die Schaffung abgegrenzter Kinderspielwiesen,
- Angebote für Kinder in der Mutterberatungsstelle,
- Einrichtung von Cliquenräumen und Musikräumen in Kellerabteilen,
- Disco in anderen Jugendzentren,
- Nutzung der eigenen Räume außerhalb der Betriebszeiten,
- Citybound-Ansätze,

---

74 vgl. Qualitätsmerkmale der Offenen Kinder- und Jugendarbeit (Verein Wiener Jugendzentren 2002)

- Konfliktmanagement bei Streitigkeiten im Stadtteil.

3. Ausbau eines vielfältigen sozialen Netzwerks (Vernetzung):

- Aufbau von Kontakten zu erwachsenen BewohnerInnen,
- Herstellung von Kontakten zu ‚Schlüsselpersonen',
- Erweiterung der Kontakte zu unbekannten Jugendkulturen,
- Einbeziehung von Erwachsenen in der Kinderförderung,
- Aufbau eines Netzwerkes vorhandener Institutionen (Kindergarten, Schule, Kirche, Pensionistenheim, Mieterbeirat etc.),
- Aufbau von Kontakten zu UnternehmerInnen und Sportstättenbetreiber-Innen,
- zu politisch Verantwortlichen,
- Teilnahme an der ‚Plattform Lebenswerte Mitterhofergasse',
- Teilnahme am ‚Floridsdorfer Sozialvormittag',
- Kooperation mit dem Jugendamt und mit benachbarten Jugendzentren.

Das Grobkonzept wurde den verschiedenen Jugendkulturen vorgestellt und mit der Eröffnung des Betriebes des ‚MIHO', so wurde die Jugendeinrichtung benannt, zugleich die Praxisforschung in Form der Anwendung verschiedener sozialräumlicher Methoden – wie besonders im Bereich der Vernetzung' sichtbar – weitergeführt. Von den ersten konzeptionellen Differenzierungen ausgehend, wurden die Schwerpunktsetzungen und Zielgruppenfestlegungen in weiterer Folge immer wieder flexibel den sich verändernden Bedarfen und Anfragen angepasst.

Das Ziel des sozialräumlich orientierten Konzeptes, die Anliegen, Bedürfnisse und Interessen der Jugendlichen nicht nur in einer Jugendeinrichtung zu fördern, sondern diese als Teil eines sozialen Netzwerkes in der Siedlung zu etablieren, konnte so entsprechend erreicht werden. Unterstützt durch die Erwachsenen der Stadtteil-Plattform wurden die soziale Infrastruktur für Jugendliche Stück für Stück aufgebaut und die Beteiligung der Jugendlichen am öffentlichen Leben in der Siedlung wahrnehmbar gestärkt.[75] Dabei werden durch die Anwendung sozialräumlicher Methoden – im Rahmen der Herausreichenden Arbeit – der andauernde Kontakt zu den verschieden Gruppierungen des Stadtteils gewährleistet und die andauernde Anpassungen des Konzeptes erlaubt.

3.2 Jugendprojekt Karl Marx Hof (19 KMH)

3.2.1 Ausgangspunkt

Der 19. Wiener Gemeindebezirk (Grinzing) ist als Wohnort vieler wohlhabender Familien und wegen seiner vielen Gaststätten (‚Heurige') in den weinbewachsenen äußeren Regionen des Bezirkes bekannt. Im Übergang

75 Im Frühjahr 2005 wurde das letzte „Betreten der Wiese verboten"-Schild in der Siedlung öffentlichkeitswirksam entfernt.

von der Stadt zu den eher von Villen besetzten Anhöhen mit den besagten Weinanbaugebieten liegt einer der größten Gemeindebauten: der Karl Marx Hof. In diesem riesigen Areal gibt es 1360 Wohnungen, und es leben hier ca. 3500 Menschen. Nachdem von der Bevölkerung, den MietervertreterInnen und BezirkspolitikerInnen ‚auffällige, offensichtlich rechte' Jugendliche im öffentlichen Raum im und im Umkreis des Karl Marx Hofes wahrgenommen wurden, kam es zu politischen Interventionen der Wiener Jugendpolitik. Der Verein Streetwork[76] wurde beauftragt, in einem Zeitraum von etwa einem Monat diese Situation zu analysieren und kam zu dem Schluss, dass es sich dabei keineswegs um gewaltbereite, politisch extreme Jugendliche handelt, sondern um durchaus gesprächsbereite Jugendliche, die auch sehr klare Vorstellungen zur Verbesserung ihrer Lebenssituation hatten.

In weiterer Folge – mit der Entwicklung eines sozialräumlichen Konzeptes der Jugendarbeit betraut – galt es, ein differenziertes Forschungsprojekt unter Anwendung der Methoden sozialräumlicher Jugendarbeit zu entwerfen und durchzuführen. Über die Verknüpfung verschiedenster Methoden würden nicht nur umfassende Kontakte zu verschiedensten Jugendcliquen und Institutionen hergestellt, sondern auch ein entsprechender Vorschlag adäquater sozialräumlicher Jugendarbeit entwickelt werden.

3.2.2 Analyse der sozialräumlichen Bedingungen

Die Erhebungsmethoden

Bezeichnend für dieses Beispiel ist, dass keinerlei Wissen seitens der Jugendarbeit über die sozialräumlichen Kontexte des Karl Marx Hofes bzw. des 19. Bezirkes vorhanden war und auch noch keine Kontakte zu Jugendlichen existierten. Deshalb galt es eingangs einen Überblick über die „sozialräumlichen Rahmenbedingungen" (Riege/Schubert 2002:39), wie die infrastrukturellen Gegebenheiten, die Bevölkerungsdichte, die Anzahl der Jugendlichen in der Siedlung, die Institutionen, die Verteilung von Wohn- und Grünflächen etc. zu erhalten und in weiterer Folge die subjektiven Wahrnehmungen von Kindern und Jugendlichen bezüglich ihrer Aneignungsmöglichkeiten, aber auch den Stellenwert von ‚Jugend' – und deren Bedürfnisse und Interessen –, der sich über ihre Akzeptanz an öffentlichen Orten oder aber auch über entsprechende Infrastruktur abbildet, in Erfahrung zu bringen.

In einem ersten Schritt wurde die Bevölkerungsstatistik ausgewertet. Auf Grund dieses Datenmaterials konnte die Bevölkerungsstruktur und die Bevölkerungsdichte, sowie die Anzahl der Kinder und Jugendlichen in den einzelnen Stadtteilsegmenten festgelegt werden. Als nächster Schritt wur-

76 Streetwork Wien – Verein „Rettet das Kind" – ist ebenso wie der Verein Wiener Jugendzentren eine Einrichtung der Wiener Jugendarbeit.

den Überblickskarten des Vermessungsamtes besorgt: Diese Stadtpläne bilden die Infrastruktur ab und ermöglichen einen wesentlichen Einblick in die sozialräumlichen Gegebenheiten. Auf diesen wurden sodann in den jeweiligen Stadtteilen die Anzahl und das Alter der dort lebenden Kinder und Jugendlichen eingetragen.

Als zentrale Methode, die sich gerade in ‚neuen' und unbekannten Gebieten anbietet, wurde eine *Strukturierte Stadtteilbegehung* durchgeführt. Dementsprechend wurde im ersten Schritt der ganze Stadtteil auf vorher festgelegten Routen zu verschiedenen Tageszeiten und an verschiedenen Wochentagen mehrmals begangen bzw. mit dem Fahrrad befahren. Die schriftlich dokumentierten Beobachtungsrundgänge erlaubten die Erhebung und präzise Beschreibung „der gesellschaftsrelevanten Orte, der jugendrelevanten Orte im Stadtteil sowie die Beobachtung der Geschehnisse bei jugendrelevanten Orten" (Haschka/Fischer 2002:5).

Als Grenze des untersuchten Gebietes wurde entsprechend der Straßenzüge und der Siedlungsbeschaffenheit ein weitläufiges Gebiet rund um den Karl Marx Hof festgelegt. Dies geschah unter der begründeten Annahme, dass auch Kinder und Jugendliche aus weitergelegen Gebieten in das Areal kommen bzw. sich auch Treffpunkte außerhalb des Gemeindebaus befinden. Der sozialräumliche Zusammenhang von Jugendlichen lässt sich ja eben nicht auf einen Wohnblock beschränken und damit hinlänglich beschreiben. Dieses solcherart festgelegte Gebiet wurde ebenso genau abgegangen und die Eindrücke dokumentiert. Im Lauf der Analyse wurde das Gebiet auch teilweise erweitert, andere Orte wiederum konnten entsprechend der Beobachtungen vernachlässigt werden.

Nach dem ersten Arbeitsschritt wurden 42 Orte als ‚gesellschaftlich relevant' festgelegt. Dies bezog sich sowohl auf Lokale, Schulen, Spielplätze, Institutionen als auch auf spezielle Gemeindebauanlagen. Ein Teil dieser Orte wurde auch von Jugendlichen in bestimmten Formen genützt, ebenfalls 40 Ort konnten deshalb in einer ersten Rundschau als ‚jugendrelevant' festgelegt werden. Dies waren all jene Orte, die für Jugendliche in irgendeiner Weise Bedeutung entfalteten, also ‚Ballspielkäfige' aber auch Stiegenaufgänge, einzelne Hauseingänge, Parkplätze u.a.m. Diese Beobachtungen erlaubten die Entwicklung eines *Cliquenrasters*, welches die unterschiedlichen Jugendkulturen in der Region repräsentierte.

Nachdem die Jugendlichen aus dem Karl Marx Hof bzw. in demselben als Zielgruppe festgelegt wurden, galt die Konzentration jenen Orten, die für diese besonders relevant waren, sprich auf den gesamten Innenbereich des mehrgliedrigen Karl Marx Hofes bzw. auf einige gut besuchte Parks, die von vielen Jugendlichen aus dem Gemeindebau genutzt wurden.

Mit Hilfe des *Nadelprojekts* in den Parks konnte man auch feststellen, wie viele Jugendliche aus dem Gemeindebau sich dort aufhielten bzw. wie viel

Jugendliche von außerhalb – dies wurde vor allem von den Institutionen als großes Problem benannt – diese Orte nutzen. Um die spezifische Infrastruktur in Grinzing zu verstehen, Verdrängungsprozesse erklären zu können und auch die von den Jugendlichen immer wieder genannte „Jugendfeindlichkeit des Bezirks" besser interpretieren zu können, wurde eine umfangreiche *Institutionenbefragung* bzw. eine Befragung von stadtteilrelevanten Persönlichkeiten und Schlüsselpersonen in Form von Leitfaden-Interviews durchgeführt. Dabei bezogen sich die Fragen u.a. auf die vorhandene soziale Infrastruktur des Stadtteils, auf die Problemstellungen im Gemeinwesen, auf die Einschätzung der Situation der Heranwachsenden und auf das Wissen über die verschiedenen Jugendkulturen des Einzugsgebietes. Die Institutionen wurden ebenso mit Beschreibungen der Jugendlichen konfrontiert und um ihre Einschätzung gebeten.

Zusammenfassung der Ergebnisse der Sozialraumanalyse

Ob und wie Jugendliche sich entsprechend ihrer Jugendkultur Räume im Stadtteil aneignen können und damit spezifische Tätigkeiten und Gesellungsformen ausüben können, bestimmt sich – wie eingangs theoretisch begründet – u.a. über die Akzeptanz der jugendkulturellen Ausdruckformen seitens der Erwachsenen, die sich auch sozialräumlich konstituiert. Der Stellenwert, den Kinder und Jugendliche genießen, lässt sich zwar auch in einer geeigneten Infrastruktur ablesen, bestimmt sich aber im Wesentlichen über eine gesellschaftliche Raumbestimmtheit in Form einer bestimmten Öffentlichkeit für die Anliegen von Kindern und Jugendlichen, die sich ‚als Botschaften im Raum' über normative Verhaltenserwartungen, Freiräume oder Verbote, Mitsprache oder aber Ignoranz etc. vermittelt.

Bei der umfangreichen *Institutionenbefragung* entstand ein sehr charakteristisches Bild über die Situation der Jugendlichen in Grinzing. Nahezu alle Befragten hatten zwar kein ausgewiesenes Angebot für Jugendliche, sie alle nannten aber auch als Schwäche des Bezirkes eben diese fehlenden Freizeitmöglichkeiten für Jugendliche. Gleichzeitig wurde nicht – oder bis zu diesem Zeitpunkt nicht – über irgendeine Form der Vernetzung im Sinne eines Austausches über Jugend und deren Anliegen nachgedacht. Gleichwohl die fehlenden Freizeitmöglichkeiten von allen anerkannt wurden, wurde dann auf die Frage, welche Problemstellungen denn Kinder und Jugendliche hätten, deren auffälliges Verhalten an öffentlichen Orten moniert. Die informellen Treffpunkte, den befragten Institutionen auch teilweise bekannt, die Jugendliche ja u.a. deswegen aufsuchen, weil sie an öffentlichen Orten nicht geduldet werden, wurden durchwegs als problematisch gesehen: Hier gäbe es ja keine Kontrolle über die Jugendlichen, und eine entsprechende Jugendarbeit müsse sie von dort wegholen, ohne aber dass es hier Optionen darüber gab, wo denn nunmehr Orte für Jugendliche entstehen könnten.

Obzwar das Wissen über Jugendliche – auch Ausdruck fehlender Vernetzungszusammenhänge – äußerst gering war, gab es doch sehr bemerkenswerte Bilder, auch von sehr maßgeblichen Institutionen, wie der Bezirksvorstehung oder den Beamten der Polizei über Jugendliche[77]: „Sie zerstören so viel, machen viel Blödsinn auf Grund ihres hohen Fernseh- und Internetkonsums …“ (...) – Niemand spräche mit den Jugendlichen, weil die Eltern alle arbeiten gehen und keine Zeit für ihre Kinder hätten, sie machten Radau, führen mit Rädern durch Rosenbeete, „die HaschlerInnen sitzen in offenen Häusern“, von kiffenden Kindern „in einem bestimmten Bau“ war die Rede, ihnen sei fad, sie machten alles kaputt, schimpften, säßen mit Schuhen auf den Sitzflächen der Parkbänke etc. Wie so oft war dies mit dem Hinweis auf die eigene „glorifizierte“ Jugendzeit verbunden, wo „uns als Jugendlichen damals nicht so fad war, wir haben halt Fußball gespielt …“, während die Jungen von heute nur herumlungern würden. Dass es keinen Fußballplatz oder Ort in der Siedlung gab, wo Jugendliche die Wiese betreten könnten, steht offensichtlich auf einem anderen Blatt.

Dementsprechend wurden Initiativen für freizeitorientierte Aktivitäten für Kinder und Jugendliche durchwegs gut geheißen, es fehlte auch, so die Aussage des Jugendkontaktbeamten „an einer zentralen Sammelstelle für Jugendliche“ und man solle – so seitens der Politik – aber nicht zu viele Aktionen an öffentlichen Orten anbieten, weil man ja sonst – mit Hinweis auf den „Zauberlehrling“ – die „gerufenen Geister“ nicht mehr loswerden würde. Man solle eher Jugendliche aus den Höfen herausholen und mit ihnen „spielen“. Offensichtlich war – und die Einschätzung der Institutionen, inkl. auch des Mieterbeirates, bestimmen ganz zentral die Aneignungsmöglichkeiten von Jugendlichen –, dass den Jugendlichen nicht nur die fehlende Teilhabemöglichkeiten vermittelt wird, sondern dass auch dezidiert keinerlei Form der Wahrnehmung der Interessen Jugendlicher bestand.

> „Die Anwesenheit von Jugendlichen im öffentlichen Raum führt relativ schnell zu Konflikten mit erwachsenen BewohnerInnen. Es fällt auf, dass die Erwachsenen vergleichsweise wenig auf die eigene Konfliktlösungskompetenz bauen, sondern Störungen sehr schnell an Polizei, Gebietsbetreuung, Hausverwaltung ... weiterleiten. Jugendliche im Stadtteil werden sehr rasch als störend empfunden und es herrscht vielfach die Haltung vor, als erwachsene BewohnerIn einen Anspruch auf Ruhe zu haben. Die MitarbeiterInnen von ‚19 KMH' werden sehr häufig in die Konfliktbearbeitung eingebunden, die auch die Jugendlichen betreffen und haben dabei festgestellt, dass es nicht den Konfliktherd im Stadtteil gibt, sondern unterschiedlichste Beschwerden an unterschiedlichsten Orten zu unterschiedlichen Vorkommnissen.“ (Haschka 2003:36)

---

77 vgl. Raster *Institutionenbefragung* 19 KMH, private unveröffentlichte Dokumentation

Das fehlende Verständnis für Jugendliche als Teil der Population bildete sich auch räumlich ab. Das Gebiet in und um den Karl Marx Hof zeichnete sich durch viele Grünflächen aus, mit außergewöhnlich vielen Sandkisten, überall Kleinkinderspielplätzen, die aber nur teilweise von Kindern bespielt wurden. Während für Kinder offensichtlich Infrastruktur vorhanden war, gab es keinerlei Angebote für Jugendliche. Vielmehr waren alle öffentlichen Orte mit Schildern wie ‚Radfahren verboten', ‚Fußballspielen verboten', neuerdings auch mit ‚Skaten verboten' bezeichnet, und mit der Schließung der letzten Ballspielkäfige wurde die Integration von Jugendlichen weiter verunmöglicht.

Am Beispiel des ‚Sonnenbadkäfigs' findet sich im Bericht folgende sehr bezeichnende Beschreibung:

> „Dieser Käfig war der tägliche Haupttreffpunkt für ca. 50 Jugendlichen im Alter von 14 bis 23 Jahren, von Heiligenstadt und Umgebung. Nebenbei wurde er noch von 20 SportlerInnen benutzt. Zur Zeit liegt dieser Käfig im Besitz von „Wiener Wohnen" (der Wohnungsverwaltung) und ist ‚zugeschweißt', da die BewohnerInnen nicht mehr finanziell mit dem Käfig belastet werden wollen. Auch fühlen sich viele AnrainerInnen von den Jugendlichen belästigt. Die Jugendlichen treffen sich nun alle bei dem Stiegenaufgang, was auch zu einem erheblichen Platzmangel führt. Auch hier sind mitunter Alkohol und Verschmutzung des Platzes Thema. Manchmal weichen die Jugendlichen auf den benachbarten Kleinkinderspielplatz aus – weitere Konflikte sind vorprogrammiert. Bei Konflikten weichen manche auch auf die Bänke hinter dem Restaurant aus." (Haschka 2003:23)

Offensichtlich waren die Jugendlichen äußerst mobil. Sie organisierten sich in unterschiedlichen Cliquen und Altersgruppen und nutzten den öffentliche Raum in verschiedensten Formen. Sie entwickelten unterschiedlichste Interessen, die von sportlichen Aktivitäten über andere attraktive Formen der Freizeitgestaltung, wie auch des Herumsitzens und Herumhängens als eine Form der Selbstdarstellung, reichten. Die Mobilität der Jugendlichen begründete sich aber durch die ‚Zwänge' der Siedlung, die eben keine Treffmöglichkeiten für Jugendliche vorsah. Sie tauchten an öffentlichen Orten in großer Anzahl auf, trafen sich aber dann wieder in Untergruppen in einzelnen Höfen, wechselten diese Orte aber immer wieder.

> „Im Winter verlagern die meisten Gruppen – vor dem Hintergrund des Mangels der kostenlosen Ausübung sportlicher oder kultureller Freizeitmöglichkeiten – ihre Aufenthaltsschwerpunkte in witterungsgeschützte Bereiche, wie Hofdurchfahrten, den Bahnhof Heiligenstadt, in bestimmte Lokale in nächster Umgebung. Einige Gruppen bleiben weiterhin an ihren Stammtreffpunkten und verbringen auch in der kalten Jahreszeit ihre Freizeit dort." (ebd.)

Während die Motivation der Jugendlichen, sich Orte anzueignen, mitunter einfach nur dort zu verharren, in ihren jugendkulturellen Dynamik begründet liegt, wird dies von Erwachsenen oft aber gänzlich anders interpretiert und führt zu andauernden Konflikten.

> „Jugendliche treffen sich, in Ermangelung ihnen zugestandener Orte, oft an ‚freien Plätzen', die aber meist keinerlei Infrastruktur aufweisen. Zum Beispiel gibt es oft keine Mistkübel, oder die Sitzbänke werden auf Grund der regelmäßigen Nutzung abgesessen und sind teilweise kaputt. Den Jugendlichen wird dann oft unterstellt, absichtlich Verschmutzungen oder Devastierungen hervorzurufen." (Haschka 2003:32)

Konkrete Angebote und Konzeptentwicklung

Die komplexe Anwendung der verschiedenen Methoden sozialräumlicher Jugendarbeit, verbunden mit der Erforschung der Einschätzungen und Zugänge sozialer Institutionen bzw. politisch Verantwortlicher zur Jugend im Bezirk, erlaubte – wie hier kurz beschrieben – ein immer verdichteteres Verständnis der sozialräumlichen Situation im 19. Bezirk und war Ausgangspunkt der Konzeptentwicklung des herausreichenden Projektes ‚19KMH'[78], welches an den bisherigen Aktivitäten ansetzte und dieses weiterführen konnte: über den Kontakt mit nahezu 130 Jugendlichen in den ersten drei Monaten der Sozialraumanalyse – als Verschränkung verschiedener sozialräumlicher Methoden – entstanden bereits in der Interaktion mit diesen Heranwachsenden verschiedene Initiativen.

Aufgrund der Ergebnisse der Analyse wurde das etwa ein Kilometer entfernte, große Jugendzentrum geschlossen und stattdessen das Team ‚19KMH', bisher bestehend aus zwei MitarbeiterInnen vergrößert und kleine Räumlichkeiten im Wohnbau gesucht.

Die Erforschung der sozialräumlichen Zusammenhänge hatte erbracht, dass das seit vielen Jahren bestehende Jugendzentrum für Jugendliche kaum Qualität entfaltet, weil es nicht nur zu weit entfernt liegt, sondern auch durch seine Lage im Villengebiet in keinem sozialräumlichen Bezug zum Karl Marx Hof steht. Es hatte auch bei den Jugendlichen ein sehr schlechtes Image, was ihren Zugang verhinderte. Damit konnte die Jugendeinrichtung – trotz vorhandener jugendadäquater Infrastruktur – nicht als räumliche Ressource für die Jugendlichen des Gemeindebaus genutzt werden, was natürlich den BezirkspolitikerInnen, mit Fragen der Aneignung kaum befasst, nicht leicht begreifbar gemacht werden konnte.

78 Der Projektname ‚19 KMH' bezieht sich auf den 19. Bezirk und auf den Karl Marx Hof, dessen Anfangsbuchstaben abgebildet sind - und soll sowohl den Bezug zu diesem Sozialraum darstellen wie auch gleichzeitig die „Geschwindigkeit" und Mobilität dieser sozialräumlichen Konzeption versinnbildlichen.

Dennoch wiesen die vielen Gespräche mit Jugendlichen und den TrägerInnen der Institutionen auf die Notwendigkeit hin, im ökologischen Nahraum, in denen die Jugendlichen verkehren, nämlich im und direkt um den Karl Marx Hof herum, Infrastruktur zu schaffen und ihre sozialräumlichen Aneignungsmöglichkeiten entsprechend ihren Bedarfen, Bedürfnissen und ihren Mobilitätsformen zu fördern.

Über die Anwendung der Methoden wurden vielfältige Kontakte zu Jugendlichen hergestellt. Während der *Stadtteilbegehung* oder bei der Entwicklung der *Cliquenraster*, die ja mit intensiven Auseinandersetzungen mit Jugendlichen verbunden waren, wurden auch deren Anregungen und Vorschläge aufgenommen und zum Teil auch sofort umgesetzt. Die ersten Aktivitäten von ‚19 KMH' richteten sich dementsprechend danach, Räume für Jugendliche – im weitesten Sinne – zu öffnen. Unter anderem wurden Kellerabteile partiell zugänglich gemacht, von der Bezirksvorstehung wurde ein Raum zur Verfügung gestellt, der MieterInnenraum ist zu bestimmten Zeiten verfügbar, es wurde ein gemeinsames Konzept zur Reaktivierung eines Parks erarbeitet, über Siedlungs- und Stadtteilfeste wurden Kontakte zwischen Jugendlichen und Erwachsenen hergestellt.

Regelmäßige Aktionen und Veranstaltungen in den Parks, aber auch die Nutzung zweier Firmenparkplätze (am ‚Kreilplatz' und bei der ‚Boschstraße') durch Jugendliche sowie eigene Angebote für Mädchen konnten – natürlich mit enormen Engagement der Fachkräfte der Jugendarbeit, aber auch der Jugendlichen selber – erreicht werden.

Der mobile Tischfußballtisch des Teams ‚19 KMH' – der ‚Mobile Wuzzler' – und dessen Nutzung symbolisieren die sozialräumliche Arbeit. Er wird an die verschiedensten Orten der Siedlung transportiert, signalisiert den Jugendlichen die Anwesenheit der JugendarbeiterInnen, lädt zur Betätigung und zu zwangloser Beteiligung und Kommunikation mit den JugendarbeiterInnen ein. Zum anderen passt ein Spielgerät, das sonst nur in geschlossenen Räumlichkeiten benutzt wird, nicht in die Nutzungsdefinition eines öffentlichen Ortes und erregt auch bei der Wohnbevölkerung Aufmerksamkeit. Die Anwesenheit der JugendarbeiterInnen mit dem ‚Mobilen Wuzzler' und die damit verbundene Ansammlung von Jugendlichen vermittelten die legitime Präsenz von Jugendlichen an öffentlichen Orten und führt zu einer andauernden und erwünschten Konfrontation über die Aneignungsformen Jugendlicher und fehlender gesellschaftlicher Räume für die jugendlichen BewohnerInnen der Siedlung.

Wichtig erscheint, dass die kontinuierliche Stadtteilanalyse, als permanente Anwendung sozialräumlicher Methoden, die Möglichkeiten eröffnet, das Konzept der Jugendarbeit jeweils flexibel zu verändern und anzupassen: zwischen einem Netz von Jugendräumen – zu einem eigenen Jugendtreff – oder aber auch zur Vernetzung mit anderen Institutionen reichen die Optionen.

Angebote der Offenen Jugendarbeit

Abb. 21: Angebote des Jugendprojektes ‚19 KMH'

Kontaktaufnahme und Kontakthaltung mit Jugendlichen im öffentlichen Raum	Aufsuchen der Gruppen an ihren Orten	
	Stadtteilrundgänge	
	Telefonkontakte mit Schlüsselpersonen	
Gruppenaktionen	„Der mobile Wuzzler" mit Animationsmaterial	
	Mädchentreff	
Veranstaltungen	Regelmäßige Veranstaltungen	Sportturniere
	Außergewöhnliche Veranstaltungen	Grillfeste
	Highlights	Nach[T]spiel
Lobbyarbeit für Jugendliche	Förderung der Mitgestaltung von öffentlichen Plätzen	Kreilplatz
	Unterstützung bei öffentlichen Diskussionen	Konflikte in Gemeindebauten
	Jugendmieterbeirat	
Eröffnung von Räumen	Wohnung Stiege 9	
	Turnsaal Oskar Spielgasse	
	Treffpunkt Boschstrasse	Eröffnungsfest
	Sport & Funhalle Ottakring	
	Mieterraum Karl Marx Hof	
	12. Februar Platz	
Vernetzung	Regelmäßige Treffen	
	Gemeinsame Organisation und Durchführung von Veranstaltungen	Volleyballturnier, Grillfeste
	Teilnahme an öffentlichen Diskussionen	Hofgespräche im Karl Marx Hof
Öffentlichkeitsarbeit	Photozeitung	
	Kontakthaltung zu den KooperationspartnerInnen	
	Regelmäßige Verteilung von Photos	
Sozialräumlich orientierte Lebensweltanalyse für Jugendliche	Aktualisierung	Stadtteilrundgänge

19 KMH: Jahresbericht 2004:13[79]

Die obige Abbildung zeigt die konkreten Angebotsformen von ‚19 KMH' (vgl. Haschka 2004) und kann den engen Zusammenhang zwischen der Anwendungen von sozialräumlichen Methoden als analytisches Instrumen-

79 In der ersten Spalte finden sich die Arbeitsschwerpunkte, in der zweiten Spalte Teilschritte, in der letzten Reihe konkrete Ausformungen

tarium zur Erforschung Jugendlicher und damit verbundener Jugendarbeit als Vermittlerin von Räumen und sozialräumlich vermittelten Diskussionen zwischen Institutionen etc. verbildlichen.

Auch hier finden sich – ähnlich wie bei den Angeboten des ‚Jugendtreffs Mitterhofergasse' – typische Dimensionen sozialräumlicher Jugendarbeit wieder. Die kontinuierliche Anwendung sozialräumlicher Methoden (regelmäßige *Stadtteilbegehungen*, *Autofotografie*, *Nadelprojekte* etc.) bildet sich bei der ‚Kontaktaufnahme und Kontakthaltung mit Jugendlichen im öffentlichen Raum' wie auch bei der ‚Aktualisierung der sozialräumlich orientierten Lebensweltanalyse' ab. Die Erweiterung der Aneignungsmöglichkeiten im öffentlichen Raum in Form von ‚Gruppenaktionen' und ‚Veranstaltungen', aber auch ‚Lobbyarbeit für Jugendliche' sowie ‚Vernetzung' und ‚Öffentlichkeitsarbeit' ist die Folge der strukturierten Auseinandersetzung mit sozialräumlichen Zusammenhängen und führt zur charakteristischen Praxis einer „Pädagogik des Jugendraums" (Böhnisch/Münchmeier 1990).

Fazit: Sozialräumliche Methodik als „Strukturgitter“ der Praxis der Jugendarbeit

Die Orientierung an den Aneignungsformen verschiedenster Kinder- und Jugendkulturen in ihren jeweiligen sozialen Räumen – zu denen auch die Jugendarbeit gehört – charakterisiert sozialräumliche Jugendarbeit und deren Praxis (Konzeptentwicklung). Dabei wird sozialräumliche Aneignung als eigentätige Entwicklungsaufgabe von Kindern und Jugendlichen verstanden, über die sich Heranwachsende mit gesellschaftlichen Werten und Normen auseinandersetzen, Kompetenzen und Handlungsfähigkeiten entwickeln und Identität entfalten. Über die alters-, geschlechts- und lebenslagenspezifisch tätige Auseinandersetzung mit der räumlich vermittelten Umwelt werden Bildungsprozesse ermöglicht, die in engem Zusammenhang mit anderen Formen des kognitiven oder emotionalen Lernens stehen.

Während Kinder sich Gegenstandsbedeutungen aneignen, deren Bedeutungen zu verallgemeinern erlernen und sich schrittweise den ökologischen Nahraum erschließen, stellt bei jüngeren Jugendlichen die Erweiterung von Handlungsräumen eine typische (dominante) Tätigkeit dieser Altersgruppe dar. Die Konfrontation mit ungewohnten Situationen und Gelegenheiten eröffnet neue Orientierungszusammenhänge und Handlungsoptionen und führt zur Erweiterung der Handlungskompetenzen. Bei älteren Jugendlichen steht nicht mehr so sehr die Entwicklungsperspektive der Aneignung im Vordergrund, vielmehr kommt Räumen eine zentrale Bedeutung zur Konstituierung ihrer Gleichaltrigenkultur und als sozialräumlich vermittelte Ressource der Lebensbewältigung zu.

Verschiedene „sozialökologische“ Qualitäten bestimmen dabei die Handlungsmöglichkeiten, erlauben dabei mehr oder weniger Eigentätigkeit, fördern oder verhindern Partizipation, eröffnen Gelegenheiten für Erfahrungen und Erlebnisse und bestimmen die Lern- und Entwicklungschancen. Räume sind aber nicht wertfrei, in ihnen finden sich gesellschaftliche Dimensionen und Funktionsbestimmungen in Form von „kodifizierten Regelungen, Machtbefugnissen, Herrschafts- und Eigentumsansprüchen“ (Böhnisch/ Münchmeier 1990:58) wieder. Diese Raumbestimmtheiten stehen den eigenwilligen Nutzungsformen von Heranwachsenden im Prozess ihrer Aneignung gegenüber und führen zu Wechselwirkungen, die als spezifische Dynamik die sozialräumliche Dimension des Aufwachsens charakterisieren.

Der Versuch der Beschreibung dieser Ambivalenz führt zu einer Methodik, die sich aus der Praxis der Jugendarbeit entwickelt. Über die kontinuierliche Anwendung von Methoden einer qualitativen Sozialraumanalyse, die als Methoden einer sozialräumlichen Jugendarbeit charakterisiert werden können, lässt sich *zum einen* das Spannungsfeld zwischen jugendlicher Aneignung und der gesellschaftlichen Verfasstheit von Sozialräumen – als deren sozialräumliche Qualität – beschreiben. Über die Anwendung einzelner Methoden, wie auch über die vorher beschriebene Verschränkung verschiedener Ansätze wird nicht nur Wissen über die Aneignungsformen von Jugendlichen generiert. Es entsteht auch systematisch ein Blick auf den Raum, in dem sich Gesellschaft strukturell, aber auch in Form verschiedenster Verhaltenserwartungen abbildet. Die Beschreibung der Ambivalenz zwischen der Dynamik jugendlicher Aneignungsprozesse und dem vergesellschafteten Raum charakterisiert den sozialräumlichen Blick der Jugendarbeit, in dem auch jugend- und sozialraumtheoretische Bezüge einfließen.

Zum anderen bestimmen diese Vorgangsweisen – neben dem forschenden Zugang – aber auch gleichzeitig bereits eine spezifische Praxis der (sozialräumlichen) Jugendarbeit, die über die sozialräumlichen Methoden zum Medium räumlicher Interaktion in der Spannung zwischen Aneignung und Vergesellschaftung wird. Die Methoden lassen sich als Interaktionsmuster mit der Perspektive des sozialräumlichen Verstehens begreifen, die durch entsprechende pädagogische Arrangements Aneignung unterstützen und erweitern.

In diesen Verfahren, die sich als Praxisforschung bezeichnen lassen, bilden sich also zugleich Formen der Analyse wie der pädagogischen Aktivierung ab. Die sozialräumlichen Methoden sind dabei bereits selbst ein immanenter Bestandteil der sozialräumlichen Jugendarbeit und strukturieren eine spezifische Form der Praxis von Jugendarbeit, deren Prämissen hier kurz zusammengefasst werden sollen:

Die strukturierte und kontinuierliche Form der Wahrnehmung der Vorgänge im Stadtteil erweist sich als Ausgangspunkt einer sozialräumlich orientierten Jugendarbeit und lässt sich als deren grundlegende Perspektive bezeichnen. Sozialräumliche Jugendarbeit geht von den Aneignungsformen Jugendlicher aus, bezieht sich dabei vor allem auf die Artikulation, Deutungen und Darstellungen von Kindern und Jugendlichen und versucht deren Lebenswelten in ihrem sozialräumlichen Zusammenhang zu verstehen.

Um Aneignungsprozesse als Wechselwirkung zu beschreiben, braucht es qualitative Verfahren. Diese müssen die Wechselwirkung zwischen gesellschaftlich Gewordenem und individueller Aneignungsfähigkeit zu beschreiben versuchen. Das Aufeinandertreffen von z.T. divergenten Raumbestimmtheiten – da die Aneignungsformen von Heranwachsenden, dort gesellschaftliche Funktionszuschreibungen, Regelungen und Gebote – lassen sich schwer quantitativ in Erfahrung bringen oder abfragen. Sie müssen verstanden werden – als die Botschaften, die in den Räumen sind und den

Deutungen und Interpretationen von Jugendlichen im Prozess ihrer Aneignung.

Geeignete – hier umfangreich beschriebene – Methoden entwickelten sich aus der Jugendarbeit, beteiligen Jugendliche am Prozess der Bestimmung sozialräumlicher Zusammenhänge, sind als Projekte auch Teil der Jugendarbeit und werden wieder in die Jugendarbeit rückgebunden: die *Stadtteilbegehung mit Jugendlichen*, die *Strukturierte Stadtteilbegehung*, die *Nadelmethode*, das *Mobile Nadelprojekt*, die *Subjektive Landkarte*, die *Autofotografie*, das *Zeitbudget*, das *Jugendkulturen-* oder das *Cliquenraster* stellen die lebens- und alltagsweltlichen Interpretationen sozialräumlicher Zusammenhänge aus der Sicht von Kindern und Jugendlichen in den Vordergrund. Die Methoden der *Institutionenbefragung* und die *Fremdbilderkundung* sollen die erwachsenen Deutungen und Bewertungen abbilden.

Die intensive Auseinandersetzung mit dem Blickwinkel von Kindern und Jugendlichen auf ihre spezifischen und unterschiedlichen Lebensräume – in Form der Anwendung dieser Methoden und der damit verbundenen Beobachtungen, Befragungen, Animationen etc. – führt in der Praxis zu wesentlichen Erfahrungen: Schon die Exploration einzelner Elemente erweitert die „sozialräumliche Kundigkeit“ (Böhnisch/Münchmeier 1990:110). Die Anwendung verschiedener Verfahren und die Verknüpfung der Methoden intensiviert die Auseinandersetzung, wobei sich die verschiedenen Blickwinkel – die der Kinder und Jugendlichen, der Fachkräfte der Jugendarbeit und der Interpretation durch maßgebliche Institutionen – immer mehr überlagern und zur „sozialräumlichen Kompetenz“ (ebd.:103) der Jugendarbeit (erInnen) führen.

Diese erlaubt es nicht nur, entsprechend angepasste Aneignungssituationen in der Jugendarbeit zu entwickeln, sondern auch Aneignungsmöglichkeiten – über Vernetzung und Ausgestaltung – im öffentlichen Raum zu fördern. Die Wahrnehmung dieser Einbettung im Gemeinwesen oder der Region bilden „Anknüpfungspunkte zu anderen sozialpädagogischen Konzepten wie Gemeinwesenarbeit, Netzwerkbildung und Regionalisierung“ (Wolf 1998:14) und schafft Verbindungen zu anderen Ansätzen sozialraumorientierter sozialer Arbeit.

Über den Aufbau von Vernetzungszusammenhängen mit anderen Institutionen können weitere Angebote im Stadtteil angeregt und damit Veränderungen der Infrastruktur des Stadtteils im Interesse der Jugendlichen bewirkt werden. Vernetzungen und Kooperationen mit anderen Institutionen können eine Verdichtung der Angebotsschwerpunkte bzw. eine bessere Abstimmung der Angebotsstrukturen schaffen. Damit ist vor allem die Erweiterung und Öffnung alltagsweltlicher Ressourcen, wie die Zugänglichkeit zu Informationen, zu Beschäftigungen, zu Freizeiten und Sportgelegenheiten, zu Netzwerken im Stadtteil, zu niedrigschwelligen Beratungs- und Unterstützungsangeboten – aber auch Öffentlichkeit für die Darstellung ihrer verschiedenartigen Themen gemeint.

Die JugendarbeiterInnen werden durch die Anwendung der Erkundungsprojekte zu ‚Sozialraum-Fachleuten' mit „sozialräumlichen Kompetenzen" (Böhnisch/Münchmeier 1990:103), die sehr differenziert sozialräumliche Zusammenhänge und die damit verbundenen Aneignungsmöglichkeiten der verschiedenen Jugend(en) des Stadtteils oder der Region beschreiben können. Die Wahrnehmung dieser Aufgabe erweitert das Arbeitsfeld der Jugendarbeit sozialräumlich über die konkreten Angebote an Jugendliche hinaus und lässt sie zu einem aktiven und gestaltenden Teil der sozialen Infrastruktur eines Stadtteils bzw. einer Region werden, was ihr auch eine bedeutsame jugendpolitische Dimension zuweist.

Sozialräumlich orientierte Jugendarbeit hat die Aufgabe, stellvertretend für Heranwachsende – im Sinne der Wahrnehmung eines jugendpolitischen Mandates (vgl. Böhnisch/Münchmeier 1990:103) – deren Interessen und Bedarfe bei maßgeblichen Institutionen und in politischen Entscheidungsprozessen einzubringen und zu vertreten. Dieser Vertretungsanspruch – „Lobby sein" (ebd.) – kann und soll aber nicht die eigene Gestaltungskraft oder die Selbstorganisationsfähigkeit von Heranwachsenden ersetzen, sondern es gilt, ein politisches Klima zu schaffen, das dann auch den Kindern und Jugendlichen die Artikulation ihrer Interessen erlaubt. Die auch hier beschriebenen Erfahrungen (vgl. Projekt Jugendtreff Mitterhofergasse) zeigen, dass die Schaffung und Bereitstellung von kinder- und jugendgerechter Infrastruktur nicht ohne die Aushandlungsprozesse mit Erwachsenen gedacht werden können. Erwachsene besitzen die Definitionsmacht über mögliche Nutzungen und Ausgestaltungen von Räumen und können dies in der Regel gegenüber Heranwachsenden durchsetzten. Demgegenüber haben Kinder und Jugendliche kaum die Macht, von sich aus Öffentlichkeit für ihre Situation zu entfalten und Lobbying zu betreiben. Institutionalisierte Mitbestimmungsstrukturen können die Artikulationsmöglichkeiten und Interessensvertretung von Heranwachsenden ermöglichen. Gerade in Planungsprozessen oder in Fragen der Ausgestaltung oder Nutzung öffentlicher Räume (vgl. Kleedorfer 1999) kann es der Jugendarbeit gelingen, die Beteiligung und Mitsprache von Jugendlichen einzufordern und zu institutionalisieren bzw. die Moderation von Nutzungskonflikten zu übernehmen.

Die zentrale Zielsetzung stellt hier die quantitative, aber auch „qualitative" Erweiterung der Aneignungsmöglichkeiten für Kinder und Jugendliche dar, die sich gegen die Verdrängung von Jugendlichen von öffentlichen Orten richtet. Als Erfolgskriterien eines wirkungsvollen jugendpolitischen Auftretens lassen sich die erweiterte Zugänglichkeit öffentlicher oder halb öffentlicher Räume, die Möglichkeiten jugendlicher Mitgestaltung, damit verbundene neuer ‚Möglichkeitsräume' für Kinder und Jugendliche, aber auch generell die Erweiterung sozialräumlicher Möglichkeiten und Ressourcen benennen, die sich über vernetzte Angebote ergeben.

Jugendarbeit ist aber selbst Medium von Aneignungsprozessen (vgl. Böhnisch/Münchmeier 1990, Deinet 1990) und kann in Form konzeptioneller Differenzierung (vgl. Deinet 2005) der Angebotsstrukturen der Einrichtungen spezifische Aneignungsqualitäten in den eigenen Räumen entwickeln. Aus dem sozialräumlich orientierten Blickwinkel gesehen, suchen Jugendliche Räume auf, die für sie eine bestimmte Qualität entfalten. Ob die Räume eines Jugendzentrums oder -treffs, die Angebote der Mobilen Jugendarbeit in den Parks oder die Beratungsstelle für Jugendliche: Jugendarbeit ist gefordert, ausdifferenzierte Angebote mit hohem Gebrauchswert für unterschiedliche Jugendliche und vielfältige Jugendkulturen zu bieten. Indem eine sozialräumlich orientierte Jugendarbeit die Gegebenheiten im Stadtteil erkundet, versetzt sie sich in die Lage, Angebote zu entwickeln, welche der Sozialraumstruktur angepasst sind und der Diversität von Jugend(en) Rechnung trägt.

Diese Angebote hängen freilich auch von den Ressourcen der Jugendarbeit selbst ab, also u.a. von den räumlichen Möglichkeiten und den personellen Ressourcen. Beispielsweise wird eine kleine Einrichtung als Treffpunkt für einige Cliquen dienen und im Rahmen einiger Schwerpunktsetzungen die Themen der Jugendlichen aufnehmen können, Infodrehscheibe sein und Kontakte im Rahmen Herausreichender Arbeit aufrechterhalten können. Eine größere Einrichtung wird ihre Angebote entsprechend ausdifferenzieren können: Von der Treffpunktmöglichkeit eines Jugendcafés über eigene Mädchenangebote, Vermietungen für bestimmte Cliquen, Kooperationsangebote für Schulen, Unterstützung bei der Berufsorientierung, spezielle Jugendkultur- oder sportorientierte Angebote, das Angebot professioneller Beratung bei Problemen der Lebensbewältigung, Unterstützung von Eigeninitiativen bis hin zu gemeinwesenorientierter Arbeit kann sich die sozialräumliche Qualität einer Jugendeinrichtung entfalten. Das Wissen über die vielschichtigen Aneignungsprozesse bedeutet, diese Themen im sozialräumlichen Kontext ‚einzulagern' und über die Ermöglichung von Eigentätigkeit, Veränderung und (Mit-)Gestaltung (vgl. Krisch/Scherr 2004), Erlebnis- und Erfahrungsebenen zu schaffen, welche die Erweiterung von Handlungskompetenzen erwirken können.

Die Angebote einer sozialräumlichen Jugendarbeit sind aber konzeptionell nicht auf den eigenen ‚Raum' der Jugendarbeit beschränkt, sondern können – natürlich immer abhängig von personellen und materiellen Ressourcen – benachbarte Turnhallen, Cliquenräume, Sportflächen, Veranstaltungsräume etc. mit einschließen und so ein Geflecht von verschiedenst betreuten Treffpunkten und Cliquenräumen aufbauen, die sozialräumlich miteinander in Verbindung stehen. Der Anspruch der Offenheit gegenüber verschiedensten Jugendkulturen kann so eingelöst werden, weil er sich nicht mehr auf den Raum des Jugendzentrums oder -treffs bezieht, sondern auch andere Orte und Situationen als Ausschnitte und Ressource der Offenen Jugendarbeit begreift. Diese sozialräumliche Orientierung muss sich aber auch konzeptionell abbilden und den Zugang zu den Lebensräumen der Jugendlichen – als Teil der Jugendarbeit – in den Konzeptionen der Offenen Jugendarbeit festlegen. Sozialräumliche Jugendarbeit versucht, so lässt sich zusammenfassen, durch spezifische Angebote in der Jugendeinrichtung besondere Aneignungs- und Lernprozesse zu fördern, entwickelt aber auch den Blick nach außen und hat dementsprechend im Stadtteil die Zielsetzung, über die Anwendung sozialräumlicher Methoden Aneignungsmöglichkeiten zu fördern und die Bedarfe von Jugendlichen öffentlich zu thematisieren.

Literatur

Amann, Anton: Soziologie. Ein Leitfaden zu Theorien, Geschichte und Denkweisen. 4., verbesserte Auflage. Wien, Köln, Weimar 1996

Arnold, Helmut/Böhnisch, Lothar/Schröer, Wolfgang (Hrsg.): Sozialpädagogische Beschäftigungsförderung. Lebensbewältigung und Kompetenzentwicklung im Jugend- und jungen Erwachsenenalter. Weinheim und München 2005

Baacke, Dieter: Der sozialökologische Ansatz zur Beschreibung und Erklärung des Verhaltens Jugendlicher. In: deutsche jugend. Zeitschrift für Jugendarbeit. Heft 11/1980, S. 493-505

Baacke, Dieter: Die 6- bis 12jährigen. Einführung in die Probleme des Kindesalters. Weinheim und Basel 1984

Baacke, Dieter: Jugend und Jugendkulturen. Darstellung und Deutung. 3., überarbeitete Auflage. Weinheim und München 1999

Baacke, Dieter: Die 6- bis 12-Jährigen. Einführung in die Probleme des Kindesalters. Vollständig überarbeitete Neuausgabe der 6. Auflage. Weinheim und Basel 1999a

Baacke, Dieter: Die 13- bis 18-Jährigen. Einführung in die Probleme des Jugendalters. 8., überarbeitete Auflage. Weinheim und Basel 2003

Baethge, Martin: Soziale Ausdifferenzierung von Lebenslagen – die jugendlichen Verlierer des gesellschaftlichen Modernisierungsprozesses. In: Scharinger, Karl (Hrsg.): Nürnberger Forum der Jugendarbeit 1990. Nürnberg 1990

Baisch-Weber, Annja V.: Die Bedeutung des Sozialraums für Lebensbewältigungsprozesse Jugendlicher. Frankfurt am Main, Berlin, Bern 2002

Beck, Ulrich: Risikogesellschaft. Auf dem Weg in eine andere Moderne. Frankfurt am Main 1986

Beck Ulrich: Demokratisierung der Familie. In: Beck, Ulrich (Hrsg.): Kinder der Freiheit. Frankfurt am Main 1997, S. 195-219

Beck, Ulrich/Bonß Wolfgang (Hrsg.): Weder Sozialtechnologie noch Aufklärung? Analysen zur Verwendung wissenschaftlichen Wissens. Frankfurt am Main 1989

Beck Ulrich/Beck-Gernsheim: Das ganz normale Chaos der Liebe. Frankfurt am Main 1990

Beck Ulrich/Beck-Gernsheim (Hrsg.): Riskante Freiheiten. Individualisierung in modernen Gesellschaften. Frankfurt am Main 1994

Becker, Helmut/May, Michael: „Die lungern eh' nur da 'rum" – Raumbezogene Interessensorientierungen von Unterschichtsjugendlichen und ihrer Realisierung in öffentlichen Räumen. In: Specht, Walther (Hrsg.): Die gefährliche Straße. Jugendkonflikte und Stadtteilarbeit. 2. Auflage. Bielefeld 1991

Böhnisch, Lothar: Sozialräumliche Konzeption der Jugendarbeit. In: „Black Box" – MitarbeiterInnenzeitschrift des Vereins Jugendzentren der Stadt Wien. Wien 1990

Böhnisch, Lothar: Sozialpädagogik des Kindes- und Jugendalters. Eine Einführung. Weinheim und München 1992

Böhnisch, Lothar: Grundbegriffe einer Jugendarbeit als Lebensort. Bedürftigkeit, Pädagogischer Bezug und Milieubildung. In: Böhnisch, Lothar/ Rudolph, Martin/Wolf, Barbara (Hrsg.): Jugendarbeit als Lebensort. Jugendpädagogische Orientierungen zwischen Offenheit und Halt. Weinheim und München 1998, S. 155-168

Böhnisch, Lothar: Sozialpädagogik der Lebensalter. Eine Einführung. 3., überarbeitete und erweiterte Auflage. Weinheim und München 2001

Böhnisch, Lothar: Abweichendes Verhalten. Eine pädagogisch-soziologische Einführung. 2., korrigierte Auflage. Weinheim und München 2001a

Böhnisch, Lothar: Räume, Zeiten, Beziehungen und der Ort der Jugendarbeit. In: deutsche jugend. Zeitschrift für Jugendarbeit. Heft 2/2002, S. 70-77

Böhnisch, Lothar: Pädagogische Soziologie. Eine Einführung. 2., überarbeitete und erweiterte Auflage. Weinheim und München 2003

Böhnisch, Lothar. Männliche Sozialisation. Eine Einführung. Weinheim und München 2004

Böhnisch, Lothar/Funk, Heide: Jugend im Abseits? Zur Lebenslage Jugendlicher im ländlichen Raum. München 1989

Böhnisch, Lothar/Funk, Heide: Soziale Arbeit und Geschlecht. Theoretische und praktische Orientierungen. Weinheim und München 2002

Böhnisch Lothar/Lenz, Karl: Familien. Eine interdisziplinäre Einführung. 2., korrigierte Auflage. Weinheim und München 1999

Böhnisch, Lothar/Münchmeier, Richard: Pädagogik des Jugendraums. Zur Begründung und Praxis einer sozialräumlichen Jugendpädagogik. Weinheim und München 1990

Böhnisch, Lothar/Münchmeier, Richard: Wozu Jugendarbeit? Orientierungen für Ausbildung, Fortbildung und Praxis. 4. Auflage. Weinheim und München 1999

Böhnisch, Lothar/Schröer, Wolfgang: Pädagogik und Arbeitsgesellschaft. Historische Grundlagen und theoretische Ansätze für eine sozialpolitisch reflexive Pädagogik. Weinheim und München 2001

Böhnisch, Lothar/Schröer, Wolfgang/Thiersch, Hans: Sozialpädagogisches Denken. Wege zu einer Neubestimmung. Weinheim und München 2005

Böhnisch, Lothar/Schröer, Wolfgang: Sozialpolitik. In: Kessl, Fabian/Reutlinger, Christian/Maurer, Susanne/Frey, Oliver (Hrsg.): Handbuch Sozialraum. Wiesbaden 2005, S. 129-142

Bronfenbrenner, Urie: Die Ökologie der menschlichen Entwicklung: natürliche und geplante Experimente. 1. Auflage. Stuttgart 1981

Damm, Diethelm: Brauchen wir noch Jugendarbeit? In: Janig, Herbert/Hexel, Peter C./Luger, Kurt/Rathmayr, Bernhard (Hrsg.): Schöner Vogel Jugend. Analysen zur Lebenssituation Jugendlicher. Linz 1988, S. 497-508

Dangschat, Jens/Frey, Oliver: Stadt- und Regionalsoziologie. In: Kessl, Fabian/Reutlinger, Christian/Maurer, Susanne/Frey, Oliver (Hrsg.): Handbuch Sozialraum. Wiesbaden 2005, S. 143-164

Davis Madeleine/Wallbridge, David: Eine Einführung in das Werk von D.W. Winnicot. Stuttgart 1983

Deinet, Ulrich: Im Schatten der Älteren. Offene Arbeit mit Kindern und jüngeren Jugendlichen. Weinheim und München 1987

Deinet, Ulrich: Raumaneignung in der sozialwissenschaftlichen Theorie. In: Böhnisch, Lothar/Münchmeier, Richard: Pädagogik des Jugendraums. Zur Begründung und Praxis einer sozialräumlichen Jugendpädagogik. Weinheim und München 1990, S. 57-66.

Deinet, Ulrich: Das Konzept Aneignung im Jugendhaus. Neue Impulse für die offene Kinder- und Jugendarbeit. Opladen 1992

Deinet, Ulrich: Sozialräumliche Konzeptentwicklung, in: Deinet, Ulrich/Sturzenhecker, Benedikt (Hrsg.): Konzepte entwickeln. Anregungen und Arbeitshilfen zur Klärung und Legitimation. Weinheim und München 1996, S. 9-17

Deinet, Ulrich: Sozialräumliche Jugendarbeit. Eine praxisbezogene Anleitung zur Konzeptentwicklung in der Offenen Kinder- und Jugendarbeit. Opladen 1999

Deinet, Ulrich (Hrsg.): Sozialräumliche Jugendarbeit. Grundlagen, Methoden und Praxiskonzepte. 2., völlig überarbeitete Auflage. Wiesbaden 2005

Deinet, Ulrich/Icking, Maria: Subjektbezogene Dimensionen der Aneignung. In: Deinet, Ulrich (Hrsg.): Sozialräumliche Jugendarbeit. Grundlagen, Methoden und Praxiskonzepte. 2., völlig überarbeitete Auflage. Wiesbaden 2005, S. 59-74

Deinet, Ulrich/Krisch, Richard: Von der gegenständlichen zur symbolischen Aneignung. In: Stadtplanung Wien, MA 18, Stadtentwicklung und Stadtplanung. (Hrsg.): Mehr Platz! Auswirkungen von Freiraummangel auf Kinder und Jugendliche. Band 67. Wien 2000

Deinet, Ulrich/Krisch, Richard: Der sozialräumliche Blick der Jugendarbeit. Methoden und Bausteine zur Konzeptentwicklung und Qualifizierung. Opladen 2002 (Wiesbaden 2006)

Deinet, Ulrich/Krisch, Richard: Lebensräume von Kindern und Jugendlichen. In: Riege, Marlo/Schubert, Herbert (Hrsg.) Sozialraumanalyse. Grundlagen – Methoden – Praxis. Opladen 2002 (Wiesbaden 2005), S. 133-146

Deinet, Ulrich/Sturzenhecker, Benedikt (Hrsg.): Konzepte entwickeln. Anregungen und Arbeitshilfen zur Klärung und Legitimation. Weinheim und München 1996

Deinet, Ulrich/Sturzenhecker, Benedikt: Grundbegriffe von Konzeptentwicklung in der Offenen Jugendarbeit. In: Deinet, Ulrich/Sturzenhecker, Benedikt (Hrsg.): Handbuch Offene Jugendarbeit. 2. Auflage. Münster 1998, S.251-264

Deinet, Ulrich/Sturzenhecker, Benedikt (Hrsg.): Handbuch Offene Jugendarbeit, 3., völlig überarbeitete und erweiterte Auflage. Wiesbaden 2005

Dewe, Bernd/Ferchhoff, Wilfried/Scherr, Albert/Stüwe, Gerd: Professionelles soziales Handeln. Soziale Arbeit im Spannungsfeld zwischen Theorie und Praxis. Weinheim und München 1993

Edition Roesner: Eine Maria, die aus Enzersdorf kam – Gedanken, Ansichten, Geschichten und Bilder von Kindern zu Maria Enzersdorf. Ein kinderkulturelles Lesebuch. Vorworte: Elfriede Ott u.a. Schreibwerkstatt: Georg Bydlinski. Nachwort: Richard Krisch und Ulrich Deinet. Maria Enzersdorf 2004

Fend, Helmut: Entwicklungspsychologie des Jugendalters. 3., durchgesehene Auflage. Wiesbaden 2005

Ferchhoff, Wilfried: Unterschichtsjugendliche und Subkultur. In: Scharinger, Karl (Hrsg.): Nürnberger Forum der Jugendarbeit 1990. Nürnberg 1990

Ferchhoff, Wilfried: Jugend an der Wende vom 20. zum 21. Jahrhundert. Lebensformen und Lebensstile. 2., überarbeitete und aktualisierte Auflage. Opladen 1999

Flade, Antje/Kustor, Beatrice (Hrsg.): Raus aus dem Haus – Mädchen erobern die Stadt. Frankfurt am Main 1996

Friebertshäuser, Barbara: Ethnographische Methoden und ihre Bedeutung für die Lebensweltorientierung in der Sozialpädagogik. In: Lindner, Werner (Hrsg.): Ethnographische Methoden in der Jugendarbeit. Opladen 2000, S. 33-54

Friedrich, Peter, u.a.: Die Lücke-Kinder. Zur Freizeitsituation von 9-14jährigen. Weinheim und Basel 1984

Friedrichs, Jürgen: Stadtanalyse. Soziale und räumliche Organisation der Gesellschaft. 3. Auflage. Opladen 1983

Friedrichs, Jürgen/Blasius, Jörg: Leben in benachteiligten Wohngebieten. Opladen 2000

Funk, Heide: Mädchen in der Jugendarbeit. In: Böhnisch, Lothar/Münchmeier, Richard: Wozu Jugendarbeit? Orientierungen für Ausbildung, Fortbildung und Praxis. 4. Auflage. Weinheim und München 1999, S. 118-141

Girtler, Roland: Methoden der Feldforschung. 4., völlig neu bearbeitete Auflage. Wien, Köln, Weimar 2002

Hafeneger, Benno/Jansen, Mechtild M.: Rechte Cliquen. Alltag einer neuen Jugendkultur. Weinheim und München 2001

Haschka, Ulli/Fischer, Christian: 19 KMH – Sozialräumlich orientierte Lebensweltanalyse für Jugendliche in Heiligenstadt, März bis September 2002. Unveröffentlichtes Manuskript. Verein Wiener Jugendzentren. Wien 2002

Haschka, Ulli: 19 KMH – Herausreichende Jugendarbeit in Heiligenstadt. Jahresbericht 2003. Unveröffentlichtes Manuskript. Verein Wiener Jugendzentren. Wien 2003

Haschka, Ulli: 19 KMH – Herausreichende Jugendarbeit in Heiligenstadt. Jahresbericht 2004. Unveröffentlichtes Manuskript. Verein Wiener Jugendzentren. Wien 2004

Heckmann, Friedrich/Kröll, Friedhelm: Einführung in die Geschichte der Soziologie. Stuttgart 1984

Heissenberger, Evelyn: Lebenswelt Per Albin Hanson Siedlung. Ein Forschungsbericht des Jugendzentrums Hansonsiedlung. Unter Mitarbeit von: Fackelmann, Jörg/Liska, Martina/Prinzjakowitsch, Werner. Unveröffentlichtes Manuskript. Verein Wiener Jugendzentren Wien 1998

Hitzler, Ronald: Die Erkundung des Feldes und die Deutung der Daten. Annäherungen an die (lebensweltliche) Ethnographie. In: Lindner, Werner (Hrsg.): Ethnographische Methoden in der Jugendarbeit. Opladen 2000, S. 17-32

Holzkamp, Klaus: Sinnliche Erkenntnis. Historischer Ursprung und gesellschaftliche Funktion der Wahrnehmung. Frankfurt am Main 1973

Holzkamp, Klaus/Schurig, Volker: Zur Einführung in Alexej N. Leontjews Problem der Entwicklung des Psychischen. In: Leontjew, Alexej N.: Problem der Entwicklung des Psychischen. Frankfurt am Main 1973, S. XI f.

Holzkamp, Klaus: Grundlegung der Psychologie. Frankfurt am Main 1983

Hurrelmann, Klaus: Einführung in die Sozialisationstheorie. Über den Zusammenhang von Sozialstruktur und Persönlichkeit. Weinheim und Basel 1990

Hurrelmann, Klaus: Lebensphase Jugend. Eine Einführung in die sozialwissenschaftliche Jugendforschung. 7., vollständig überarbeitete Auflage. Weinheim und München 2004

Kannicht, A: Herumhängen – Blödeln – Action machen. In: deutsche jugend. Zeitschrift für Jugendarbeit. Heft 7/1983

Keppler, Siegfried: Mobile Jugendarbeit als sozialräumlicher Prozess. In: Böhnisch, Lothar/ Münchmeier, Richard: Pädagogik des Jugendraums. Zur Begründung und Praxis einer sozialräumlichen Jugendpädagogik. Weinheim und München 1990, S. 168-179

Kleedorfer, Jutta: Partizipation – gibt's das schon? In: Verein Wiener Jugendzentren Hrsg.): Sozialpädagogik und Jugendarbeit im Wandel – auf dem Weg zu einer lebensweltorientierten Jugendförderung. Wissenschaftliche Reihe, Band I. Wien 1999, S. 167-170

Krafeld, Franz Josef: Cliquenorientierte Jugendarbeit. Grundlagen und Handlungsansätze. Weinheim und München 1992

Krafeld, Franz Josef: Leben mit bruchhaften Erwerbsbiografien – eine ausgeblendete Normalität jugendlicher Lebensverläufe? In: Verein Wiener Jugendzentren (Hrsg.): Sozialpädagogik und Jugendarbeit im Wandel – auf dem Weg zu einer lebensweltorientierten Jugendförderung. Wissenschaftliche Reihe, Band I. Wien 1999, S. 96-107

Krafeld, Franz Josef: Die überflüssige Jugend der Arbeitsgesellschaft. Eine Herausforderung an die Pädagogik. Opladen 2000

Kreher, Thomas/Oehme, Andreas: Übergänge in Arbeit und Beschäftigungspolitik. In: Kessl, Fabian/Reutlinger, Christian/Maurer, Susanne/Frey, Oliver (Hrsg.): Handbuch Sozialraum. Wiesbaden 2005, 402-420

Krisch, Richard: Zwischen Lehrberufsentscheidung und Jugendkultur. Bewältigungsformen von Schülerinnen und Schülern des Polytechnischen Lehrganges beim Übergang in die Lehrlingsausbildung: eine teilnehmende Beobachtung. Diplomarbeit an der Universität Wien. Wien 1998

Krisch, Richard: „Herausreichende Konzeption eines Jugendzentrums", „Fremdbilderkundung", „Strukturierte Stadtteilbegehung", „Plattform Lebenswerte Mitterhofergasse'. In: Deinet, Ulrich: Sozialräumliche Jugendarbeit. Eine praxisbezogene Anleitung zur Konzeptentwicklung in der Offenen Kinder- und Jugendarbeit. Opladen 1999

Krisch, Richard: Bewältigungsprobleme 15- und 16-jähriger Jugendlicher beim Übergang in das Berufsbildungssystem als Herausforderung für die Jugendarbeit. In: Verein Wiener Jugendzentren (Hrsg.): Sozialpädagogik und Jugendarbeit im Wandel – auf dem Weg zu einer lebensweltorientierten Jugendförderung. Wissenschaftliche Reihe, Band I. Wien 1999, S. 108-121

Krisch, Richard: Berufsorientierung vor dem Hintergrund der Lebens- und Alltagswelten Jugendlicher. In: Erziehung und Unterricht. Österreichische pädagogische Zeitschrift, Heft 9,10/2000, Wien 2000. S. 1071-1077

Krisch, Richard: Zur Anwendung von Methoden sozialräumlich orientierter Lebensweltanalysen in der Jugendarbeit. In: Lindner, Werner (Hrsg.): Ethnographische Methoden in der Jugendarbeit. Opladen 2000, S. 147-169

Krisch, Richard: Methoden einer sozialräumlichen Lebensweltanalyse. In: Deinet, Ulrich/Krisch, Richard: Der sozialräumliche Blick der Jugendarbeit. Methoden und Bausteine zur Konzeptentwicklung und Qualifizierung. Opladen 2002 (Wiesbaden 2006). S. 87-154

Krisch, Richard: Jugend ohne Lehrstellen: Neue Beschäftigungen statt Warteschleifen. In: Steirischer Dachverband der Offenen Jugendarbeit (Hrsg.): Jugend Inside 1/2004. Graz 2004

Krisch, Richard: Offene Jugendarbeit im Jugendzentrum – Qualitätsentwicklung in den Wiener Jugendzentren. In: Deinet, Ulrich/Sturzenhecker, Benedikt (Hrsg.): Handbuch Offene Kinder- und Jugendarbeit. 3., völlig überarbeitete und erweiterte Auflage. Wiesbaden 2005, S. 461-468

Krisch, Richard: Sozialräumliche Perspektiven von Jugendarbeit. In: Braun, Karl-Heinz/Wetzel, Konstanze u.a. (Hrsg.): Handbuch Methoden der Kinder- und Jugendarbeit. Wien 2005, S. 336-351

Krisch, Richard/Reinprecht, Christoph (Hrsg.): Betreten verboten!? Sozialraumanalyse – auf den Spuren jugendlicher Lebenswelten in Innerfavoriten. Unveröffentlichter Forschungsbericht. Fachhochschule Campus Wien 2005

Krisch, Richard/Reinprecht, Christoph (Hrsg.): Aktiv passiv? Sozialräumliche Analysen geschlechtsbezogener Beteiligung im Stadtteil. Forschungswerkstatt: Sozialraumanalyse – Der Stadtteil im Spannungsfeld von jugendlicher Aneignung und gesellschaftlicher Prägung. Unveröffentlichter Forschungsbericht. Fachhochschule Campus Wien 2006

Krisch, Richard/Scherr, Albert: Politische Bildungspraxis in der Offenen Jugendarbeit. Ideen, Konzepte und Erfahrungen aus der Arbeit des Vereins Wiener Jugendzentren. In: Sturzenhecker, Benedikt/Lindner, Werner (Hrsg.): Bildung in der Kinder- und Jugendarbeit. Vom Bildungsanspruch zur Bildungspraxis. Weinheim und München 2004. S. 149-166

Kromer, Ingrid/ Tebbich, Heide: ZwischenWelten. Das Leben der 11- bis 14-jährigen. Graz, Wien 1998

Krones, Sabine: Kinderfreizeit(en) zwischen soziokultureller Eigenständigkeit, sozialräumlichen Gegebenheiten und öffentlicher Regulierung. Eine Analyse der Kinderfreizeiträume in Wien. Unveröffentlichte Diplomarbeit an der Fachhochschule St. Pölten. St. Pölten 2006

Larcher, Anneliese: „Und dann schauen wir, wohin uns der Weg führt!“ Freizeit im öffentlichen Stadtraum Wien aus der Perspektive von 14- bis 17-jährigen Mädchen. Unveröffentlichte Diplomarbeit an der Universität Wien. Wien 2006

Lenz, Karl: Zur Biografisierung der Jugend. Befunde und Konsequenzen. In: Böhnisch, Lothar/Rudolph, Martin/Wolf, Barbara (Hrsg.): Jugendarbeit als Lebensort. Jugendpädagogische Orientierungen zwischen Offenheit und Halt. Weinheim und München 1998, S. 51-74

Lenz, Karl: Familien. In: Schröer, Wolfgang/Struck Norbert/Wolff, Mechthild (Hrsg.): Handbuch Kinder und Jugendhilfe. Weinheim und München 2002, S. 147-176

Leontjew, Alexej N.: Probleme der Entwicklung des Psychischen. 2. Auflage. Frankfurt am Main 1973

Lindner, Werner (Hrsg): Ethnographische Methoden in der Jugendarbeit. Opladen 2000

Lindner, Werner: „Ich sehe was, was Du nicht siehst“ – Ethnographische Kompetenz in der Jugendarbeit. In: Lindner, Werner (Hrsg.): Ethnographische Methoden in der Jugendarbeit. Opladen 2000, S. 67-89

Liska, Martina/Lehner, Alexander/Lenzner, Steffi: Danubia Jones und die Jäger des verlorenen Spaßes. Die Sozialraumanalyse des Jugendtreff Donaustadt. Unveröffentlichter Forschungsbericht. Verein Wiener Jugendzentren. Wien 2006

Löw, Martina: Raumsoziologie. Frankfurt am Main 2001

Löw, Martina/Sturm, Gabriele: Raumsoziologie. In: Kessl, Fabian/Reutlinger, Christian/Maurer, Susanne/Frey, Oliver (Hrsg.): Handbuch Sozialraum. Wiesbaden 2005, S. 31-48

Mannheim-Runkel, Monika/Taplik, Ursula (Hrsg.): Konzeptentwicklung in der Jugendarbeit. Reflexion und Dokumentation eines Modellprojekts zur berufsbegleitenden Fortbildung im Kreis Offenbach. Frankfurt am Main 1998

Mitscherlich, Alexander: Auf dem Weg zur vaterlosen Gesellschaft. München 1967

Monzel, Sylvia: Kinderfreundliche Wohnumfeldgestaltung!? Eine sozialgeographische Untersuchung als Orientierungshilfe für Politiker und Planer. Zürich 1995

Muchow, Martha/Muchow, Hans Heinrich: Der Lebensraum des Großstadtkindes. Hrsg. und eingeleitet von Jürgen Zinnecker. Weinheim und München 1998

Müller, Burkhard: Entwurf einer mehrdimensionalen Theorie der Jugendarbeit. In: Kiesel, Doron/Scherr, Albert/Thole, Werner (Hrsg.): Standortbestimmung Jugendarbeit. Theoretische Orientierungen und empirische Befunde. Schwalbach/Ts. 1998, S. 37 - 64

Münchmeier, Richard: Perspektiven der Jugendhilfe im sozialen Wandel. In: Jordan Erwin/Schone Reinhold (Hrsg.): Handbuch Jugendhilfeplanung: Grundlagen, Bausteine, Materialien. Münster 1998

Nissen, Ursula: Kindheit, Geschlecht und Raum. Sozialisationstheoretische Zusammenhänge geschlechtsspezifischer Raumaneignung. Weinheim und München 1997

Oehme, Andreas: Kompetenzentwicklung als beschäftigungspolitische Aufgabe. Von der Defizitorientierung zur Lebenslagenpolitik. In: Arnold, Helmut/Böhnisch, Lothar/Schröer, Wolfgang: Sozialpädagogische Beschäftigungsförderung. Lebensbewältigung und Kompetenzentwicklung im Jugend- und jungen Erwachsenenalter. Weinheim und München 2005, S. 317-330

Oehme, Andreas/Beran Christina M./Krisch, Richard: Neue Wege in der Bildungs- und Beschäftigungsförderung. Wissenschaftliche Reihe des Vereins Wiener Jugendzentren. Band 4. Wien 2006 (2007)

Olk, Thomas: Jugend und gesellschaftliche Differenzierung – zur Entstrukturierung der Jugendphase. In: Zeitschrift für Pädagogik. 19. Beiheft. Weinheim und Basel 1985

Ortmann, Norbert: „Die Stadtteilerkundung mit Schlüsselpersonen", „Nadelmethode", „Jugendkulturenkataster", „Leitfaden-Interview mit Schlüsselpersonen". In: Deinet, Ulrich: Sozialräumliche Jugendarbeit. Eine praxisbezogene Anleitung zur Konzeptentwicklung in der Offenen Kinder- und Jugendarbeit. Opladen 1999, S.74-80

Ortmann Norbert: „Planung in der offenen Jugendarbeit – nicht zwangsläufig phantasielos". In: deutsche Jugend. Zeitschrift für Jugendarbeit. 7/91. S. 396f.

Ortmann, Norbert: Methoden zur Erkundung der Lebenswelt. In: Deinet, Ulrich/ Sturzenhecker, Benedikt (Hrsg.): Konzepte entwickeln. Anregungen und Arbeitshilfen zur Klärung und Legitimation. Weinheim und München 1996, S. 26-34

Prengel, Annedore: „Ohne Angst verschieden sein?" – Mehrperspektivische Anerkennung von Schulleistungen in einer Pädagogik der Vielfalt. In: Hafeneger, Benno/Henkenborg, Peter/Scherr, Albert (Hrsg.): Pädagogik der Anerkennung. Grundlagen, Konzepte, Praxisfelder. Schwalbach/Ts 2002, S. 203-221

Rauschenbach, Thomas: Soziale Arbeit und soziales Risiko. In: Rauschenbach, Thomas/Gängler, Hans: Soziale Arbeit und Erziehung in der Risikogesellschaft. Neuwied, Kriftel, Berlin 1992, S. 25-60

Reutlinger, Christian: Jugend, Stadt und Raum. Sozialgeographische Grundlagen einer Sozialpädagogik des Jugendalters. Opladen 2003

Rieder-Heissler, Brigitte: Die sozialräumlich orientierte Lebensweltanalyse als Basis der Konzeptentwicklung einer gemeinwesenorientierten Einrichtung. Unveröffentlichte Diplomarbeit an der Bundesakademie für Sozialarbeit. Wien 2001

Riege, Marlo/Schubert, Herbert: Zur Analyse sozialer Räume – ein interdisziplinärer Integrationsversuch. In: Riege, Marlo/Schubert, Herbert (Hrsg.): Sozialraumanalyse. Grundlagen – Methoden – Praxis. Opladen 2002 (Wiesbaden 2005), S. 7-60

Rothkopf, Guido: Ein Projekt zur Weiterentwicklung der Konzeption des Kinder- und Jugendzentrums Driescher Hof. In: Landesjugendamt Westfalen-Lippe (Hrsg.): Bausteine einer Qualitätsentwicklung für die Offene Kinder- und Jugendarbeit. Münster 2000, S.67-78

Rose, Lotte: Und wo bleibt die Geschlechterorientierung in einer sozialräumlichen Jugendarbeit? In: Deinet, Ulrich/Krisch, Richard: Der sozialräumliche Blick der Jugendarbeit. Methoden und Bausteine zur Konzeptentwicklung und Qualifizierung. Opladen 2002 (Wiesbaden 2006), S.69-86

Sander, Uwe/Vollbrecht, Ralf: Zwischen Kindheit und Jugend. Träume, Hoffnungen und Alltag 13- bis 15-jähriger. Weinheim und München 1985

Schäfer, Gerd E.: Spiel. In: Otto, Hans-Uwe/Thiersch, Hans (Hrsg.): Handbuch Sozialarbeit/Sozialpädagogik. 2., völlig neu überarb. und aktualisierte Aufl. Neuwied, Kriftel 2001, S. 1806-1812

Scherr, Albert: Benötigt sozialräumliche Konzeptentwicklung Theorien? In: Deinet, Ulrich/Krisch, Richard: Der sozialräumliche Blick der Jugendarbeit. Methoden und Bausteine zur Konzeptentwicklung und Qualifizierung. Opladen 2002 (Wiesbaden 2006), S. 61-68

Scherr, Albert: Subjektorientierte Jugendarbeit. Eine Einführung in die Grundlagen emanzipatorischer Jugendpädagogik. Weinheim und München 1997

Scherr, Albert: Der Bildungsauftrag der Jugendarbeit: Aufgaben und Selbstverständnis im Spannungsverhältnis von sozialpolitischer Indienstnahme und aktueller Bildungsdebatte. In: Münchmeier, Richard/Otto, Hans-Uwe/Rabe-Kleberg, Ursula (Hrsg. Im Auftrag des Bundesjugendkuratoriums): Bildung und Lebenskompetenz. Kinder- und Jugendhilfe vor neuen Aufgaben. Opladen 2002

Scherr, Albert: Konzeptionsentwicklung als Mitarbeiterqualifizierung und Qualitätssicherung in der offenen Jugendarbeit. In: Mannheim-Runkel, Monika/ Taplik, Ursula (Hrsg.): Konzeptentwicklung in der Jugendarbeit. Reflexion und Dokumentation eines Modellprojekts zur berufsbegleitenden Fortbildung im Kreis Offenbach. Frankfurt am Main 1998, S. 13-30

Scherr Albert: Offene Jugendarbeit in der „multikulturellen" Gesellschaft – zwischen Integration, Separation und Ausgrenzung. In: Verein Wiener Jugendzentren (Hrsg.): Inter.Jugend.Kult. Anforderungen an die Jugendarbeit in der multikulturellen Gesellschaft. Wissenschaftliche Reihe, Band II. Wien 2001, S. 19-34

Schmidt-Eichstaedt, Gerd: Städtebaurecht. Einführung und Handbuch. 3. Auflage. Stuttgart-Berlin-Köln 1998

Schön, Elke: „... da nehm' ich meine Rollschuh' und fahr' hin ..." Mädchen als Expertinnen ihrer sozialräumlichen Lebenswelt. Zur Bedeutung der Sicht- und Erfahrungsweisen 8- bis 15-jähriger Mädchen eines Stadtgebiets für die Mädchenforschung und die Mädchenpolitik. Bielefeld 1999

Schön, Elke: Selbstorganisiertes Handeln von Mädchen im städtischen öffentlichen Frei(Raum). In: Deinet, Ulrich/Reutlinger, Christian: „Aneignung" als Bildungskonzept der Sozialpädagogik. Wiesbaden 2004, S.235-248

Schröder, Achim/Leonhardt, Ulrike: Jugendkulturen und Adoleszenz. Verstehende Zugänge zu Jugendlichen in ihren Szenen. Neuwied 1998

Schröer, Wolfgang: Offenheit und Halt. Die historischen Anfänge einer sozialisationstheoretischen Begründung der Jugendpädagogik. In: Böhnisch, Lothar/Rudolph, Martin/Wolf, Barbara (Hrsg.): Jugendarbeit als Lebensort. Jugendpädagogische Orientierungen zwischen Offenheit und Halt. Weinheim und München 1998. S. 39-48

Schröer, Wolfgang: Jugend. In: Schröer, Wolfgang/Struck Norbert/Wolff, Mechthild (Hrsg.): Handbuch Kinder und Jugendhilfe. Weinheim und München 2002, S. 81-98.

Schröer, Wolfgang: Befreiung aus dem Moratorium? Zur Entgrenzung von Jugend. In: Lenz, Karl/Schefold, Werner/Schröer, Wolfgang: Entgrenzte Lebensbewältigung. Jugend, Geschlecht und Jugendhilfe. Weinheim und München 2004, S.19-74

Schröer, Wolfgang/Sting, Stephan: Gespaltene Migration. Opladen 2003

Schumann, Michael: Sozialräumliche und biographische Perspektiven in der Jugendarbeit. In: Neue Praxis 5/1994

Schumann, Michael: Sozialraumanalyse in der Jugendarbeit. In: Mannheim-Runkel, Monika/Taplik, Ursula (Hrsg.): Konzeptentwicklung in der Jugendarbeit. Reflexion und Dokumentation eines Modellprojekts zur berufsbegleitenden Fortbildung im Kreis Offenbach. Frankfurt am Main 1998, S.193-210

Simmel, Georg: Soziologie. Untersuchungen über die Formen der Vergesellschaftung. In: Georg Simmel – Gesamtausgabe Band 11. Hrsg.: Rammstedt, Otthein. (orig. 1908) Frankfurt am Main 1992

Simmel, Georg: Schriften zur Soziologie. Eine Auswahl. Hrsg. und eingeleitet von Dahme, Heinz-Jürgen/Rammstdt, Otthein. 4. Auflage. Frankfurt am Main 1992a

Specht, Walter (Hrsg.): Die gefährliche Straße. Jugendkonflikte und Stadtteilarbeit. 2. Auflage. Bielefeld 1991

Specht, Christa: Ausgrenzung und Teilhabe – Mädchen in der Straßenclique und ihr Kampf um öffentlichen Raum. In: Specht, Walter (Hrsg.): Die gefährliche Straße. Jugendkonflikte und Stadtteilarbeit. 2. Auflage. Bielefeld 1991, S. 47-66

Spiegel, Hiltrud von: Teenies. Die Lebenswelt der 9-14jährigen. Herausgeber: ABA Fachverband offene Arbeit mit Kindern e.V. Dortmund 1988

Spiegel, Hiltrud von: Offene Arbeit mit Kindern (k)ein Kinderspiel. Münster 1997

Spiegel, Hiltrud von (Hrsg.): Jugendarbeit mit Erfolg. Münster 2000

Stadtentwicklung Wien, MA 18 - Stadtentwicklung und Stadtplanung: Mehr Platz! Für Kinder. Beteiligung und Umsetzung - Pilotprojekt Leopoldstadt. Werkstattbericht Nr.47. Wien 2002

Strassnig, Christian: Sozialräumlich orientierte Lebensweltanalyse als Grundlage einer professionellen gemeinwesenorientierten Konzeptentwicklung der Jugendarbeit. Am Beispiel eines Modell-Projektes in Erdberg. Unveröffentlichte Diplomarbeit an der Akademie für Sozialarbeit der Stadt Wien 2002

Sturzenhecker, Benedikt/ Winter, Reinhard: Kumpel und/oder Vater? Zur Beziehungsgestaltung in der Jungenarbeit. In: Sturzenhecker, Benedikt/Winter, Reinhard: Praxis der Jungenarbeit. Modelle, Methoden und Erfahrungen aus pädagogischen Arbeitsfeldern. Weinheim und München 2002, S. 63-80

Thole, Werner: Kinder- und Jugendarbeit. Eine Einführung. Weinheim und München 2000

Verein Wiener Jugendzentren: Qualitätsmerkmale der Offenen Kinder- und Jugendarbeit. Unveröffentlichtes Manuskript. Wien 2002

Verein Wiener Jugendzentren (Hrsg.): Sozialpädagogik und Jugendarbeit im Wandel – auf dem Weg zu einer lebensweltorientierten Jugendförderung. Wissenschaftliche Reihe, Band I. Wien 1999

Verein Wiener Jugendzentren (Hrsg.): Inter.Jugend.Kult. Anforderungen an die Jugendarbeit in der multikulturellen Gesellschaft. Wissenschaftliche Reihe, Band II. Wien 2001

Verein Wiener Jugendzentren (Hrsg.): Männliche Sozialisation und geschlechtsspezifische Arbeit mit Burschen – zwischen Theorie und Praxis. Ein Handbuch für die Jugendarbeit. Wissenschaftliche Reihe, Band III. Wien 2002

Vollbrecht, Ralf: Die Bedeutung von Stil. Jugendkulturen und Jugendszenen im Licht der neueren Lebensstildiskussion. In: Ferchhoff, Wilfried/Sander, Uwe/ Vollbrecht, Ralf (Hrsg.): Jugendkulturen – Faszination und Ambivalenz. Einblicke in jugendliche Lebenswelten. Weinheim und München 1995

Wahl, Klaus: Familienbilder und Familienrealität. In: Böhnisch, Lothar/Lenz, Karl: Familien. Eine interdisziplinäre Einführung. 2., korrigierte Auflage. Weinheim und München 1999, S. 99-112

Weskamp, Peter: Sozialraumanalytische Praxis als Basis für die Konzeptentwicklung in der offenen Jugendarbeit. In: Deinet, Ulrich/Sturzenhecker, Benedikt (Hrsg.): Konzepte entwickeln. Anregungen und Arbeitshilfen zur Klärung und Legitimation. Weinheim und München 1996, S. 18-25

Winnicott, Donald W.: Vom Spiel zur Kreativität. Stuttgart 1973

Winnicot Donald W. Reifungsprozesse und fördernde Umwelt – Studien zur Theorie der emotionalen Entwicklung. Ausg. 9 –10. Frankfurt am Main 1990

Wolf, Barbara Die gegenwärtige Suche nach Konzepten in der Jugendarbeit. In: Böhnisch, Lothar/ Rudolph, Martin/Wolf, Barbara (Hrsg.): Jugendarbeit als Lebensort. Jugendpädagogische Orientierungen zwischen Offenheit und Halt. Weinheim und München 1998, S. 11-18

Zeiher, Helga: Die vielen Räume der Kinder. Zum Wandel räumlicher Lebensbedingungen seit 1945. In: Preuss-Lausitz, Ulf, u.a. (Hrsg.): Kriegskinder, Konsumkinder, Krisenkinder. Weinheim 1983, S. 176 f.

Zeiher, Hartmut J./Zeiher, Helga: Orten und Zeiten der Kinder. Soziales Leben im Alltag von Großstadtkindern. 2. Auflage. Weinheim und München 1998

Ziemann, Andreas: Die Form der Gesellschaft. Die Soziologie Simmels aus der Perspektive moderner Gesellschafts- und Erkenntnistheorie. In: Österreichische Zeitschrift für Soziologie. 25.Jg., Heft 1/2000. Opladen/Wiesbaden 2000

Zinnecker, Jürgen: Stadtkids. Kinderleben zwischen Straße und Schule. Weinheim und München 2001